Charles Officer
Jake Page

Die Entdeckung der Arktis

Aus dem Amerikanischen
von Sabine Schulte

Berliner Taschenbuch Verlag

Januar 2002
BvT Berliner Taschenbuch Verlags GmbH, Berlin,
ein Unternehmen der Verlagsgruppe Random House GmbH
This translation of *A Fabulous Kingdom*, originally published
in English in 2001 by Oxford University Press, Inc., is published
by arrangement with Oxford University Press, Inc., U.S.A.
Die Originalausgabe erschien 2001 unter dem Titel
A Fabulous Kingdom. The Exploration of the Arctic by Oxford University
Press, Inc., U.S.A., New York

Umschlaggestaltung: Nina Rothfos und Patrick Gabler, Hamburg,
unter Verwendung eines Motivs von © stone / John Beatty
Gesetzt aus der Stempel Garamond durch psb, Berlin
Druck und Bindung: Elsnerdruck, Berlin
Printed in Germany · ISBN 3-442-76021-6

Dieses Buch ist dem Andenken der unbesungenen Helden der Arktiserforschung gewidmet – John Rae, Matthew Henson, Lincoln Ellsworth und Hubert Wilkins – und den Inuit, die den Entdeckern beigebracht haben, wie man in ihrem Land überlebt.

An unserem zehnten Tag auf See erwarteten wir, Land zu sehen. Nach dem Frühstück kam eine Nachricht vom Kapitän, in der er mitteilte, dass wir uns mehreren großen Eisbergen näherten. Ich war sehr aufgeregt. Diese treibenden, kristallenen Edelsteine haben etwas Magisches. Ich eilte an Deck ... Vor uns erhoben sich majestätisch zwei riesige Eisberge, aquamarin mit tief türkisblauen Streifen, wie zwei Säulen am Eingang eines sagenumwobenen Königreiches. Smaragdgrüne Wellen brandeten um ihre Füße und spritzten funkelnde Regen aus winzigen Juwelen in die Luft. Die bizarr geformten Eisriesen ragten hoch über uns auf. Ein gekrümmtes Rückgrat umgab klaffende Mäuler, die uns zu sich zu rufen schienen. Ihre Schönheit hatte etwas Unheilvolles. Während wir zitternd und zagend zwischen ihnen hindurchglitten, hielt ich den Atem an, denn ich rechnete damit, dass sie jeden Augenblick zusammenrücken und unser winziges Schiff zermalmen würden.

Marie Herbert, 1973

Inhalt

Vorwort

Dieses Buch handelt von den kühnen, manchmal tollkühnen, gelegentlich irregeleiteten und hin und wieder lügenhaften Menschen, die im Namen europäischer Nationen und Nordamerikas die Arktis erkundeten. Es gibt in dieser Geschichte Helden und in einigen Fällen auch Narren, und beide Entdeckertypen verloren ihr Leben bei den Versuchen, den Hohen Norden zu erforschen, das idyllische Land der Hyperboreer jenseits der vereisten Zone zu erreichen, die Lage von Ultima Thule zu erkunden, Gold oder Ruhm zu finden, eine eisfreie Durchfahrt von einem Kontinent zum anderen zu entdecken oder den nördlichsten Punkt des Planeten, den Nordpol, zu betreten. Jahrhundertelang herrschte weithin die Überzeugung, es gäbe ein offenes Nordpolarmeer, einen eisfreien arktischen Ozean, und danach suchten Seefahrer und Abenteurer, oft mit tragischem Ausgang. Die Arktis ist seit jeher von Mythen umrankt, und dieses Buch ist unter anderem eine Betrachtung darüber, wie solche Mythen entstehen und wie sie – manchmal – wieder zerschlagen werden.

Einige Namen von Arktisforschern sind uns geläufig – John Cabot, Henry Hudson, Robert Peary, Admiral Richard Byrd, und auch das Unterseeboot *Nautilus* ist uns ein Begriff. Weniger bekannt sind etwa der Karthager Himlico, der ca. 500 Jahre vor Christus nordwärts segelte, oder die Brüder Zeno, kunstreiche Schwindler aus dem Venedig des 14. Jahrhunderts, sowie Roald Amundsen, der vielleicht der größte Polarforscher aller Zeiten war.

Neben der Suche nach schlichtem geographischem Wissen über die Lage von Land und Gewässern gab es auch Bestrebungen, die Eigenart dieser merkwürdigen Region zu verstehen, ein Streben, das wir in unserer heutigen Zeit als Wissenschaft bezeichnen. In der Arktis wird zwar viel wissenschaftlich geforscht, aber vielleicht weniger als in den meisten anderen Regionen. Es ist noch viel Forschungsarbeit notwendig, denn der Hohe Norden ist trotz seiner rauen Winde, seines Eises, seiner Kälte und seiner Unwirtlichkeit eine hoch sensible Region. Dieses Buch ist allerdings weniger eine wissenschaftliche Abhandlung als vielmehr ein ausführlicher Bericht über die Entdeckung der Arktis durch Europäer und Amerikaner seit vorchristlicher Zeit. In den letzten Jahren sind zahlreiche Werke erschienen, die den einen oder anderen Aspekt arktischer (und antarktischer) Entdeckungen darstellen. Warum also noch ein weiteres Buch? Ohne jede einzelne Expedition zu erwähnen, haben wir uns bemüht, alle wichtigen Entdeckungsversuche in eine einzige Geschichte zu fassen, sie einander gegenüberzustellen und sie auch zu einigen historischen Ereignissen und wissenschaftlichen Erkenntnissen, die Einfluss auf die Arktisreisen hatten, in Beziehung zu setzen.

Während der langen Zeitspanne, in der man den Hohen Norden erforschte und Spekulationen darüber anstellte, gab es drei Hauptziele. Eines, die Suche nach einer Nordostpassage von der Nordsee zum Pazifik, wurde hauptsächlich von Briten, Russen und Skandinaviern verfolgt. Das zweite war die Durchfahrung einer Nordwestpassage vom Nordatlantik zu den asiatischen Gewässern, die vor allem von Briten und Skandinaviern in Angriff genommen wurde. Und das dritte Ziel bestand darin, immer weiter nach Norden zu gelangen und schließlich auf dem Eis des Nordpols zu stehen, darüber hinwegzufliegen und darunter hindurchzutauchen. Die Bemühungen darum wurden noch fast bis zum Ende des 20. Jahrhunderts fortgesetzt. Inzwischen können dort, auf dem nördlichsten Punkt des Erdballs, Touristen herumtollen – was sie auch tun. Heutzutage bestehen die Ziele vor allem darin, Informationen zu sammeln und Daten über Packeis, zugefrorene Meere, abschmelzende Gletscher, Meeresströmungen und den Einfluss der Arktis auf das sich wandelnde Klima in der übrigen Welt auszuwerten. In einem halben Jahrhundert haben wir Antworten auf viele der Fragen bekommen, die Forscher mehr als zwei Jahrtausende lang gestellt haben. Daher beginnt dieses Buch mit unserem derzeitigen Wissen über die Natur der Arktis. Wir werden sehen, wo falsche Schlüsse gezogen wurden, und verstehen, wie es dazu kam. Außerdem wird uns noch stärker bewusst werden, wie geheimnisvoll diese Gegend so lange Zeit war, welches Rätsel sie für die Bewohner der gemäßigten Klimazonen darstellte, und vielleicht wächst mit dieser Erkenntnis unser Respekt für den Mut, den Scharfsinn und die Opferbereitschaft der Arktisforscher.

1 Die Natur der Arktis

In der Arktis geraten Orts- und Zeitsinn normalerweise völlig durcheinander. In den uns vertrauten gemäßigten und tropischen Breiten sprechen wir von Norden, Süden, Osten und Westen, den bekannten Himmelsrichtungen. Vom Nordpol aus gesehen jedoch sind alle Richtungen Süden. Die Zeit, wie wir sie in unseren gemäßigten Breiten kennen, verliert an Bedeutung, je weiter man nach Norden kommt, bis unser Zeitbegriff praktisch irrelevant ist: Weil die Meridiane (die Längenkreise) am Pol zusammenlaufen, gilt das auch für die Zeitzonen. Welche Tageszeit haben wir am Nordpol, wenn man den Fuß im gleichen Moment in alle Zeitzonen der Welt setzen könnte? Über dem Pol geht die Sonne einmal im Jahr auf und einmal im Jahr unter, und der Mond geht einmal im Monat auf und unter.

Die langen Phasen der Dunkelheit im Winter und die langen Perioden von Sonnenlicht im Sommer entstehen in den Polargebieten – und in geringerem Maß auch in den gemäßigten Gegenden –, weil die Rotationsebene der Erde, die Äquatorialebene, in einem Winkel zur Ebene der Ekliptik steht, auf welcher die Erde sich um die Sonne dreht. Dieser spitze Winkel zwischen den beiden Ebenen beträgt 23,5 Grad. Der Moment, in dem die Sonne am weitesten im Süden steht, tritt am 22. Dezember ein, dem Tag der Wintersonnenwende. An diesem Tag liegt das gesamte Gebiet nördlich von 66° 30'

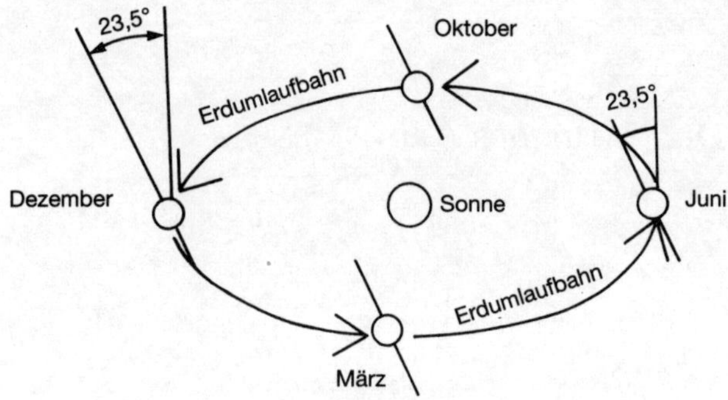

Die jährliche Kreisbahn der Erde um die Sonne (aus Maloney 1978)

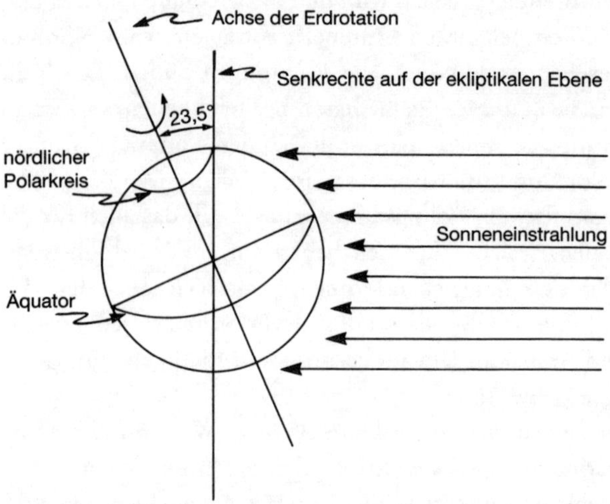

Stand der Erde zur Sonne zum Zeitpunkt der Wintersonnenwende

nördlicher Breite in völliger Dunkelheit. Umgekehrt hat diese Region jedes Jahr am Tag der Sonnenwende, dem 21. Juni, vierundzwanzig Stunden Sonnenlicht. Am Nordpol selbst herrschen etwa vom 21. März, der Frühjahrs-Tagundnachtgleiche, bis zum 21. September, der Herbst-Tagundnachtgleiche, sechs Monate Tageslicht und im übrigen Jahr sechs Monate Dunkelheit. Der nördliche Polarkreis ist definiert als 66° 30' nördlicher Breite und dient als sinnvolle Trennungslinie zwischen der Arktis und der nördlichen gemäßigten Zone südlich davon.

In der Arktis benötigt man eine anders geartete Landkarte. Die gebräuchlichen Land- und Seekarten werden mit Hilfe der Mercator- oder der modifizierten Mercatorprojektion angefertigt, so benannt nach dem Kartografen Gerardus Mercator, der im 16. Jahrhundert lebte. Das Problem jeder Landkarte besteht darin, dass sie ein dreidimensionales Objekt, den Erdball, auf einer zweidimensionalen Fläche abbilden soll und folglich einen Teil der Erde verzerrt wiedergeben muss. Die einfachste Mercatorprojektion entsteht, bildlich gesprochen, wenn man um die Erde einen Zylinder legt, der die Erdkugel am Äquator berührt und dessen Achse in Nordsüdrichtung verläuft. Wenn man nun vom Mittelpunkt der Erde aus jeden Punkt der Erdoberfläche auf den Zylinder projiziert und den Zylinder dann auseinander breitet, erhält man eine Mercatorprojektion. Sie gibt die geographischen Verhältnisse in tropischen und gemäßigten Breiten recht gut wieder, ist aber in den höheren Breitengraden kaum brauchbar, denn dort wird alles überproportional groß, Grönland zum Beispiel wird größer als Nordamerika, und, das Extrem, der Nordpol befindet sich gar nicht mehr auf der Karte, sondern liegt im Unendlichen.

Die Karten für Polargebiete, die heute verwendet werden, haben ihren Mittelpunkt meistens am Nordpol, und alle Richtungen (Azimute genannt) und Entfernungen sind vom Pol aus längentreu dargestellt. Diese Projektion nennt man äquidistante Azimutalprojektion. Die Breitenkreise sind dabei als konzentrische Kreise um die Pole dargestellt, und die Längenkreise gehen strahlenförmig von den Polen aus. Solche Karten werden arithmetisch hergestellt, anders als Mercator-

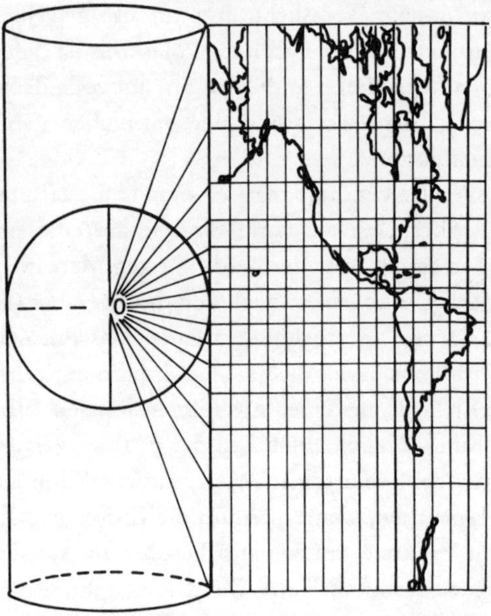

Mercatorprojektion auf einen Zylinder (aus Maloney 1978)

karten, die geometrische Projektionen sind. Doch natürlich ist eine äquidistante Azimutalprojektion nur am Pol vollkommen genau; in anderen Regionen weist sie Verzerrungen auf, die um so größer sind, je weiter man sich vom Pol entfernt. Wenn man einen wirklichkeitsgetreuen Eindruck von den Größenverhältnissen der Landformationen und der Meere auf der Erde erhalten und ein Verständnis für ihre tatsächliche Lage zueinander entwickeln möchte, geht nichts über einen Globus.

Das Nordpolarmeer ist ungefähr kreisförmig, wobei die Mitte etwas neben dem Nordpol liegt. Es ist ein Nebenmeer des Atlantiks, aber von den tiefen Gewässern der Erde relativ isoliert, weil es von einer Kette von Landmassen umgeben ist.

Wenn man an der Nordküste Grönlands beginnt und im Uhrzeigersinn fortfährt, sind das die Insel Ellesmere und die Inseln Devon und Baffin im Süden, der Kanadische Archipel, die Küste von Nordwestkanada, Alaska, dann die weiten Gebiete Sibiriens mit den Inseln Nowosibirskije, Nowaja Semlja, Franz-Joseph-Land und Svalbard (früher Spitzbergen) vor der Küste, und schließlich Nordeuropa, insbesondere Finnland und Norwegen.

In diesen arktischen Landstrichen findet man größtenteils den so genannten Dauerfrostboden. Abgesehen von einer dünnen Erdschicht, die im Sommer auftaut, der so genannten aktiven Schicht, herrscht auf Grund der extremen arktischen Kälte im Boden ständiger Frost, der bis in eine Tiefe von 250 bis 450 Metern und in Sibirien sogar noch tiefer reicht. Im Süden, in der so genannten Subarktis, kann der Dauerfrost bis zu 120 Meter tief reichen, und noch weiter südlich liegt der ständig gefrorene Boden unter dicken Torfschichten und sumpfigen Flächen. Da Dauerfrost die Entwässerung des Bodens nach unten verhindert, trifft man im Bereich der arktischen Landmassen häufig auf flache Seen, und in den wärmeren Monaten beherbergen stehende Gewässer die legendären Mücken- und Stechfliegenschwärme. Während des Sommers rutscht mit Wasser voll gesogene Erde über den gefrorenen Boden bergabwärts und schafft lange, glatte Abhänge, die bis weit ins Flachland hineinreichen. Ein großer Teil des exponierten Felsgesteins in den nördlichen Regionen der Arktis wird vom Frost zu zerklüfteten Felsbrocken aufgebrochen.

Zurück zum Meer: Das wichtigste bathygraphische (tiefseekundliche) Merkmal der Zentralarktis ist der Lomonossowrücken, der das Tiefseebecken der Arktis in zwei Teile teilt, mit dem europäischen Becken in der östlichen und dem kanadischen Becken in der westlichen Hemisphäre. Die Randmeere des nördlichen Eismeers werden vom eigentlichen Nordpolarmeer vor allem deshalb unterschieden, weil ihre

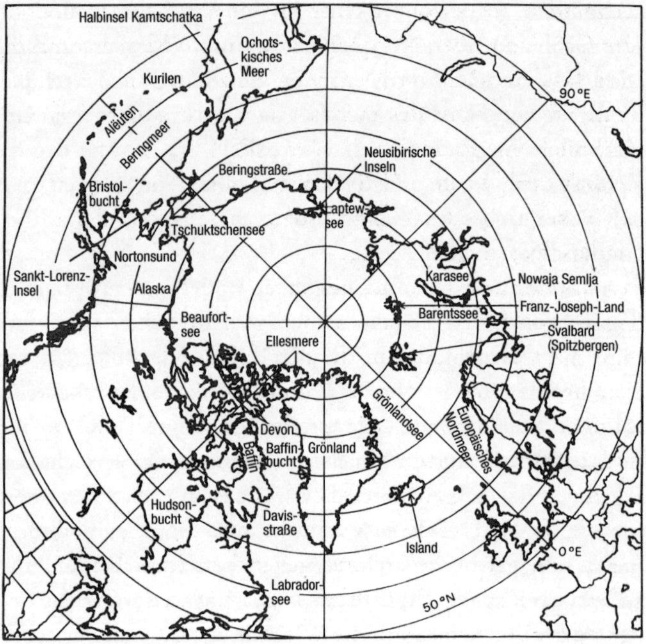

Karte der Nordpolregion (aus Parkinson u. a. 1987)

Eisdecke von den Jahreszeiten abhängig ist, anders als das dauerhafte Packeis der Zentralarktis.

Die Landstriche um das Nordpolarmeer herum sind spärlich von Nomadenvölkern bewohnt. Bis vor sehr kurzer Zeit konnte man im Klima des Hohen Nordens nur von der Jagd leben. In den Gebieten des ewigen Eises gibt es keine Vegetation, und die Tundra und andere nicht ständig von Schnee oder Eis bedeckte Landflächen sind für die Pflanzenarten, von denen Menschen sich normalerweise ernähren, nicht geeignet. Landwirtschaft ist natürlich so gut wie unmöglich. In der Arktis leben etwa eine Million Menschen, über die Hälfte von ihnen in Sibirien. Die Inuit (früher als Eskimos bezeichnet, ein Name, den andere ihnen gaben) zählen etwa einhunderttausend. Sie bewohnen einen breiten Landstreifen, der sich von Grönland über Nordkanada bis nach Alaska hinzieht. Dass fast eine Million Menschen ganzjährig in der Arktis leben, ist angesichts des extrem rauen Klimas und der wüstenähnlich öden Landschaft erstaunlich. Die Arktis ist tatsächlich eine Wüste – eine Kaltwüste –, denn das gesamte Süßwasser ist praktisch zu Eis gefroren, und die jährliche Niederschlagsmenge beträgt nur etwa 150 bis 250 mm, so dass das Gebiet extrem trocken ist.

Das Polarklima ist zum großen Teil Resultat der ungleichen Wärmeverteilung auf dem Erdball. Die Kugelform der Erde bewirkt, dass die Winkel, in denen die Sonnenstrahlen auf die Erde auftreffen, sehr unterschiedlich sind. So wird in Äquatornähe ungleich mehr Strahlungsenergie aufgenommen als an den Polen. Zudem wird ein großer Teil der Strahlungsenergie, die die Polargebiete erreicht, vom Schnee und Eis der Arktis in die Atmosphäre und weiter zurück reflektiert. Allgemein besteht auf dem Erdball die Tendenz, die Wärmeverteilung auszugleichen und die Wärme mit Hilfe der allgemeinen Zirkulation der Atmosphäre dynamisch umzuverteilen. Die wärmere und weniger dichte Luft über dem Äquator steigt auf und bewegt sich zu den Polen hin, während die kältere und dichtere Luft über den Polen absinkt und zum Äquator hinströmt. Auf diese Weise müssten theoretisch zwei voneinander getrennte Zellen aus zirkulierender Luft entstehen. Aber die Erde rotiert, sie dreht sich um ihre Achse, und diese Bewegung führt dazu, dass die beiden von den Polen zum Äquator reichenden Systeme in jeweils drei getrennt zirkulierende Zellen auseinander fallen: in die Polarzelle, auch polare Hadley-Zelle genannt, die Zelle der mittleren Breitengrade, die Ferrel-Zelle, und die Zelle am Äquator, die tropische Hadley-Zelle.

Die Erdrotation erzeugt die so genannte Coriolis-Kraft, die bewirkt, dass die Luft auf der nördlichen Hemisphäre, die

(A)

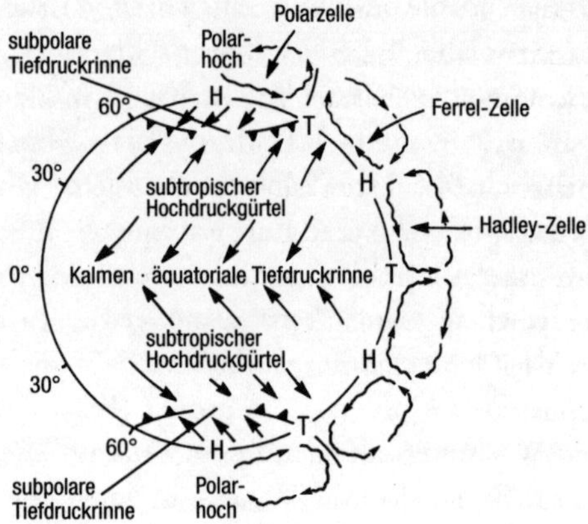

(B)

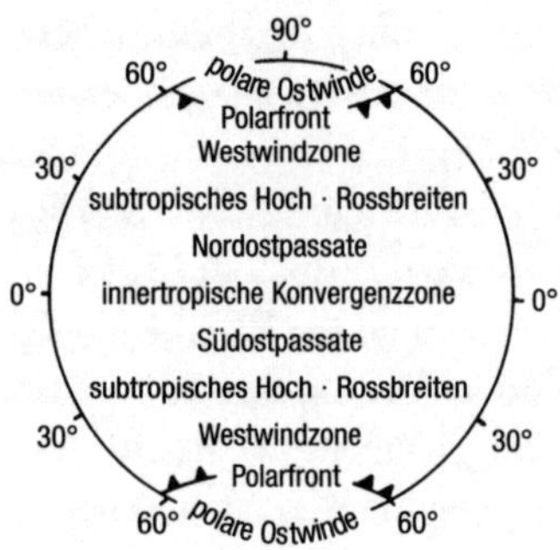

Zeichnung A zeigt die Verteilung der Winde und des Oberflächendrucks auf einem einheitlich mit Wasser bedeckten, rotierenden Erdball. Zeichnung B nennt die Namen der Oberflächenwinde und der Druckverhältnisse für das gleiche System (nach Ahrens 1988).

nach Norden fließt, wenn sie warm ist, und nach Süden, wenn sie kalt ist, von ihrer Nordsüdbewegung nach rechts abgelenkt wird. In der südlichen Hemisphäre ist die Wirkung gegenteilig: Die Luft wird nach links abgelenkt. Wenn also am Nordpol kalte, dichte Luft absinkt und nach Süden fließt, wird sie nach rechts, in westlicher Richtung, abgelenkt und erzeugt Winde, die man als polare Ostwinde bezeichnet. (Winde werden nach der Himmelsrichtung benannt, aus der sie kommen, nicht nach der Richtung, in die sie wehen.)

In der tropischen Hadley-Zelle – der Zelle, die dem Äquator am nächsten ist – der nördlichen Hemisphäre steigt warme, weniger dichte Luft auf und fließt nach Norden. Sie wird durch die kältere Luft aus dem Norden ersetzt, und auch hier wird die nordwärts fließende Luft durch die Coriolis-Kraft nach Westen abgelenkt. Dadurch entstehen die Nordostpassate.

Was geschieht nun in der Zelle in der Mitte, der Ferrel-Zelle? Am Südrand der polaren Hadley-Zelle steigt Luft auf, und am Nordrand der tropischen Hadley-Zelle sinkt Luft ab. Hier strömt die Luft über der Erdoberfläche nach Norden und wird nach rechts (nach Osten) abgelenkt, so dass die westlichen Winde entstehen. Ein großer Teil der Vereinigten Staaten liegt im Bereich der Ferrel-Zelle mit ihren Westwinden, daher kommt das Wetter dort meistens aus dem Westen. In der südlichen Hemisphäre kommt die kalte Luft aus dem Süden statt aus dem Norden, aber auch die Richtung der Coriolis-Kraft ist umgekehrt, was zu polaren Ostwinden, westlichen Winden und Südostpassaten führt – ganz ähnlich wie auf der Nordhalbkugel.

Wie wertvoll diese Zirkulationsmuster über dem Atlantik in den Tagen der Segelschiffe waren, ist offensichtlich: Wenn die Schiffe von Europa lossegelten, blies der Nordostpassat von achtern und schob die Rahsegler stetig über das Wasser. Auf dem Golfstrom konnten sie dann nach Norden fahren und mit den Westwinden zurück nach Europa. Für die Unvorsichtigen allerdings gab es Fallen: Am Äquator steigt warme Luft auf. Ein Teil davon strömt nach Norden und ein Teil nach Süden – so entstehen die beiden Passatwinde. Dazwischen finden wir in Erdnähe eine nur schwache horizontale Luftströmung; man bezeichnet dieses Gebiet der äquatorialen Windstille als innertropische Konvergenzzone oder, in der Sprache der Segelschiffe, als Kalmengürtel. Ähnlich schwach wehen die Winde auch zwischen der tropischen Hadley-Zelle und der Ferrel-Zelle der gemäßigten Breiten, in den so genannten Rossbreiten. Wie in den Kalmen gerieten die Schiffe auch dort oft in Flauten, und die Mannschaften warfen jegliche entbehrliche Ladung über Bord, darunter vermutlich auch Pferde, um das Gewicht, das sie hinter Ruderbooten herziehen mussten, zu verringern.

Am Nordpol sind die Winde im Allgemeinen schwach, und mit der Entfernung vom Nordpol nehmen sie an Stärke zu. Tabelle 1 zeigt die Häufigkeitsverteilung der Windgeschwindigkeiten über dem zentralen Nordpolarmeer. In der Regel sind die Geschwindigkeiten nicht hoch, durchschnittlich etwa zwischen 14 und 18 km pro Stunde. Im April

Tabelle 1:
Häufigkeitsverteilung der Windgeschwindigkeit über dem zentralen Nordpolarmeer

Windgeschwindigkeit (m/sec)

	0	1	2	3	4	5	6	7	8	9	10–14	15–19	>20	B*
Jan.	11	7	8	10	13	12	8	8	6	4	10	2	1	564
Feb.	10	6	11	15	17	15	9	5	5	1	6	0	0	548
März	6	6	8	18	22	15	7	6	4	2	5	1	0	585
Apr.	6	5	15	15	17	15	8	7	5	4	3	0	0	479
Mai	7	5	11	16	16	15	11	7	6	3	3	0	0	744
Juni	5	5	9	15	13	15	11	9	6	4	7	1	0	669
Juli	4	3	9	12	13	16	10	9	9	6	8	1	0	609
Aug.	4	4	7	11	11	15	11	11	8	5	11	2	0	570
Sep.	8	4	9	13	15	15	8	10	5	4	7	2	0	545
Okt.	7	5	9	12	12	12	10	9	7	4	11	2	0	586
Nov.	9	7	10	13	16	15	7	6	6	4	6	1	0	607
Dez.	11	10	14	14	17	12	6	5	4	3	4	0	0	607

* Gesamtzahl der Beobachtungen
1 m/sec = 3,6 km/h

(aus Vowinckel und Orvig 1970)

und im Mai sind sie am höchsten, aber nie höher als 53 Stundenkilometer.

In den sonnenlosen arktischen Wintern ist der Himmel typischerweise klar, und es ist äußerst kalt; die Januartemperaturen über dem Packeis betragen im Durchschnitt zwischen –29 und –36 °C. Im Sommer, wenn mit der Rückkehr der Sonneneinstrahlung Eis und Schnee schmelzen und offene Wasserflächen entstehen, bewegen die Temperaturen sich nahe um den Gefrierpunkt, also um 0 °C, und es ist oft feucht und neblig. Der jährliche Niederschlag beträgt, wie bereits bemerkt, etwa 150 bis 250 mm, und er fällt hauptsächlich im Sommer und im Frühherbst. Die Landmassen um das Nordpolarmeer herum sind normalerweise sowohl im Sommer als auch im Winter etwas wärmer.

So wie die arktischen Winde selten hohe Geschwindigkeit erreichen, ziehen auch die Meeresströmungen eher behäbig dahin. Die vertikale Struktur dieser Strömungen wird, wie zu erwarten ist, von der Dichte der Wassermassen bestimmt, wobei das dichtere Wasser unter weniger dichte Wassermassen einströmt. Die Dichte wiederum hängt von der Temperatur und vom Salzgehalt des Wassers ab, dabei ist der Salzgehalt von größerer Bedeutung als die Temperatur. Je kälter und salziger das Wasser ist, desto dichter ist es auch. Ein großer Teil des Wassers, das in das Nordpolarmeer hineinfließt, ist eine warme, salzhaltige Unterströmung, ein Ausläufer des Golfstroms, der an der norwegischen Küste entlangfließt und als Norwegenstrom bezeichnet wird. Der wichtigste Ausfluss nach Süden ist der Ostgrönlandstrom, der durch die Framstraße fließt.

Im Nordpolarmeer selbst wird die Wasser- beziehungsweise die Eiszirkulation zum Teil durch den Lomonossowrücken bestimmt; in der westlichen Hemisphäre nennt man die im Uhrzeigersinn kreisende Strömung nördlich des Kanadischen Archipels Beaufortwirbel. Auf der Ostseite des Lo-

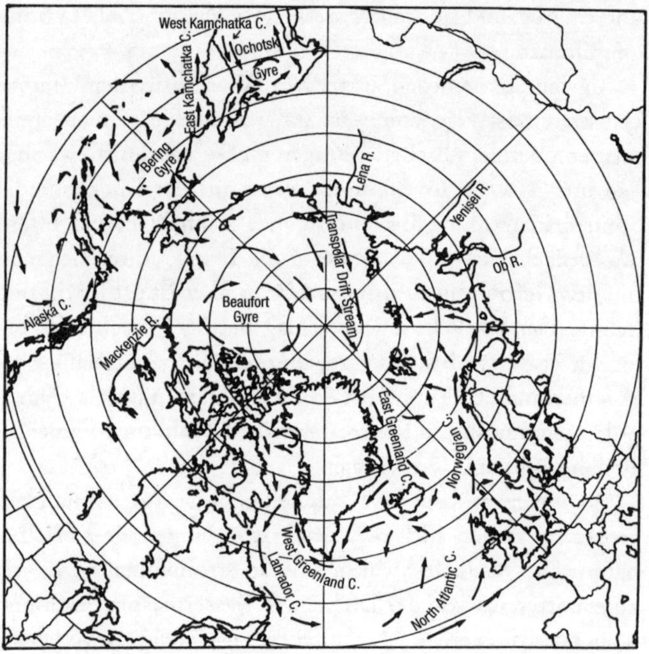

Schema der großen horizontalen Zirkulationsmuster in den Oberflächengewässern der Nordpolargegend. Die vier wichtigen Flüsse, die die bedeutendsten Süßwasserzuströme ins Nordpolarmeer bilden, sind ebenfalls eingezeichnet (aus Parkinson u. a. 1987).

monossowrückens strömt die Transpolardrift aus Richtung der Neusibirischen Inseln in die Framstraße. Vor Sibirien beträgt die durchschnittliche Geschwindigkeit der Strömung anderthalb bis zweieinhalb Kilometer pro Tag, und in der Enge der Framstraße steigt sie auf etwa sechseinhalb bis neun Kilometer pro Tag an.

Das Eis des Nordpolarmeeres ist ständig in Bewegung. Es treibt auf den Meeresströmungen und wird auch von Richtung und Geschwindigkeit des Windes beeinflusst. Für Polarforscher und Polsucher war die Kenntnis der Struktur und der Drift des treibenden, sich ständig verändernden Packeises von größter Bedeutung. Das Eis auf dem Nordpolarmeer bildet nie eine geschlossene Decke, denn unterschiedliche Bewegungsrichtungen, Brüche und Abschmelzen führen zu eisfreien Stellen. Manchmal sind das mehr oder weniger gerade Wasserrinnen mit einer Breite von wenigen Metern bis zu mehr als einem Kilometer, und an anderen Stellen handelt es sich um eisfreie Felder, so genannte Polynjas, die Tausende von Quadratkilometern ausmachen können. Die gegensätzlichen Bewegungen, denen das Eis ausgesetzt ist, brechen die ansonsten einheitliche Eisfläche zu unregelmäßigen Eisschollen auf, die sich übereinander schieben und so das Packeis bilden. Typisch sind auch Eisgrate oder Eispressungen, die sich bilden, wenn das Eis mit solcher Kraft zusammengedrückt wird, dass es sich zu meterhohen, langgezogenen Graten aufschiebt, die auch ein Stück nach unten ins Wasser hineinragen. Eisgrate findet man in der Arktis überall. Im Durchschnitt muss der Reisende auf einer Strecke von einer Meile (gut anderthalb Kilometern) vier solcher Eispressungen mit bis zu 30 Metern Höhe überwinden oder umgehen. Das Packeis, das sich bis hin zum Pol erstreckt, ist also ein ungeheuer schwieriges Gelände. Die Einheimischen hatten nie das geringste Interesse daran, in die Polargegend vorzudringen. Das änderte sich erst, als die europäischen Forscher sie dafür bezahlten.

An seinen südlichen Grenzen ist das Eis einem jahreszeitlich bedingten Zyklus von Ausdehnung und Abschmelzen unterworfen, so dass die Eisfläche im Winter etwa doppelt so groß ist wie im Sommer. Während des Sommers sickert Schmelzwasser durch die Eisschicht hindurch, daher bekommt das Eis im Winter eine wellige, höckrige Oberfläche, die die Überquerung zusätzlich erschwert. Einigermaßen glatt und unberührt ist in der Arktis nur das einjährige Eis, das

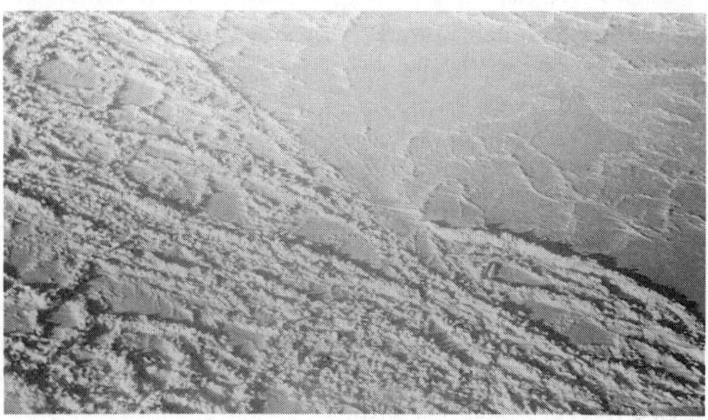

sich an den Rändern des Packeises bildet und eine Dicke von etwa zwei Metern hat. Mehrjähriges Eis, das Jahrzehnte alt sein kann, ist meistens etwa drei Meter dick. Im September, wenn die Eisfläche ihre geringste Ausdehnung hat, beschränkt sich das Packeis hauptsächlich auf das Nordpolarmeer, und nur ein kleiner Teil reicht in die Grönlandsee, die Karasee, die Barentssee und in den Kanadischen Archipel hinein. Praktisch kein Eis findet man zu dieser Jahreszeit im Beringmeer, in der Hudsonbucht, im Ochotskischen Meer und in der Baffinbucht. Andererseits bedeckt das Eis im März, wenn es die größte Ausdehnung hat, das Nordpolarmeer, die Gewässer um den Kanadischen Archipel herum und große Teile anderer angrenzender Meere und Buchten. Im Laufe der Zeitalter war dieser Zyklus allerdings Veränderungen unterworfen, weil die nördliche Hemisphäre lange Perioden ungewöhnlicher Wärme oder Kälte durchgemacht hat.

Vor einem Jahrhundert war das Wissen um die Bewegungen des Packeises für die Polarforscher genauso wichtig wie die Kenntnis von Lage, Höhe und Ausdehnung der Eispressungen. Einfach gesagt: Man kann nicht wissen, in welcher Richtung man gehen muss, um beispielsweise den Nordpol zu erreichen, wenn man nicht weiß, wohin die Eisfläche

Linke Seite, oben: Eine Rinne von etwa 20 Metern Breite, zum Teil mit dünnem Eis bedeckt, im Packeis der Beaufortsee im August 1975. Die dunkelblaue Färbung der Rinne kontrastiert mit dem Türkisblau der Schmelzwassertümpel. Tümpel, die durch die Eisdecke hindurchgeschmolzen sind, erscheinen dunkler. Man beachte auch die Schneedecke (aus Parkinson u. a. 1987).
Mitte: Ende einer kleinen Eispressung in der Nähe des Nordpols (Walter Tucker, Cold Regions Research and Engineering Laboratory, Hanover)
Unten: Mehrjähriges Eis in der Beaufortsee, das verwitterte Höcker und Eispressungen zeigt (Walter Tucker, Cold Regions Research and Engineering Laboratory, Hanover).

treibt, die man gerade überquert. In den vergangenen gut sechzig Jahren haben Russen, Kanadier und Amerikaner treibende, bemannte Stationen auf dem Eis platziert, so dass wir heute ein recht gutes Bild von den Eisbewegungen haben. Allgemein folgt das Eis der Richtung des Beaufortwirbels und der Transpolardrift, doch es kann recht unberechenbar sein und auch einfach umkehren. Es treibt etwa sechs Kilometer pro Tag, manchmal etwas weniger, manchmal auch nur drei Kilometer pro Tag.

Schließlich sind auch die Navigation und die Orientierung auf dem arktischen Packeis ein wichtiges Thema. Die frühen Entdecker mussten ohne die Annehmlichkeiten der Satellitennavigation auskommen. Sie konnten sich auch nicht einfach der damals üblichen Astronavigation bedienen, bei der man zu einem bestimmten Zeitpunkt den Winkel zwischen dem Horizont und der Linie zu einem Gestirn misst. Aus dem Kreuzungspunkt von zwei oder mehreren solcher gedachten Linien von zwei oder mehr Sternbeobachtungen kann man mit Hilfe des Nautischen Jahrbuches, einer Sammlung von Gestirnskoordinaten, den eigenen Standort bestimmen. Damit man diese Technik anwenden kann, müssen aber sowohl der Horizont als auch die Sterne gleichzeitig sichtbar sein. Daher ist die Astronavigation auf den frühen Abend und den frühen Morgen beschränkt. Doch im Hochsommer ist auf dem polaren Packeis zwar der Horizont sichtbar, nicht aber die Sterne, während im Winter die Sterne hell funkeln, der Horizont aber bei bedecktem Himmel in der Dunkelheit nicht zu sehen ist.

In dieser Situation muss man sich auf ein weniger genaues System verlassen, bei dem man die Höhe der Sonne über dem Horizont zur örtlichen Mittagszeit bestimmt. Dafür wiederum muss man die Sonne mehrmals sehen können, bevor sie ihren höchsten Stand überschritten hat. Mit Hilfe entsprechender Tabellen kann man die Höhe des Sonnenstandes in den Breitengrad des Ortes umrechnen, und die *wahre* Mittagszeit (der höchste Stand der Sonne am Himmel) lässt sich direkt in den Längengrad umsetzen. (Bis zur Erfindung des Chronometers etwa in der Renaissance gab es keine Methode, den Längengrad zu ermitteln, und Entdecker, die in früheren Zeiten unterwegs waren, hatten keine Möglichkeit, herauszubekommen, wo sie sich gerade befanden.)

In vielen Teilen der Welt ist die Beobachtung des Sonnenstandes problemlos möglich. Wenn man sich jedoch dem Pol nähert, verändert der Sonnenstand sich immer weniger, und der Begriff der wahren Mittagszeit verliert seine Bedeutung. Ein Magnetkompass ist in polaren Breiten nur von geringem Wert, weil die Lage des magnetischen Pols großen und kaum vorhersehbaren Veränderungen unterliegt. Derzeit befindet er sich in der Nähe von 76° nördlicher Breite und 100° westlicher Länge, aber diese Ortsangaben sind ungenau und gelten nie für längere Zeiträume. Besser ist es daher, den geographischen Süden nach dem höchsten Sonnenstand zu bestimmen.

Weil die Drift des Packeises im Einzelnen nicht vorhersehbar ist, ist es unerlässlich, täglich zur Mittagszeit den Sonnenstand zu beobachten. Das Koppeln, also die Ableitung der Position aus der Richtung und der Geschwindigkeit, muss, wenn man die Drift des Eises nicht berücksichtigt, zu Fehlern führen. In der langen Geschichte der Arktisforschung kam es häufig zu solchen Irrtümern.

Wir wollen uns einmal vorstellen, wir wären vor vierhundert oder sogar tausend Jahren Entdecker gewesen und hätten von den eben geschilderten Fakten nichts gewusst. Wir wären auf einem kleinen, seetüchtigen Schiff nach Norden gefahren, hätten die Gewässer und Landformationen der uns bekannten Welt hinter uns gelassen und wären in eine Welt eingedrungen, die von merkwürdigem Meeresgetier bewohnt war – Seehunden, Walrossen, Narwalen, die ein Horn ähnlich dem eines Einhorns tragen –, in der hin und wieder ein Seevogel pfeilschnell durch den Dunst dahinschoss, wo seltsame Eisformationen wie kosmisches Geröll im Nebel trieben und sich hoch über das Schiffchen erhoben und wo man in der Ferne schwarzweiße Küsten ahnte, die man in der hereinbrechenden, eisigen Nacht bald aus den Augen verlor …

Man hat die Arktis als öde, schön, schrecklich und bedrückend beschrieben. Sie hat Europäer in den Wahnsinn getrieben, schlimmer noch, sie hat Menschenleben gefordert, mit einer Achtlosigkeit, die manch einen an der Existenz eines Gottes zweifeln ließ. Barry Lopez, der über seine zahlreichen Arktisreisen ein hervorragendes Buch geschrieben hat, meint: »Die europäische Kultur […] muss die in Nordamerika erhaltene Weisheit erst noch verstehen, die in dem Reichtum und der Unverletzlichkeit einer ungezähmten Landschaft steckt, und was sie für die Entfaltung des menschlichen Lebens, für die Widerstandskraft eines beunruhigten menschlichen Geistes bedeuten kann.« Lopez bezeichnet die Erforschung des Hohen Nordens als eine immerwährende Bewegung durch unkartierte Gewässer, als einen »Ausdruck der Angst und der Vollendung, ein[en] Scheitelpunkt, an dem das menschliche Leben seinen stärksten Ausdruck findet«.

Ein magisches Königreich, könnte man sagen.

2 Rippenquallen, Handel mit Gott und Projektionen

Pytheas von Massilia war einer der ersten Entdecker der Antike, der Meer und Land im Hohen Norden erforschte. Er stieß in eine Region vor, wo die Erde, das Meer und alle Elemente sich in einer Art Schwebezustand befanden, so dass man darauf »weder gehen noch segeln« konnte. Seinen Angaben zufolge ähnelte dieses Phänomen der Konsistenz der Rippenquallen, die Pytheas »Seelungen« nannte. Was Pytheas damit sagen wollte, kann man nur vermuten; vielleicht war er in einen Seenebel geraten, der so dicht war, dass er Klaustrophobie auslöste und die Seefahrer sich, ähnlich wie Jona im Bauch des Wals, wie in einer riesigen Qualle gefangen fühlten.

Pytheas war Bürger der griechischen Kolonialstadt Massilia, des heutigen Marseille, und ein angesehener Wissenschaftler und Astronom. Zu seinen Leistungen gehört, dass er das Phänomen der Gezeiten mit dem Lauf des Mondes in Verbindung brachte, ein Zusammenhang, den bis dahin niemand bemerkt hatte. Im Mittelmeer, das nur durch die Meerenge von Gibraltar, die man damals als »Säulen des Herkules« bezeichnete, mit dem Atlantik verbunden ist, existieren Ebbe und Flut praktisch nicht. Pytheas musste sich also aus den heimatlichen Gewässern hinausgewagt haben. Außerdem war er der Erste, oder zumindest einer der Ersten, die die Astronavigation einsetzten, um ihre Position auf See zu bestimmen. Bei diesen Erfolgen überrascht es nicht, dass die

Kaufleute von Massilia Pytheas etwa 325 v. Chr. auswählten und ihm auftrugen, eine Seehandelsstraße zu finden, die sie zu so hoch im Norden gelegenen Orten wie Cornwall in England, der Südküste der Bretagne und der Ostseeküste bringen sollte. Die Kaufleute trieben dort bereits Handel, bedienten sich dazu aber einer beschwerlichen Route, die über Flüsse und über Land führte, unter anderem auch ein langes Stück die Rhone hinauf. Ein Seeweg würde den Handel erleichtern, argumentierten sie. Die Phönizier waren seit etwa 2000 v. Chr. fast tausend Jahre lang in den Norden gesegelt, um aus Cornwall und aus der Bretagne eiszeitliche Zinnablagerungen zu holen und um Bernstein zu kaufen, der an der dänischen und der litauischen Küste angespült wurde. Nach dem Niedergang der phönizischen Stadtstaaten und ihrer Eroberung durch die Assyrer um etwa 1000 v. Chr. war Karthago zur bedeutendsten Seemacht der Zeit geworden und hatte die Zinn- und Bernsteinrouten übernommen.

In der uns erhalten gebliebenen Literatur wird als erste Seereise in den Norden die Fahrt eines Karthagers namens Himlico erwähnt, die offenbar um 500 v. Chr. stattfand. Ein ins Meer hineinragender Höhenrücken ist dort beschrieben, »eine hohe Masse von Felsgestein, [die] hauptsächlich gegen den warmen Südwind gewandt ist«. Der Bergrücken wurde Oestrymnis genannt, und gemeint sind wahrscheinlich die Kreidefelsen von Dover. In diesem Bericht werden auch Inseln erwähnt, vermutlich die Inseln vor der bretonischen Küste, die reich an Zinn und Blei sind. Außerdem ist von einem Land namens Hierne (Irland) die Rede, das nicht weit von Albion (England) liegt, und von Menschen, die keine Kiele anfertigen, sondern »ihre Schiffe merkwürdigerweise aus zusammengenähten Häuten bauen« und die »sich in diesen kleinen Booten geschickt über weite Strecken durch das schäumende Meer und die Strömungen des von Ungeheuern bewohnten Ozeans hindurchkämpfen«.

Doch der Bericht von Himlicos Seereise ist uns aus zweiter Hand überliefert. Seine eigene Schilderung, falls es sie überhaupt gegeben hat, existiert nicht mehr, sondern wir erfahren von Himlico und seinen Beobachtungen von dem römischen Autor Rufus Festus Avienus, der diese fast tausend Jahre später, im 4. Jahrhundert n. Chr., niedergeschrieben hat. Es ist daher sicherer, Pytheas als ersten antiken Entdecker der Nordmeere anzusehen. Er stach zur gleichen Zeit in See, so erfahren wir, als Aristoteles unterrichtete und Alexander der Große mit seiner Armee nach Indien marschierte.

Insgesamt, so scheint es, waren Pytheas und seine Mannschaft etwa sechs Jahre fort. Einen großen Teil der Zeit verbrachten sie im heutigen England und Schottland. Sie stellten fest, das die Menschen dort Getreide anbauten, Zinn abbauten, Werkzeug aus Eisen, Haustiere und hölzerne Kutschen besaßen und dass sie aus fermentiertem Getreide eine Art »Wein« herstellten. Pytheas segelte weiter nach Norden und erreichte schließlich einen Ort, den er Thule nannte. Dort hielten ihn offenbar die »Seelungen« auf. Nicht viel weiter nördlich, so berichtete er, ging die Sonne im Sommer nicht unter, und im Winter war sie nie zu sehen. Pytheas hatte sein Thule erreicht, indem er von Britannien aus sechs Tage nach Norden gesegelt war. Zu einem »erstarrten« oder gefrorenen Meer, womit er das Packeis meinte, hätte er noch einen Tag weiter fahren müssen. Nach seiner Rückkehr schrieb Pytheas eine Abhandlung, *Über das Meer,* die leider, wie Himlicos Bericht vermutlich auch, verloren ging. Wir wissen von Pytheas' Schrift und seiner Fahrt in den Norden nur von späteren Autoren, in erster Linie von zwei römischen Geographen, die ihn für einen Lügner hielten.

Der Bekanntere der beiden Geographen war Strabo, der etwa dreihundert Jahre nach der Seereise des Pytheas darüber schrieb, offenbar auch schon unter Verwendung von Texten aus zweiter Hand. Diese Werke stammten aus der Feder eines zwielichtigen Entdeckers namens Polybius, der durchaus Grund hatte, Pytheas' Leistungen herunterzuspielen, denn sie hätten seine eigenen in den Schatten gestellt. Außerdem bezog Strabo sich auf die Werke des Mathematikers und Dichters Eratosthenes, der überzeugt war, dass Thule tatsächlich existierte, aber nicht wusste, wie viel von Pytheas' Schilderung sonst noch stimmte. Strabo folgerte, dass Pytheas ein Schwindler gewesen sein musste, der Fakten verfälscht hatte. Andere, die seitdem nach Britannien und Irland gefahren waren, so argumentierte Strabo, hätten Thule nicht erwähnt, und so weit oben im Norden könnten ohnehin keine Menschen leben. Natürlich irrte Strabo, und Pytheas hatte Recht gehabt.

Ein weiterer klassischer Autor, der Pytheas' Reisebericht unter die Lupe nahm, war Plinius der Ältere, der in der zweiten Hälfte des 1. Jahrhunderts n. Chr. seine *Naturgeschichte* verfasste. Er hatte offenbar bei anderen Autoren von Pytheas gelesen, aber im Gegensatz zu dem misstrauischen Strabo gab er das Gelesene einfach wieder, ohne dazu Stellung zu nehmen. Er schrieb zum Beispiel:

> So kommt es auch, dass durch dies Ab- und Zunehmen des Lichts [...] der längste Tag [...] in Britannien 17 Stunden [beträgt], wo auch die hellen Nächte im Sommer das, was die Vernunft uns schon glaublich macht, bekräftigen. Nämlich zur Zeit des Sommersolstitiums, wo die Sonne dem Pole näher steht und der Umkreis ihres Leuchtens enger ist, haben jene Polarländer sechs Monate lang beständig Tag, und, wenn sie sich zum Wintersolstitium hin entfernt hat, ebenso lange Nacht. Dasselbe soll, wie Pytheas von Massilien berichtet, auf der Insel Thule, welche sechs Schiffstagereisen nördlich von Britannien entfernt ist, der Fall sein [...].

Die Vorstellung von der Mitternachtssonne und den langen Winternächten wurde in der Antike, darauf sei hingewiesen, von keinem gebildeten Menschen bezweifelt. Man war sich im Klaren darüber, dass die Erde eine Kugel ist und dass die wechselnden Winkel der Sonneneinstrahlung »oben« auf dem Erdball diese unterschiedlichen Tageslängen hervorbringen. Doch was den obersten (oder untersten) Punkt der Erdkugel umgab, war den Menschen der damaligen Zeit ein Rätsel, das zu vielen Spekulationen führte: War es ein Eismeer, hinter dem ein halkyonisches Land lag, das von dem gesegneten Volk der Hyperboreer bewohnt wurde? Oder musste man dort mit einem gefrorenen Berg oder einem eisfreien Meer rechnen oder sogar mit einem unvorstellbaren, jähen Ende der Erde?

Heute scheinen die meisten Historiker sich damit zufrieden zu geben, dass Pytheas wahrscheinlich der erste antike Entdecker war, der sich in die südliche Arktis vorwagte. Uneinigkeit besteht allerdings weiterhin darüber, wo Pytheas sich befand, als er auf Thule stieß. In Frage kommen vor allem die nördlich von Schottland gelegenen Shetlandinseln, Island und Norwegen. Die Shetlandinseln werden allerdings normalerweise verworfen, einmal, weil die Tage dort auch mitten im Winter noch eine gewisse Länge haben, und zum anderen, weil diese Inseln viel weiter als einen Tag südlich vom Packeis liegen und weniger als sechs Tage Seereise von Schottland entfernt sind. Ein isländischer Entdecker des 20. Jahrhunderts favorisiert Island, ein norwegischer Entdecker Norwegen. Gegen Norwegen spricht aber, dass man an der Küste nicht viel Meereseis findet. Andererseits beteuern die meisten isländischen Geschichtswissenschaftler, Thule sei auch nicht Island gewesen. So entzieht die Lage dieses sagenhaften Ortes sich bis heute unserer Kenntnis und wird das wohl auch in Zukunft tun. Unser Ausdruck »Ultima Thule«, der von der Insel des Pytheas abgeleitet ist, bezeichnet einen am weitesten entfernten Ort oder, im übertragenen Sinne, ein höchstes, vielleicht niemals erreichbares Ziel.

Jedenfalls hatte Pytheas den Seeweg zu den Zinnminen Britanniens wieder gefunden. Wahrscheinlich folgten ihm die Kaufleute aus Massilia und aus anderen Städten, und es ist durchaus möglich, dass sich im Laufe der folgenden Jahrhunderte auch andere Seefahrer den arktischen Gewässern näherten oder sie sogar befuhren. Wir haben jedoch keine Berichte darüber. Viel mehr wissen wir über die Menschen, die zu jener Zeit bereits seit fünf Jahrtausenden oder noch länger in der Arktis gelebt hatten, denn sie hinterließen in der gesamten Region Zeichen ihrer Existenz, die später von Archäologen aus dem Boden gekratzt wurden.

Zu der Zeit, als Pytheas das für uns unauffindbare Thule erreichte, jagten die Bewohner der Gebiete um das Nordpolarmeer herum normalerweise mit Harpunen Wale und andere Meeressäuger, wie Robben. Außerdem folgten sie dem Karibu auf seinen Wanderungen, hielten Rentierherden und begruben ihre Toten mit kunstvoll geschnitzten Darstellungen der dortigen Tierwelt. Diese verschiedenen arktischen Völker hatten alle etwa die gleichen anatomischen Merkmale entwickelt, um sich an das Leben in der Kälte anzupassen. Meistens waren sie von kräftiger, gedrungener Gestalt, hatten relativ kurze Gliedmaßen und kleine Hände und Füße. Körperteile, die der extremen Kälte ausgesetzt waren, wurden verstärkt durchblutet.

Etwa 12 000 Jahre lang waren diese gut angepassten Völker im Grunde die einzigen menschlichen Bewohner der Arktis. In unserer Geschichtsschreibung existieren sie allerdings erst seit etwa 200 Jahren. Doch ihr Wissen über die Arktis war dem der Europäer noch bis weit ins 20. Jahrhundert hinein überlegen. Und bevor Flugzeuge Langstreckenflüge bewältigten, konnte, wie wir sehen werden, kein europäischer (oder amerikanischer) Entdecker weit in die Arktis eindringen oder lange dort überleben, ohne dass die Einheimischen ihm halfen oder dass er von ihrem Beispiel lernte. Dabei handelte es sich vor allem um die verschiedenen Inuit-Völker, die von Amerikanern und Europäern Eskimos genannt wurden.

Wenn die frühesten Vorstöße in die Arktis kommerziellen Interessen an Blei, Zinn und Bernstein entsprangen, so verfolgten die nächsten überlieferten Arktisexpeditionen der Europäer ein völlig anderes Ziel – sie handelten mit Gott. Um 800 n. Chr. sah Europa vollkommen anders aus als zur Zeit von Plinius dem Älteren. Unter anderem hatten Hunnen, Wandalen, Westgoten und eine ganze Reihe anderer Gruppen aus dem Norden Druck auf das Römische Reich, das sich übermäßig weit ausgedehnt hatte, ausgeübt, sie hatten es zurückgedrängt und schließlich besiegt. Im Laufe der folgenden Jahrhunderte ging viel von der Kultur und der Zivilisation des Altertums verloren, nur in weiter östlich gelegenen Gebieten wurde ein Teil davon von Arabern bewahrt und weiter entwickelt. In Europa bildeten die abgelegenen Klöster Irlands kulturelle Refugien, die Stätten, an denen geistiges Schaffen und religiöses Gedankengut wie kleine Stückchen Glut überlebten. Unter dem Druck Roms, dessen doktrinären Verlautbarungen sie sich nicht fügen wollten, und auf der Flucht vor plündernden und raubenden Wikingern brachen im 7. und 8. Jahrhundert viele irische Mönche zu den Färöern und sogar nach Island auf, wo sie weitab auf Bergen mit Blick über das kalte Meer neue Klöster gründeten. Es gibt viele Geschichten darüber, wie einige dieser Mönche in ihren Korakeln, mit Ochsenhaut überzogenen Booten aus Weidengeflecht, westwärts über die hohe See sogar bis nach Nordamerika gelangten, doch zur Enttäuschung romantisch gesinnter Historiker haben wir dafür keinerlei Beweise. In den siebziger Jahren des letzten Jahrhunderts baute ein Abenteurer namens Tim Severin ein solches Boot, wie die Kelten es damals benutzten, nach und segelte darin von Irland nach Island und von dort aus weiter nach Neufundland. Damit bewies er, dass auch die damaligen Mönche theoretisch zu dieser Fahrt in der Lage waren (aber nicht, dass sie diese Leistung tatsächlich vollbrachten).

Es gibt großartige Legenden von keltischen Mönchen, die das gesegnete Land suchten, jenen ungestörten, lieblichen Ort, wo die Weinstöcke zwölf Mal im Jahr Früchte trugen und die Menschen in Frieden lebten. Diese Legenden wurden im 8. Jahrhundert in einer Erzählung namens *Navigatio Brendani* vereint. Es hat tatsächlich einen Mann namens Brendan der Seefahrer gegeben, allerdings ist so gut wie sicher, dass er nie nach Island fuhr. Der heilige Brendan wurde im 5. Jahrhundert an der Westküste Irlands geboren, segelte nach Schottland, wo er ein Kloster gründete, und wurde später Abt eines Klosters in Wales. Er starb im 6. Jahrhundert in seiner Heimat Irland. Binnen kurzer Zeit wurde er sowohl zum volkstümlichen Helden als auch zum Heiligen. Das große Epos wurde erst mehrere Jahrhunderte nach seinem Tod zu Papier gebracht. Es erfuhr über einhundert Fassungen in praktisch allen europäischen Sprachen. Diese packende Seefahrerdichtung besteht aus wundersamen Geschichten und überraschenden Begegnungen, die mit Sicherheit größtenteils nie stattfanden, und schon gar nicht im Leben des guten Abtes Brendan. Dazu gehört auch eine Landung an einer nordamerikanischen Küste, wo die Mönche von einem uralten Mann begrüßt werden, der keine Kleidung trägt, sondern von seinem Haupthaar und seinem Bart eingehüllt wird, die schneeweiß sind.

Dreihundert Jahre nachdem der wahre Brendan in Westirland zu Grabe getragen worden war, erreichte die Angriffslust der Wikinger, jener landhungrigen, raubgierigen, seefahrenden Krieger, ihren Höhepunkt. Ein großer Teil Europas fiel ihnen in die Hände, und wenn die Furcht erregenden Buge ihrer Schiffe unvermutet an einer Küste oder einem Flussufer auftauchten, überstanden nur wenige Siedlungen unversehrt ihren Angriff. Dänische Wikinger zum Beispiel zerstörten Mitte des 8. Jahrhunderts zwei Mal Paris und segelten durch die Meerenge von Gibraltar, um Italien und das heutige Marokko in Angst und Schrecken zu versetzen. Dass sie auch die Britischen Inseln einnahmen wurde nur verhindert, weil ein junger walisischer Lord namens Alfred im Jahre 878 die verschiedenen britischen Gruppierungen zu einer einzigen Streitmacht versammelte, mit der er bewirkte, dass die Wikinger nur teilweise Herrschaft über die britischen Inseln erlangten. Als Soldat, Gelehrter und in Verwaltungsfunktionen war Alfred ein vielseitiger Mann. Er ging als Alfred der Große, der erste König von England, in die Geschichte ein.

Zuvor hatten Dänen Island »entdeckt«, doch es waren vor allem Fischer und Bauern, die die Insel kolonisierten (und offenbar die übrig gebliebenen keltischen Mönche aus ihren frommen Betrachtungen rissen). Etwa zur gleichen Zeit, um 870 n. Chr., wagte sich ein Wikinger namens Ottar nach Norden auf das Polarmeer hinaus. Höchstwahrscheinlich wollte er dort Geschöpfe wie Walrosse jagen. Er wurde als der erste Europäer bekannt, der die Arktis erreichte, obwohl andere Europäer vor ihm dort gewesen sein müssen. In dem Bericht, den der Seefahrer vor König Alfred abgab und den dieser als gewissenhafter Gelehrter niederschreiben ließ, heißt es, dass Ottar an der skandinavischen Küste entlang nordwärts bis zum Nordkap segelte, dann fünf Tage lang durch die Barentssee nach Osten zur Halbinsel Kola und schließlich nach Süden ins Weiße Meer. Offenbar stellte er fest, dass die Südküste des Weißen Meeres bewohnt war. Beutegierige Wikinger, die das hörten, nahmen später den gleichen Kurs.

Wahrscheinlich war es Gunnbjörn Ulfsson, ein Norweger, der im nächsten Jahrhundert Grönland entdeckte, doch in den meisten geschichtlichen Darstellungen wird diese Tat Eirik Raude oder Erik dem Roten zugeschrieben. Er war ebenfalls Norweger und hatte anscheinend in Island große Ländereien von seinem Vater geerbt, der wegen Mordes aus Norwegen dorthin verbannt worden war. Im Jahre 982 ließen Eriks Leibeigene in Island eine Lawine auf das Haus eines anderen Mannes hinunterstürzen (so steht es jedenfalls in Finn Gads 1970 erschienener *History of Greenland*). Die Verwandten des Ermordeten übten Rache, indem sie Eriks Leibeigene töteten, woraufhin Erik sich seinerseits rächte, indem er die Mörder und noch ein paar andere Männer dazu umbrachte. Im Mittelalter bestand im skandinavischen Gemeinwesen die Strafe für ungerechtfertigten Mord im Verlust des persönlichen Besitzes und einer dreijährigen Verbannung. Erik segelte westwärts und erreichte so die große Landmasse, auf die Ulfsson höchstwahrscheinlich schon vorher gestoßen war. Drei Jahre lang sah er sich an den südlichen Küstengebieten und in den Fjorden um, und als er 985 nach Island zurückkehrte, schilderte er das Land in glühenden Farben und taufte es »Grünes Land«, Grönland.

Die Werbung tat ihre Wirkung. Im Jahre 986 brachen 25 Schiffe zu diesem neuen Land auf. 14 der Schiffe erreichten mit etwa fünfhundert Menschen an Bord ihr Ziel, und die Siedler errichteten an der (subarktischen) Südküste eine Kolonie. Sie bauten Häuser aus Stein und Torfsoden, züchteten zwergwüchsige Viehrassen, jagten Robben und Walrosse und fischten. Bald darauf wurde weiter im Südwesten eine zweite Kolonie gegründet. Die grönländischen Siedlungen tauschten Rohwaren gegen Eisen, Getreide und Geräte und erlebten eine Blütezeit von etwa drei Jahrhunderten.

Etwa um die Zeit, als Erik die Kolonisten nach Grönland führte, beschloss ein Kaufmann namens Bjarni Herjulfsson, der normalerweise die Route zwischen Norwegen und Island befuhr, seinem Vater zu folgen, der sich unter den Siedlern

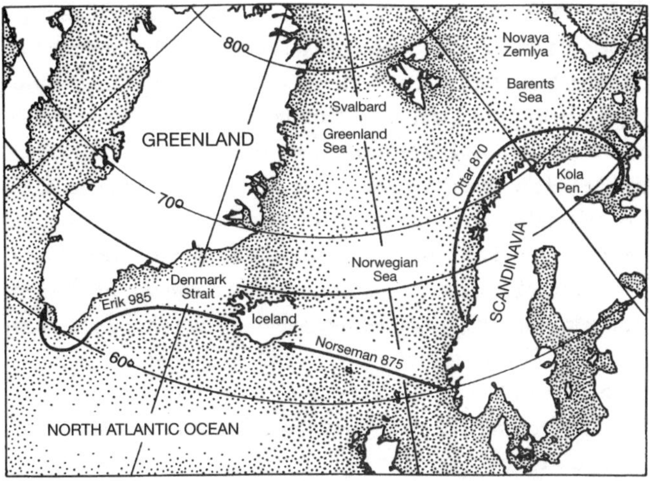

Frühe Nordreisen der Wikinger (aus Central Intelligence Agency 1978)

befand. Doch Herjulfsson fand die grönländische Küste nicht, sondern stieß auf ein »schön bewaldetes, hügeliges« Land, dann weiter nördlich auf einen »flachen, bewaldeten« Landstrich und noch weiter nördlich auf ein Land, das »hoch und bergig und von einem Gletscher gekrönt« war. Er ging an diesen Küsten jedoch nicht an Land, sondern segelte weiter nach Osten und gelangte schließlich zu der zweiten, weiter westlich gelegenen grönländischen Siedlung, wo er blieb. Offenbar hatte er Neufundland, Labrador und die Insel Baffin gesehen. Im Jahre 1001 kaufte Eriks Sohn Leif dann Bjarnis Schiff und brach zu den Ländern auf, von denen der Kaufmann erzählt hatte, wohl mit der Absicht, dort Holz zu holen. Nachdem er zuerst auf Baffin gestoßen war, fuhr Leif weiter südwärts nach Labrador und dann nach Neufundland. Er selbst oder nachfolgende normannische Entdecker gründeten an der Küste an einem Ort namens L'Anse aux Meadows eine Siedlung, die aber nicht lange bestehen blieb. In den sechziger Jahren des letzten Jahrhunderts entdeckten Helge Ingstad, ein früherer Gouverneur von Ostgrönland und Spitzbergen, und seine Frau, die Archäologin Anne Stinne Ingstad, dort die Überreste der Siedlung – acht Wohnhäuser, eine Schmiede und Artefakte, vor allem Schlacke und Schreinerabfälle. Es handelte sich offensichtlich um ein Basislager für weitere Erkundungen, denn man fand kaum Müll und keine Gräber. Die Siedlung wurde anscheinend 1014 aufgegeben, obwohl andere Skandinavier wahrscheinlich noch mehrere Jahre an der Küste entlangsegelten und vielleicht sogar im Süden bis nach Maine kamen. Doch schließlich nahmen die Schwierigkeiten mit den einheimischen Indianern, einem Stamm, den wir Beothuks nennen, überhand, und die Normannen verließen Neufundland wieder.

Heute ist bekannt, dass Leif das Land, auf dem er sich niederließ, Vinland nannte. Da es in Neufundland jedoch keinen wilden Wein gibt, führte das zu vielen gelehrten und weniger gelehrten Vermutungen: Bis zur Entdeckung der Siedlungsreste bei L'Anse aux Meadows und ihrer sorgfältigen Datierung konnte man behaupten, Leif habe Maine gemeint, wo es tatsächlich wild wachsende Weinstöcke gibt. Allerdings machte Leif seine Entdeckungen während der so genannten mittelalterlichen Warmzeit, einer Phase, in der in Europa und Nordamerika feuchtes, warmes Klima herrschte. Mag sein, dass damals in Neufundland Weinstöcke wuchsen.

Wie dem auch sei, die Wikinger kamen und verschwanden wieder, ohne – wie spätere Europäer – die einheimische Bevölkerung mit Pocken anzustecken oder zur indianischen Kultur oder mündlichen Überlieferung beizutragen. Inzwischen ging die mittelalterliche Warmzeit zu Ende. Um etwa 1300 wurde sie von der kleinen Eiszeit abgelöst, wobei die durchschnittliche Jahrestemperatur um etwa ein Grad Celsius sank. Diese Phase dauerte ungefähr ein halbes Jahrtausend: Im 16. Jahrhundert konnte Pieter Breughel seine Landsleute

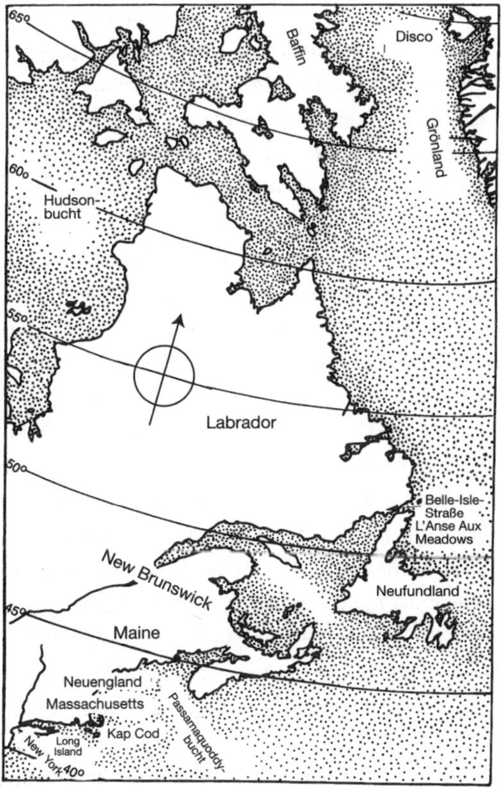

Neufundland, Labrador, Baffin, Grönland und die Fundstätte von L'Anse aux Meadows (aus Magnusson und Pálsson 1965)

beim Schlittschuhlaufen auf zugefrorenen Kanälen malen, die Themse fror zu, und die Einwohner der kleinen Stadt im Süden Nordamerikas, die später zur Hauptstadt der Vereinigten Staaten werden sollte, konnten auf Schlittschuhen den Potomac überqueren. Alpengletscher rückten bedrohlich nah an Schweizer Ortschaften heran, und das Meereseis drang bis an die Südküste Grönlands vor und unterbrach für einen Großteil des Jahres die Verbindung zu Island und Skandinavien. 1350 hatte man die grönländischen Siedlungen im Westen aufgegeben. An der Ostküste harrten ein paar Nachzügler aus, und die Letzten verließen das Land etwa um 1500. Einige Siedler hatten in die einheimische Inuit-Bevölkerung eingeheiratet.

Die normannischen Siedlungen in Island und in Grönland befanden sich natürlich alle südlich des Polarkreises. Die hyperboreischen Gefilde entzogen sich weiterhin den europäischen Ausdehnungsbestrebungen. Die einheimischen Polarvölker – Inuit, Samen und andere – konnten in ihrer großartigen, einsamen Welt mit den Fischen und den großen Säugetieren, die Meer und Eis bewohnten, noch weitere fünfhundert Jahre einigermaßen in Frieden leben. Diesen Völkern war das Land im Hohen Norden Heimat, der Mittelpunkt ihres Universums. Im europäischen Denken dagegen blieb es weiterhin das mythische Land, aus dem gefährliche Menschen und lärmende Götter südwärts fegten. Gleichzeitig jedoch verbarg sich im Hohen Norden auch ein ebenso mythisches Gelobtes Land, in dem man ein Vermögen machen konnte und wo über das Schicksal von Nationen entschieden wurde. Im 16. Jahrhundert konnte ein Entdecker der jungfräulichen Königin von England das Horn eines Narwals mitbringen, und Elizabeth und ihr gesamter Hof glaubten gern, dass es von einem Einhorn stammte.

Man kann sich vorstellen, mit welcher Begeisterung geographisch interessierte Gelehrte ein halbes Jahrtausend später neue Berichte über weit entfernte oder bisher kaum beschriebene Länder begrüßten. Während dieser Epoche wurden nach einer langen Unterbrechung Kunst und Gewerbe der Landkartenherstellung wieder belebt. Im klassischen Altertum hatten Gelehrte in Griechenland, Rom und Alexandria begonnen, die bekannte Welt und die Gebiete jenseits davon zu kartieren, und bei dieser Arbeit sowohl mathematisches Handwerkszeug als auch ihr Können und ihre Vorstellungskraft eingesetzt. Lange Zeit war die Bibliothek von Alexandria der Ort gewesen, an dem die Meisterleistungen des Wissens, der Gelehrsamkeit und der Archivierung vollbracht wurden, doch etwa 300 n. Chr. wurde die Bibliothek von christlichem Pöbel geplündert, und damit endete diese Periode. In den Jahrhunderten nach dem Untergang Roms traten Tätigkeiten wie das Kartografieren zu Gunsten von Glaubensfragen und Kirchenpolitik in den Hintergrund. Eine Weile schrieb die kirchliche Doktrin vor, dass Landkarten die Erde als Scheibe darstellten. Doch das änderte sich, wie so vieles andere, in der Periode, die wir als Renaissance bezeichnen – und mit der auch das europäische Zeitalter der Entdeckungen begann.

1492 war nicht nur das Jahr des Kolumbus, sondern in diesem Jahr fand auch der erste Versuch statt, die Erde auf einer Kugel, einem Globus, abzubilden. In dieser Zeit arbeitete man auch oft mit der Koppelnavigation, obwohl es den Magnetkompass in China schon seit dem 12. Jahrhundert gab und die Europäer begonnen hatten, von den umliegenden Gewässern primitive Seekarten anzufertigen. Trotzdem planten Seefahrer ihre Kurse von einem Hafen zu einem anderen jahrhundertelang nach diesen mittelalterlichen Seekarten, die man Portulane nennt, und verfehlten dann oft ihr Ziel, genauso wie Bjarni Herjulfsson, der jedoch, weil er sich verirrt hatte, vielleicht der erste Europäer war, der die Neue Welt zu sehen bekam. Auch im Zeitalter des Kolumbus hatte man noch eine sehr ungenaue Vorstellung von Längen- und Breitengraden, vor allem von den Längengraden. Das bedeutete, dass sich ein Seefahrer im Grunde verirren musste, wenn er vertrautes Land aus den Augen verlor und dann eine größere Strecke nach Westen oder nach Osten fuhr. Was tatsächlich jenseits der wohl bekannten Gewässer lag, war immer noch ein Rätsel, zu dem Vermutungen, fantastische Geschichten und Mythen existierten. Auch als die erste Landkarte mit Mercatorprojektion gezeichnet wurde, änderte sich daran wenig.

Gerardus Mercatorius war der latinisierte Name von Gerhard Kremer, einem Deutschen, der 1512 geboren wurde und in Flandern aufwuchs. Während seiner Studien für das Priesteramt nahm er den Widerspruch zwischen den Aussagen des Aristoteles und den Lehren der Bibel sehr ernst. Schließlich entschied er sich für Mathematik und Astronomie und wurde Schüler von Gemma Frisius, einem Arzt, Mathematiker und Geographen, von dem er unter anderem lernte, wissenschaftliche Instrumente der damaligen Zeit herzustellen. Dazu gehörte auch das Astrolabium, ein Gerät, mit dessen Hilfe man den Breitengrad errechnen kann. Bald darauf begann Mercator, Landkarten anzufertigen. Er führte nicht nur das Wort *Atlas* als Bezeichnung für eine Sammlung solcher Karten ein, sondern auch einen fließenden kalligrafischen Stil der Beschriftung, der zur Norm wurde. Und natürlich erfand er die nach ihm benannte Projektion, vor allem, um den Seeleuten das Leben zu erleichtern, denn nun konnten sie über weite Entfernungen Kurse steuern, indem sie einfach gerade Linien zogen. Mit fünfzig Jahren war Mercator der führende Kartograf des Jahrhunderts, und im Jahre 1569 veröffentlichte er einen Weltatlas, der die Erforschung der Arktis für weitere dreihundert Jahre nachhaltig beeinflusste.

Einen solchen Atlas herzustellen war kein geringes Unterfangen, insbesondere, weil ein großer Teil der Welt den Europäern entweder unbekannt war oder weil sie ihn nur aus Berichten von einer Hand voll Seeleuten kannten und von Landkarten, die auf diesen unvollständigen Berichten beruhten. Heute wissen wir, dass einige dieser Schilderungen fast ganz aus der Luft gegriffen waren. Zu jener Zeit segelten europäische Kabeljaufischer und Walfänger schon seit langem an der Ostküste Nordamerikas entlang, und die Spanier, die von Süden her nach Florida gelangt waren, spielten im südöstlichen Teil des Kontinents eine wichtige Rolle. Vor allem aber wurden in dieser Zeit private, auf Profit ausgerichtete Fahrten in die Neue Welt unternommen, und die Abenteurer dachten nicht daran, ihr mühsam errungenes geographisches Wissen anderen mitzuteilen, nicht ihren Landsleuten und schon gar nicht anderen europäischen Konkurrenten. Ein Beispiel dafür war de Soto, der 1540 durch den Südosten Amerikas bis zum Mississippi und weiter fuhr, seine Route aber für sich behielt. Die Kartografen jener Zeit waren daher gezwungen, viel von dem, was wir heute als durch Hörensagen erworbenes Wissen bezeichnen würden, in ihre Werke einfließen zu lassen. Das galt besonders für Mercators Darstellung der Arktis.

Es sei gleich gesagt, dass Mercator um das Problem wusste, auf das wir auch heute noch stoßen, wenn wir eine Mercatorprojektion betrachten: Grönland zum Beispiel erscheint größer als Nordamerika, obwohl es in Wirklichkeit nur ein Zehntel so groß ist. Mercator wusste, dass er auf seiner Erdkarte den Nordpol nicht erfassen konnte, weil er im Unendlichen lag, daher lieferte er eine zusätzliche Karte, die den Pol so darstellte, als würde man ihn von oben betrachten. In seinen Ausführungen über die Grundlage für diese Darstellung erklärt Mercator, dass er vieles davon aus dem *Itinerario Jacobi Cnoxen Buscoducensis* übernommen habe. Die wichtigsten Informationen in dieser Schrift stammten wiederum von einem Priester, der 1364 in den Diensten des norwegischen Königs gestanden hatte. Demnach hatte im Jahre 1360

> ein Engelländischer Mönch des Minoriten Ordens ein fürtrefflicher Mathematicus von Ochsenfurt [Nicholas von Lynn aus Oxford] die Landtschafften nächst vmb den Polum herumb beschrieben/vnd durch das Astro-

labium auff folgende weiß gemessen/wie vnser Mercator auß jhme/dem gemeldten Jacobo, colligiert vnd geschlossen/das nemlich die vier Euripi mit einer solchen Vngestümme zu dem inwendigen grundlosen Schlundt werden gerissen/daß kein Windt so starck sey/der die Schiff/so einmal dahin gelanget/wiederumb von dannen könne zurück treiben.

Über Nicholas von Lynn, einen Karmelitermönch, der im 14. Jahrhundert in Oxford lebte, wissen wir ein wenig. Geoffrey Chaucer, der nicht nur die *Canterbury-Erzählungen* verfasste, sondern sich auch mit Wissenschaft beschäftigte, schrieb in einer Abhandlung, Nicholas von Lynn habe den Breitengrad von Oxford mittels eines Astrolabiums bestimmt. Der Mönch führte solche Messungen auch für den norwegischen König durch, aber es gibt keine Hinweise darauf, dass er näher an den Nordpol herankam.

Im Jahre 1360 erschien eine Schrift mit dem Titel *De Inventio Fortunata*, die von vielen Gelehrten Nicholas zugeschrieben wird. Heute ist kein Exemplar mehr davon erhalten, aber Mercator bekam eine Abschrift von ebendem Jacobus Cnoyan oder Cnoxen oder den er zitierte, einem flämischen Abenteurer. Mercator hielt die Beschreibung der Gegebenheiten am Nordpol, die er darin fand, für bare Münze und fügte sie in seine Karte ein.

Eine weitere Quelle, die Mercator verwendete, waren die Landkarten und Schilderungen von Nicolò und Antonio Zeno, zwei Brüdern aus einer angesehenen venezianischen Familie, die 1380 nordwärts segelten und angeblich auf eine Insel stießen, die sie Frisland nannten. Sie war »viel größer als Irland« und lag irgendwo zwischen Island und Grönland. Die Frisländer, so berichteten die Brüder, trieben einen lukrativen Handel mit »Flandern, der Bretagne, England, Schottland, Norwegen und Dänemark«. Die Gebrüder Zeno hatten den

Prinzen einer nahe gelegenen Insel kennen gelernt, der Zichmini hieß und soeben den König von Norwegen besiegt hatte. Der Bericht fährt fort mit der Entdeckung von Estotiland, das auf der Karte der Zenos die Küste von Labrador zu sein scheint. Außerdem zeigt die Karte eine große Landmasse, die sich nördlich von Grönland in das Nordpolarmeer hinein erstreckt.

Anscheinend gingen der Bericht und die Karten der Zenos zwischen den Briefen der Familie verloren, und erst 1558 veröffentlichte einer ihrer Nachfahren, der ebenfalls Nicolò Zeno »II« hieß, ihre Schilderung. Natürlich gab es keine Insel Frisland, keine Frisländer, keinen Handel mit Europa und weder einen Zichmini noch seinen Sieg über den Herrscher von Norwegen. Das Ganze war ein Schwindel, der vortäuschen sollte, dass die Venezianer Nordamerika bereits ein Jahrhundert vor Kolumbus entdeckt hatten, der ja aus dem konkurrierenden Stadtstaat Genua stammte.

Doch diese Informationen wurden in Mercators Karte und ihre Nachfolger eingefügt, ebenso wie ein Berg namens Lodestone, eine große Landformation mit einem Magnetfeld, das angeblich so stark war, dass es aus herannahenden Schiffen die Nägel herausziehen und noch Tausende von Kilometern weiter südlich die Kompassnadeln zum Tanzen bringen konnte. Mercator dachte logisch und sortierte die verfügbaren Berichte so gut wie möglich, und ein Teil dessen, was er in seiner Karte festhielt, war nicht nur plausibel, sondern stimmte tatsächlich. Der Magnetpol liegt tatsächlich abseits vom geographischen Nordpol, so wie der Berg Lodestone, doch er ist kein Magnetitberg, sondern die Oberflächenwirkung eines magnetischen Feldes, das im flüssigen Erdkern durch magnetohydrodynamische Ströme entsteht. Außerdem beschrieb Mercator ein Phänomen, das nördlich der Hebriden erscheint. Angeblich gibt es dort einen ungeheuren Abgrund im Meer, auf den von allen Seiten her aus entfernten Gewässern die Meereswogen zusammenströmen, als hätte eine Leitung sie dort hingeführt. Die Ströme ergießen sich in diesen geheimnisvollen Abgrund, als würden sie davon verschlungen, und wenn ein Schiff dort vorbeifährt, wird es ergriffen und mit einer solchen Gewalt von den Wogen fortgerissen, dass es sofort versinkt und nie wieder auftaucht.

Diese Beschreibung passt auf den Malstrom, ein Phänomen, das wirklich existiert: Es handelt sich um einen Meeresstrudel vor der Nordwestküste von Norwegen, nahe der Lofoten. Wenn er aktiv ist, fängt dieser Strudel tatsächlich kleine Schiffe ein, aber er liegt nicht, wie Mercator es darstellte, am Nordpol.

Spätere Karten waren in Einzelheiten verändert. Einige behielten Mercators vier Landmassen bei, die rings um den Pol lagen, andere übernahmen die vier Ströme, ließen sie aber vom Pol fortfließen. Ein wichtiges Merkmal jedoch blieb in fast allen folgenden Karten erhalten, und dieses Merkmal sollte die Arktiserforschung der Zukunft grundlegend beeinflussen: das eisfreie Nordpolarmeer. Das offene Meer bedeutete, dass es einen nördlichen Seeweg zu den Reichtümern Indiens und Chinas geben musste, entweder nordöstlich um den asiatischen Kontinent herum oder nordöstlich an Nordamerika vorbei oder beides. Wenn man diese Durchfahrt fand, mussten englische und russische Schiffe nicht mehr die lange, beschwerliche Route um die Südspitze Afrikas oder Südamerikas herum nehmen, Seewege, über die bereits Spanier und Portugiesen die Oberhoheit hatten. Die Spanier, die sich seit einem halben Jahrhundert in Florida niederließen, hatten die Ostküste im Norden mindestens bis zur Chesapeakebucht erkundet. Sie suchten den Seeweg durch den Kontinent nach Cathay, den es ihrer Ansicht nach geben musste. Die Franzosen, die sich am Sankt-Lorenz-Strom niedergelassen hatten, heirateten in Algonkin-Familien ein und erforschten die Was-

Karte der Polargegend (Mercator 1569)

serwege in Kanus. Sie sammelten zwar Biberpelze, genauso, wie die Spanier weiter im Süden auf Seelen Jagd machten, aber sie hofften ebenfalls, das Netz aus Flüssen und Nebenflüssen zu entdecken, das quer durch den Kontinent zu den Schätzen des Orients führen musste.

Die Suche nach der Nordost- und der Nordwestpassage hatte eigentlich längst begonnen, als Mercators verlockende Landkarte erschien. 1497, fünf Jahre nach Kolumbus' erster Seereise, legte in Bristol in England erneut ein genuesischer Seefahrer ab. John Cabot, der mit Geburtsnamen Giovanni Caboto hieß, hatte die venezianische Staatsbürgerschaft angenommen, und weil es ihm nicht gelungen war, spanische oder andere Geldgeber zu überreden, ihn westwärts nach China zu schicken, war er nach England gekommen, wo er König Henry VII. und einige Kaufleute aus Bristol dazu gebracht hatte, sein Vorhaben zu finanzieren. Im Mai 1497 stach er in See, landete an der Küste von New Found Land, wie er es nannte (höchstwahrscheinlich Neufundland), entdeckte zwar keine Bewohner, nahm aber ein paar Fallen und andere Artefakte mit und war überzeugt, dass er eine entlegene und recht primitive Küste von Cathay erreicht hatte. Er kehrte nach England zurück, wo er im August wieder ankam, und der König gewährte ihm zehn Pfund für seine Leistung.

Im folgenden Jahr brach Cabot wieder auf, diesmal mit größeren Geldmitteln im Hintergrund und mit fünf Schiffen, die mit Handelswaren beladen waren. Er plante offenbar, wieder den Weg nach New Found Land zu suchen und dann an der Küste entlang nach Südwesten zu segeln, bis er zu den

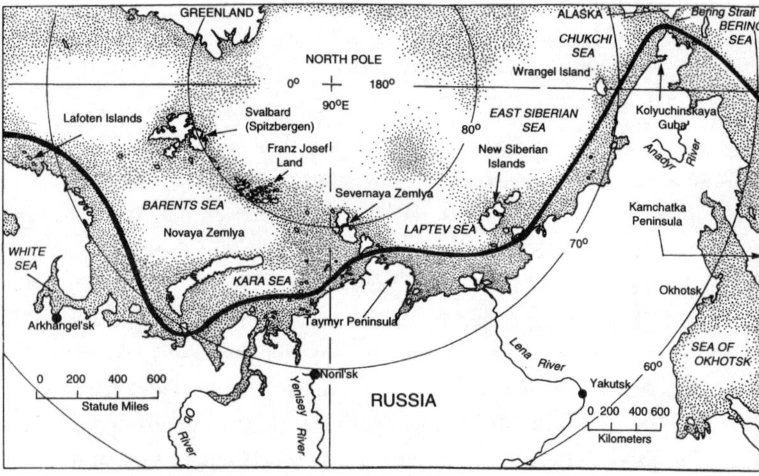

Nordostpassage und angrenzende Gebiete (aus Central Intelligence Agency 1978)

reichen Landstrichen käme, die Marco Polo so treffend und verlockend beschrieben hatte. Doch man hörte nie wieder etwas von ihm und seinen fünf Schiffen. John Cabot hatte zwar fast mit Sicherheit von Europa aus Nordamerika entdeckt, aber er hinterließ keinen Bericht über seine frühere Reise. Er hatte aber – eine der eher bizarren ödipalen Verwicklungen in der Geschichte – einen Sohn, der die Lorbeeren erntete.

Sebastian Cabot muss etwa dreizehn Jahre alt gewesen sein, als sein Vater die erfolgreiche Fahrt nach Neufundland unternahm, und alles spricht für die Annahme, dass der Junge an der Expedition nicht selbst teilnahm. Später jedoch gelang es ihm, andere davon zu überzeugen, dass er an Bord gewesen war; mindestens einmal erklärte er, sein Vater sei schon einige Jahre vor dieser Reise gestorben, und fast fünf Jahrhunderte lang zollten die meisten Historiker ihm die Anerkennung für Johns Entdeckungsfahrt. Noch im Jahre 1897 gab die Regierung der Provinz Neufundland eine Gedächt-

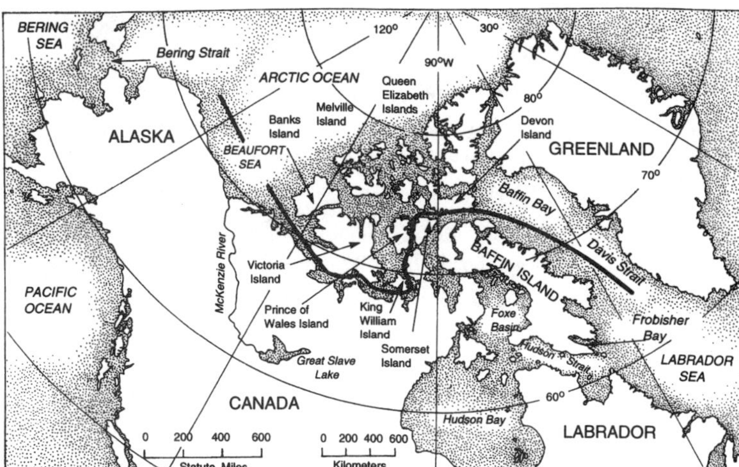

Nordwestpassage und angrenzende Gebiete (aus Central Intelligence Agency 1978)

nismarke für John Cabot heraus, auf der angeblich sein Konterfei zu sehen war. Doch von John war kein Porträt erhalten geblieben, wenn überhaupt jemals eines von ihm angefertigt worden war. Stattdessen war auf der Briefmarke die Wiedergabe eines der Porträts zu sehen, die von seinem Sohn Sebastian erhalten sind. Es zeigt ihn in hohem Alter, das sein Vater gar nicht erreichte.

Sebastian Cabot hatte offenbar außer der Gabe der Selbstvermarktung noch viele andere Talente. Später erzählte er einem Freund, dass er im Jahre 1508 in Britannien auf eigene Kosten zwei Schiffe hatte ausrüsten lassen und eine Mannschaft von 300 Leuten nach Norden geführt hatte. Im Juli hätten sie eine Gegend erreicht, in der ununterbrochen Tag gewesen sei, und das Meer sei so vereist gewesen, dass er nach Westen und nach Süden ausweichen musste. Dabei sei er so weit nach Westen vorgedrungen, dass er auf die Einfahrt zu einer Passage gestoßen sei, bei der es sich mit Sicherheit um den Seeweg nach Cathay handelte. Einem anderen Freund berichtete Sebastian Cabot, er sei westlich vom Nordpolarmeer in eine große Bucht hineingesegelt (es hätte die Hudsonbucht sein können), die bestimmt die Einfahrt zur Nordwestpassage gewesen sei. Diese Seereise war, wie sich herausstellte, eine reine Erfindung.

Später arbeitete Sebastian für Karl V. von Spanien. Er diente der Krone als Kapitänsmajor, eine Aufgabe, die die Ausbildung und Prüfung sämtlicher Kapitäne und weitere nautische Pflichten beinhaltete. Er wurde ein Meister in der Herstellung von nautischen Instrumenten und fertigte eine Weltkarte an, die unter anderen auf »seinen« Entdeckungen beruhte. Zudem unternahm er für den spanischen König eine Seereise über den Atlantik nach Südamerika, wobei er eine bessere Passage zu finden hoffte als Magellan. Doch diese Fahrt wurde zu einem solchen Fiasko, dass Sebastian, um einer Verbannung nach Afrika zu entgehen, lieber nach England zurückkehrte. Dort wurde er bald darauf Direktor der *Merchant Adventurers*, einer Gesellschaft von Kaufleuten, die Geldmittel für die Suche nach der Nordostpassage bereitstellten. Inzwischen war Sebastian Cabot mindestens siebzig Jahre alt, aber als die drei Schiffe der Expedition unmittelbar vor ihrer Abreise im Hafen ankerten, kletterte er an Bord und vollführte einen Freudentanz. Mit dem Ablegen der kleinen Flotte begann die Ära der Suche nach einer nördlichen Durchfahrt. Diese Passage zu finden wurde zum Ziel mehrerer Nationen Nordeuropas, zum leuchtenden, bezwingenden Traum, den man als ein Ultima Thule der europäischen Zivilisation bezeichnen könnte.

3 Seide für Cathay und das eisfreie Nordpolarmeer

Der 10. Mai 1553 war für die *Merchant Adventurers* und den kränklichen König Edward VI. von England ein wichtiges Datum. An diesem Tag glitten drei Schiffe, von Schiffsbauern und Proviantlieferanten sorgfältig für ihre Reise ausgerüstet und mit Handelswaren beladen, von Radcliffe aus im Schlepptau die Themse hinunter. Von den Flussufern aus jubelten die Menschen ihnen zu, und als die kleine Flotte Greenwich erreichte, wo der König wartete, begrüßten Kanonen den Monarchen, und das Volk brüllte Beifall. Den Vorsitz der *Merchant Adventurers*, einer Gesellschaft, die zum Zweck »der Entdeckung von Regionen, Reichen, Inseln und unbekannten Orten« gegründet worden war, hatte Sebastian Cabot.

Schon dreißig Jahre zuvor, als Cabot von einem mehrjährigen Spanienaufenthalt, der auf seine angebliche Seereise von 1508 folgte, nach England zurückgekehrt war, hatte er versucht, finanzielle Unterstützung für eine weitere Reise zu erhalten, aber britische Kaufleute legten ihm Steine in den Weg. Sie schrieben an König Henry VIII., es sei unklug, eine Reise in die Neue Welt ausschließlich »im Vertrauen auf einen einzigen Mann« zu finanzieren, »der unseres Wissens Sebastian genannt wird, selbiger Sebastian war, wie wir sagen hören, selbst niemals in jenem Land, er berichtet bloß von vielen Dingen, über die er seinen Vater und andere Männer in vergangenen Zeiten hat sprechen hören«.

Es gereicht Sebastian Cabots Überzeugungskunst zur Ehre, dass er sich die Gunst der Londoner Kaufmannskreise zurückerobern konnte. Inzwischen wusste er auch einiges über die Seefahrt, wie begrenzt seine praktische Erfahrung in dieser Hinsicht auch noch sein mochte. Möglicherweise war es seine Idee, die drei Schiffe mit Blei zu beplanken, um sie gegen Würmer, die sich in den Schiffsrumpf hineinbohren konnten und die angeblich die Gewässer vor Cathay heimsuchten, zu schützen. Jedenfalls hatten Geographen (und zweifellos auch Sebastian Cabot selbst) die Kaufleute davon überzeugt, dass der Seeweg nach Cathay am einfachsten zu finden sei, wenn man durch den breiten Streifen offene See entlang der arktischen Küsten von Skandinavien, Russland und jenseits davon nach Osten segelte.

Als Expeditionsleiter hatten die *Merchant Adventurers* eine Landratte ausgesucht, Sir Hugh Willoughby, einen »tapferen« Soldaten von »vornehmer Herkunft«, der im Krieg gegen die Schotten gedient hatte. Die drei Schiffe unter seinem Kommando waren das Flaggschiff *Bona Esperanza* mit 120 Tonnen, die *Bona Confidentia* mit 90 Tonnen und die *Edward Bonaventure* mit 160 Tonnen. Ungünstige Winde erschwerten die Fahrt nordwärts auf die norwegische Küste zu, und als die kleine Flotte Ende Juli den Norden der Lofoten erreichte, wurde sie von einem wütenden Sturm überrascht, der die *Bona Esperanza* und die *Bona Confidentia* von dem größeren Schiff *Edward Bonaventure* trennte, das von Richard Chancellor, einem alten Seebären, geführt wurde. Chancellor rettete sich auf eine Insel vor der norwegischen Küste, die heute Vardø heißt. Man hatte sie für einen derartigen Fall als Treffpunkt vorgesehen.

Die beiden anderen Schiffe jedoch segelten ziellos erst nach Nordosten und dann nach Südosten. Schließlich, am 18. September, stellten sie fest, dass sie sich vollkommen verirrt hatten. Sie gingen in einem natürlichen Hafen in einer

Flussmündung vor Anker, an einer Küste, die sie für Festland hielten. Es handelte sich tatsächlich um Lappland. Ringsherum gab es, wie Sir Hugh Willoughby in seinem Tagebuch vermerkte, einen reichen Bestand an »Seehunden & anderen großen Fischen, [...] Bären, Großwild, Füchsen [...] und anderem Getier, das uns unbekannt und wundersam erschien«. Obwohl Sir Hugh keine Erfahrung mit dem Leben auf See hatte, traf er eine kluge Entscheidung: Der reiche Tierbestand, die Vorräte für sechs Monate, mit denen seine Schiffe ausgerüstet waren, und das sich verschlechternde Wetter veranlassten ihn zu dem Entschluss, die beiden Schiffe mit der – ihn eingeschlossen – dreiundsechzigköpfigen Besatzung in der Flussmündung überwintern zu lassen. Nachdem ein paar Erkundungstrupps losgezogen waren und in der ganzen Gegend keine Menschen gefunden hatten, stellte Sir Hugh seine Tagebuchaufzeichnungen ein. Offenbar bereiteten die Männer sich auf die nervenzermürbende, eintönige Aufgabe vor, die dunkle Jahreszeit abzuwarten.

Im Januar hatte der arktische Winter Sir Hugh anscheinend so sehr mitgenommen, dass er ein Testament aufsetzte. Russische Fischer entdeckten es im folgenden Sommer, als sie die beiden Schiffe und die Leichen der dreiundsechzig Männer fanden.

Richard Chancellor hatte mit der *Edward* sieben Tage lang am Treffpunkt gewartet und beeilte sich dann, weiter ins Weiße Meer und nach Archangelsk zu segeln, von wo aus er auf dem Landweg nach Moskau zog. Zar Iwan IV., der Schreckliche genannt, empfing ihn freundlich und erteilte den *Merchant Adventurers* die Genehmigung, über diese Nordroute mit Russland Handel zu treiben. Günstiger war zu jener Zeit jedoch der Seeweg über die Ostsee, der aber fest in der Hand der Hanse lag, jenem Zusammenschluss von Kaufleuten aus verschiedenen deutschen Städten, den man vielleicht als erste multinationale Gesellschaft betrachten könnte. Die

Hanse fungierte als Vermittler zwischen Ost und West und beherrschte zum Beispiel den russischen Pelzhandel. Mit seinem Besuch in Moskau drang Chancellor in dieses fest gefügte System ein und zerschlug die Macht der Hanse, und bald wurden die *Merchant Adventurers* von der *Muscovy Company*, der Moskauer Kompanie, ersetzt. Bis zu seinem Tod einige Jahre später nahm der bejahrte, aber immer noch tatkräftige Sebastian Cabot in dieser Gesellschaft eine führende Position ein.

Inzwischen hatte man festgestellt, dass Willoughby und seine Leute nicht am Hunger gestorben waren. Man fand reichlich Lebensmittelvorräte an Bord, und auch wenn der größte Teil des Wildes bald, nachdem das Schiff vor Anker gegangen war, für den Winter südwärts gezogen war, musste es noch Füchse gegeben haben, die die Seeleute ausreichend mit frischem Fleisch versorgt hätten. Lange nahm man an, dass die Männer entweder erfroren oder an Skorbut gestorben waren. Diese Krankheit war während längerer Fahrten auf Segelschiffen allgegenwärtig, denn der Proviant bestand üblicherweise aus »Fleisch, Fisch, Zwieback oder Brot, [...] Bier, Wein, Öl oder Essig«. Ein Brief jedoch, der erst viel später entdeckt wurde, lässt die Ereignisse in einem ganz anderen Licht erscheinen. Am 4. November 1555 schrieb Giovanni Michiel, der venezianische Botschafter in London, an den Dogen von Venedig:

> Die Schiffe, die vor einigen Monaten nach Cathay aufbrachen, sind wohlbehalten zurückgekehrt, nachdem sie, entweder aus Unfähigkeit oder auf Grund mangelnden Wagemutes, nicht weiter als bis nach Moskau und Russland gekommen waren, wohin die anderen letztes Jahr ebenfalls gesegelt waren. Sie haben die beiden Schiffe der ersten Seereise mitgebracht, die sie an der Moskowiter Küste fanden, mit allen Männern an

> Bord erfroren. Die Seeleute, die soeben von der zweiten Reise zurückkehrten, erzählen seltsame Dinge über die Haltung, in der die Männer erfroren sind, manche fanden sie im Sitzen, schreibend, in der Hand noch die Feder und vor ihnen das Papier, andere bei Tisch mit dem Teller in der Hand und dem Löffel im Mund, wieder andere beim Öffnen eines Schapps und weitere in verschiedenen Positionen, wie Statuen, als hätte man sie geformt und in diesen Haltungen aufgestellt. Es heißt, dass einige Hunde an Bord der Schiffe das gleiche Phänomen zeigten. Die Seeleute fanden die persönlichen Besitztümer und die Handelsware unversehrt in den Händen der Eingeborenen und brachten sie zusammen mit den Schiffen zurück.

Als die britische Medizinhistorikerin Eleanora C. Gordon diesen Bericht vierhundert Jahre später las, wurde ihr klar, was Willoughby und seiner Besatzung wohl zugestoßen sein musste. Möglicherweise war ihnen das Brennholz ausgegangen, das an jenen Küsten bestenfalls spärlich vorhanden war. Daher waren sie vermutlich dazu übergegangen, Meerkohle zu verbrennen, und hatten ganz naiv die Schornsteine und die Bullaugen vor der Kälte verschlossen. Das unhörbare, geruch- und geschmacklose Gas Kohlenmonoxid, das beim Verbrennen von Kohle entsteht, könnte sie alle praktisch gleichzeitig getötet haben. Damit wäre der bizarre Anblick erklärt, mit dem die russischen Fischer konfrontiert waren, als sie die Männer fanden.

Im Jahre 1556 schickte die Moskauer Kompanie eine weitere Handelsexpedition über das Weiße Meer. Diesmal waren es zwei Schiffe, die *Edward Bonaventure* und die nach dem englischen Königspaar benannte *Philip and Mary*, unter dem Kommando von John Buckland. Unter anderem holten sie Richard Chancellor in Archangelsk ab und nahmen die beiden

Schiffe mit, in denen Willoughby und seine Leute umgekommen waren. Doch die Rückfahrt wurde zu einer Katastrophe. Die *Bona Confidentia* erlitt vor der norwegischen Küste Schiffbruch, die *Bona Esperanza* ging auf See verloren, und die *Edward Bonaventure* havarierte im November vor der schottischen Küste. Richard Chancellor kam dabei ums Leben. Nur die *Philip and Mary* gelangte nach London zurück, wenn auch erst im folgenden Frühjahr. Sie brachte den ersten russischen Botschafter an den englischen Hof. Obwohl die drei anderen Schiffe gesunken waren, schickte die Moskauer Kompanie mehrere Jahre lang fast alljährlich Handelsschiffe über das Weiße Meer, was zu einer fruchtbaren Handelsbeziehung mit Moskau und den Russen führte. Einer der Kaufleute, ein Mann namens Jenkins, interessierte sich auch weiterhin für den Seeweg nach Cathay, angeregt durch Gespräche über Tide und Strömungen, die er mit Sibirern führte, und die Geschichte von einem merkwürdigen Schädel mit nur einem Horn, den man auf Nowaja Semlja gefunden hatte. Es war bekannt, dass in Cathay Einhörner lebten, folglich musste der Schädel von der Strömung auf den Archipel im Norden des europäischen Russlands getragen worden sein.

Die Nordostpassage lockte weiterhin. Freibeuter, Piraten wie Francis Drake und Martin Frobisher also, die mit Genehmigung der Krone, inzwischen Elizabeth I., raubten, brachten reiche Beute mit. Sie jagten diese Schätze den Spaniern und in geringerem Maß auch den Portugiesen ab, welche fabelhafte Reichtümer anhäuften, weil sie die Seewege im Süden beherrschten. Daher machten die Kaufleute der Moskauer Kompanie 1580 erneut einen Versuch. Angestachelt wurden sie mit ziemlicher Sicherheit von Gerardus Mercator, der bemerkt hatte, die Reise nach Cathay über den Osten sei einfach und kurz, und er wundere sich, dass man diese Unternehmung, die so glücklich begann, aufgegeben habe. Es ist nicht klar, auf welchen glücklichen Beginn Mercator sich bezog, aber sicherlich waren nicht die ersten beiden Expeditionen der Moskauer Kompanie gemeint, die vielleicht bei ihrem ursprünglichen, niedriger gesteckten Ziel hätten bleiben sollen, über das Weiße Meer mit den Russen Handel zu treiben. Die Kompanie gab jedoch zwei erfahrenen Kapitänen, Arthur Pet und Charles Jackman, die beide aus Middlesex stammten, den Auftrag »zu einer Seereise mit dem Ziel der Entdeckung Cathays«.

Dass die Kaufleute im Laufe der Jahre vorsichtig geworden waren, lässt sich aus der Tatsache schließen, dass die beiden »guten Barken«, die *George* mit 40 Tonnen und die *William* mit 20 Tonnen, Besatzungen von nur zehn beziehungsweise sechs Männern hatten. Pet, der die *George* führte, wurde zum Admiral dieser bescheidenen Flotte ernannt und Jackman zum Vizeadmiral. Im Mai 1580 stachen sie in See. Jedes Schiff hatte Proviant für zwei Jahre an Bord und eine solche Vielfalt an Handelswaren, dass die Liste zwei Seiten lang war. Die Ladung enthielt *frizadores* (plüschartig aufgeraute Seide), Kleidung in vielen Farben, Strickgarn, Scharniere, Segeltuch, Pergament, Leim, Seife, Safran, Antimon und die größte Englandkarte, die man hatte auftreiben können. Außerdem trug man dem Admiral und dem Vizeadmiral auf, den Verkauf von Branntwein voranzutreiben, denn die Engländer hatten festgestellt, dass sie das Lebenswasser sehr billig herstellen konnten.

Die Kapitäne nutzten die günstigen Winde, verloren sich bald aus den Augen, fanden sich aber Ende Juni auf der Insel Vardø, Willoughbys früherem Treffpunkt, wieder. Die *William* hatte mehrere Lecks und ihr Ruder war nicht in Ordnung. Ungünstige Winde hielten sie bis Juli auf der Insel fest. Wieder unterwegs, stießen sie auf Eis, dichten Nebel und anhaltend schlechtes Wetter. Die *William* kämpfte mit einem gebrochenen Achtersteven, der dazu führte, dass ihr Ruder lose im Wasser hing. Ende August gerieten sie, während sie an der Küste entlangfuhren, um dem Eis auszuweichen, in eine Untiefe und fuhren auf Grund. Als sie schließlich wieder freigekommen waren, verloren die beiden Schiffe sich aus den Augen. Die Männer auf der *George* sahen die *William* nie wieder. Admiral Pet mühte sich im Kampf gegen das Eis und die Wetterbedingungen noch einige Tage weiter vorwärts, aber das Schiff war beschädigt und leck, und ihm blieb nichts anderes übrig, als nach England zurückzukehren. Auch auf der Rückfahrt brachte schlechtes Wetter sie in gefährliche Situationen. Pet erfuhr später, dass die *William* in Norwegen überwintert hatte, aber im folgenden Jahr bei dem Versuch, in Begleitung eines dänischen Schiffes nach Hause zu segeln, auf See verschollen war. Die einzige erwähnenswerte Leistung der Expedition bestand darin, dass es den Schiffen gelungen war, im Süden an der Inselgruppe Nowaja Semlja vorbeizusegeln und als Erste auf diesem Weg in die Karasee hineinzufahren. Dieses enttäuschende Ergebnis hatte zur Folge, dass die Kaufleute die Suche nach der Nordostpassage fast zwanzig Jahre lang ruhen ließen.

Inzwischen jedoch hatten auch niederländische Kaufleute Interesse daran, auf der Route über das Weiße Meer und anschließend den Landweg Handelsbeziehungen mit Russland aufzunehmen und außerdem einen Seeweg nach Cathay zu finden. Eine Gruppe von Antwerpener Kaufleuten tat sich daher zusammen und beauftragte einen erfahrenen holländischen Kapitän, Willem Barents, der damals in den Vierzigern war, mit der Suche nach der Nordostpassage. Barents machte insgesamt drei Fahrten, die erste 1594 mit vier Schiffen, von denen zwei Nowaja Semlja im Süden umsegelten und dann in die Karasee hineinfuhren, während Barents selbst den Archipel mit den beiden anderen Schiffen im Norden umfuhr. Das Eis der Karasee zwang alle Schiffe zum Umkehren. Ein Jahr später stieß Barents, diesmal mit sieben Schiffen, in der Karastraße, der Durchfahrt zwischen Nowaja Semlja und dem

Festland, wieder auf so viel Eis, dass er umkehren musste. Die Fahrten waren jedoch nicht ganz umsonst, denn Barents schrieb unermüdlich Logbuch, und seine Seekarten und meteorologischen Beobachtungen waren noch lange nach seiner Zeit von großem Nutzen. Man kann sie als den Beginn der modernen Wissenschaft in der Arktis betrachten.

Unverzagt und mit neuerlicher finanzieller Unterstützung verließ Barents Holland im Mai 1596 noch einmal und fuhr mit zwei Schiffen direkt nach Norden, bis er in Sichtweite von Spitzbergen (heute Svalbard) kam. Er ließ ein Schiff zurück, das diese neue Inselgruppe erkunden sollte. Auf der Weiterfahrt musste er nach Osten ausweichen, da er offenbar auf die arktische Eiskappe gestoßen war, was er zu jener Zeit nicht wissen konnte. Am 6. September hatte die Besatzung eines jener entsetzlichen Erlebnisse, die wohl die meisten Arktisfahrer in Gedanken und Träumen heimgesucht haben. Einige von Barents' Leuten waren gerade an Land, als ein »großer magerer weißer Bär« heranschlich und einen der Männer am Hals packte. Ein Matrose, der gerade in der Nähe war, floh, und der Bär stürzte sich auf den unglücklichen Kameraden und

> biss ihm den Kopf entzwei und saugte sein Blut aus, woraufhin die übrigen Männer, die an Land waren, etwa 20 an der Zahl, sofort herbeirannten, um entweder den Mann zu retten oder die Bärin von dem Leichnam fortzujagen; und als sie ihre Gewehre geladen und ihre Speere auf das Tier gerichtet hatten, griffen sie die Bärin an, die immer noch den Mann verschlang, aber als sie der Männer gewahr wurde, die sich ihr näherten, rannte sie ihnen grimmig und schrecklich entgegen und packte einen weiteren aus ihrer Mitte, den sie in Stücke riss, woraufhin alle übrigen das Weite suchten.

Eisbären verbringen genauso viel Zeit im Wasser wie auf dem Land, und ihr wissenschaftlicher Name lautet zu Recht *Ursus maritimus*. Sie wiegen bis zu 2 000 Pfund – mehr als die meisten Pferde – und können, wenn sie auf den Hinterbeinen stehen, eine Größe von bis zu 3,60 m erreichen. Allerdings sind sie nicht die größten Bären, sondern diese Ehre gebührt dem Kodiakbären, der anderthalb Mal so groß ist, und verschiedenen ausgestorbenen Höhlenbären. Doch für Menschen sind Eisbären wohl am gefährlichsten. Sie können mit einer Kralle eine Muschel aus ihrer Schale kratzen, aber sie sind auch fähig, so heißt es, mit einem einzigen Hieb ihrer Vorderpranke einen kleinen Wal bewusstlos zu schlagen. Im Allgemeinen haben sie weißes Fell, wie viele andere arktische Säugetiere auch, etwa der Polarfuchs oder der Schneehase, und die Sohlen ihrer Tatzen sind mit Fell bewachsen und lassen sich daher wahlweise als Schneeschuhe oder als Paddel einsetzen. Eisbären können ungeheure Strecken schwimmen, wobei ihr wollähnliches Unterfell dafür sorgt, dass sie nicht bis auf die Haut nass werden. Die Fettschicht unter der Haut dient als wichtigster Schutz vor der Kälte. Die weißen Riesen tauchen beinahe lautlos aus dem Wasser auf. Auf dem Land – genauer gesagt auf den Eisschollen, die sie den ganzen Sommer lang bewohnen, denn festen Boden betreten sie nur selten – können sie auf kurzen Strecken eine Geschwindigkeit von 40 Stundenkilometern erreichen, schnell genug, um Seehunde abzufangen, die ihre wichtigste Nahrungsquelle sind. Eisbären sind angeblich große Wanderer, jüngste Forschungen haben allerdings gezeigt, dass es mehrere mehr oder weniger deutlich unterschiedene Populationen gibt, die jeweils in dem von ihnen bevorzugten Gebiet leben.

Im Winter bauen die Bärinnen Höhlen. Dabei verwenden sie auf ihren Bau aus Schnee und Eis die gleiche Sorgfalt und beachten das gleiche Prinzip wie die Inuit bei der Erstellung ihrer Iglus. So erhalten sie einen maximalen Zustrom von

Frischluft und eine konstante Temperatur um den Gefrierpunkt herum. Die Jungen, normalerweise zwei oder drei, werden taub, blind und hilflos geboren und brauchen, um die ersten Wochen zu überleben, die Körperwärme der Mutter und ihre Milch, die so dick ist wie Sahne. Ähnlich fetthaltig ist auch die Milch vieler anderer Säugetiere, die im Nordpolarmeer leben. Dazu gehören Walrosse und Narwale, jene »Einhörner des Meeres«, deren Horn in Wirklichkeit ein Stoßzahn ist, den nur die männlichen Tiere besitzen. Den Rekord brechen wohl die Mützenrobben. Sie geben von allen Säugetieren die fettreichste Milch und haben gleichzeitig die kürzeste Säugezeit. Mützenrobben gebären ihre Jungen auf dem Eis, wenn es im Frühling anfängt, aufzubrechen – zu einem Zeitpunkt also, wenn das Packeis am schwächsten ist und Raubüberfälle von Polarbären daher am wenigsten wahrscheinlich sind, so dass die schutzlosen Jungen die größte Überlebenschance haben. Die Jungtiere wiegen bei der Geburt etwa 40 Pfund. Vier Tage später werden sie entwöhnt – mit einem Gewicht von 80 Pfund. Diese erstaunliche Wachstumsrate ist möglich, weil die Milch der Mützenrobbe zu 60 Prozent aus Fett besteht. Das Muttertier produziert täglich etwa 60 000 Kalorien, genug, um 25 Menschen zu ernähren.

Den frühen europäischen Entdeckern waren diese Tatsachen natürlich nicht bekannt. Der Eisbär war eine furchtbare Bedrohung für sie, wenn sie sich draußen auf dem Eis befanden – und eine mögliche Nahrungsquelle, wenn sie das Glück hatten, ein paar gut gezielte Schüsse abfeuern zu können, bevor der Bär entweder angriff oder in die scheinbar endlose weiße Weite verschwand.

Barents segelte weiter nach Osten, um die Nordspitze von Nowaja Semlja herum, bis sein Schiff im Eis der Karasee stecken blieb. Statt sich auf dem Schiff zu verkriechen, war die

Besatzung so vernünftig, sich an der Küste aus Treibholz und Schiffsplanken Schutzhütten zu bauen und dort den Winter abzuwarten. Am 4. November, fast drei Monate nachdem Barents' Leute eingeschlossen waren, verschwand die Sonne, um erst am 24. Januar wieder zu erscheinen. Das bedeutete zweieinhalb Monate Finsternis. Gerrit de Veer, einer der Schiffsoffiziere, führte ein Tagebuch über diese lange, kalte Wartezeit, und sein Eintrag vom 7. Dezember erinnert an eine frühere Expedition:

> Den 7. Dezember war immer noch schlechtes Wetter, und wir hatten ein heftiges Unwetter mit Wind aus Nordost, der bittere Kälte mit sich brachte; da wussten wir nicht, was wir tun sollten, und als wir zusammen beratschlagten, was am besten zu tun sei, gab einer unserer Kameraden uns den Rat, einen Teil der Meerkohle [Fettkohle] zu verbrennen, die wir aus dem Schiff mitgebracht hatten; sie würde große Hitze abgeben und lange brennen. Und so machten wir am Abend ein großes Feuer damit, das viel Hitze abgab. Wir waren sehr darum besorgt, die Wärme drinnen zu halten, denn sie war uns ein so großer Trost, dass wir uns Mühe gaben, lange etwas davon zu haben; so kamen wir überein, alle Türen und den Kamin zu verstopfen und so die Wärme drinnen zu halten, und so legten wir uns auf unsere Pritschen nieder, um behaglich in der Wärme zu schlafen, und so lagen wir lange Zeit und unterhielten uns. Aber endlich wurden wir von starkem Schwindel und Benommenheit in unseren Köpfen erfasst, einige jedoch mehr als andere, und zuerst wurden wir dessen bei einem Kranken gewahr, der es deswegen am wenigsten ertragen konnte, und wir stellten fest, dass uns sehr unbehaglich zu Mute war, so dass einige von uns, die am stärksten waren, sich von

> ihren Lagern erhoben und erst den Kamin frei machten und dann die Türen öffneten, aber derjenige, der die Tür öffnete, stürzte ohnmächtig (mit lautem Stöhnen) auf den Schnee. Als ich das hörte, weil ich auf meiner Pritsche neben der Tür lag, sprang ich auf (und sah ihn ohnmächtig liegen), und als ich ihm Essig ins Gesicht schüttete, erholte er sich wieder und stand auf. Und als die Türen offen waren, erlangten wir alle unsere Gesundheit wieder, durch die kalte Luft; und so war die Kälte, die uns vorher ein so großer Feind gewesen war, die einzige Rettung, die wir hatten, sonst wären wir zweifellos [alle] in einer plötzlichen Ohnmacht gestorben. Danach, als wir wieder zu Sinnen gekommen waren, gab der Kapitän einem jedem von uns ein bisschen Wein, um unsere Herzen aufzuheitern. (Nach de Veer).

Auf diese Weise entgingen sie dem Erstickungstod durch Kohlenmonoxid, dem Schicksal, das mit größter Wahrscheinlichkeit Willoughby und seine Besatzung ereilt hatte.

Als das Eis im Juni aufbrach, war Barents' Schiff so stark beschädigt, dass es nicht mehr zu gebrauchen war. Daher stiegen die Überlebenden am 13. Juni in zwei offene Boote und unternahmen eine heldenhafte Fahrt nach Hause. Barents selbst allerdings weilte nicht mehr lange unter ihnen. Er starb etwa eine Woche nachdem sie aufgebrochen waren. Die Übrigen segelten wieder um die Nordspitze von Nowaja Semlja herum, dann an der Nordwestküste entlang und schließlich an der russischen Küste entlang nach Skandinavien. Dort wurden sie am 30. August von dem zweiten Schiff der Expedition gerettet, das auf dem Heimweg von Spitzbergen war, wo es überwintert hatte. Von den ursprünglich siebzehn Expeditionsmitgliedern gelangten zwölf nach Holland zurück. Zum ersten Mal hatten Europäer in der Arktis überwintert.

Die Schutzhütte, die Willem Barents und seine Besatzung errichteten und in der sie den Winter 1596-1597 verbrachten (aus de Veer 1609)

Doch ihre Rückfahrt war alles andere als einfach. Die Männer, nun ohne ihren verlässlichen Navigator, gerieten in schlechtes Wetter, gefährliche Eisverhältnisse und dichten Dunst und Nebel, und de Veers Tagebuch gibt Aufschluss über die Schwierigkeiten ihres Unterfangens. Einmal, als sie vom Morgen bis in den Nachmittag hinein geschuftet hatten, um ihr zerbrechliches Boot in Sicherheit zu bringen, schrieb er:

> [W]ährend all dieser Zeit rasteten wir nicht, was uns sehr erschöpft und überdrüssig machte, denn wir sorgten uns sehr und fürchteten uns viel mehr als an dem Tag, als Willem Barents starb. (Nach de Veer).

Niederländer und Briten sollten noch einige weitere Versuche unternehmen, die Nordostpassage zu finden. Die Briten stellten schließlich Henry Hudson an, der in ihrem Namen suchen sollte. Er unternahm zwei Fahrten, eine 1607 und eine 1608. Bei seiner ersten Expedition suchte er einen Seeweg über den Nordpol. Dabei konnte er einen großen Teil von Ostgrönland kartieren und gelangte mit 80° 23' nördlicher Breite an den nördlichsten Punkt, den je eine Expedition erreicht hatte. Aber die Nordostpassage fand er nicht. Die zweite Fahrt brachte ihn nach Nowaja Semlja, wo das Eis ihn an der Einfahrt in die Karasee hinderte. Damit erstarb in Nordeuropa jegliche noch vorhandene Begeisterung für die Entdeckung eines leicht befahrbaren Seeweges in das östliche Reich Cathay.

Sowohl Barents als auch später Henry Hudson waren versucht, direkt nach Norden zum Nordpol und dann von dort aus nach Cathay zu segeln. Wenn dem Nordpolarmeer jemals eine Sirene entstieg, die intelligente, weit gereiste Seefahrer und unerschrockene Entdecker anlockte, so war es die Vorstellung von einem eisfreien arktischen Ozean. Mercators Weltkarte und die meisten anderen Karten jener Zeit zeigten dieses Meer deutlich. Der Gedanke daran hatte sich jedoch schon lange vor diesen Karten in den Köpfen der Europäer eingenistet.

Bereits im Jahre 1527 wies Richard Thorne, ein englischer Kaufmann, der in Sevilla lebte, darauf hin, welch große Vorteile den Portugiesen zufielen, die eine Ostroute zu den Gewürzinseln eröffneten, und den Spaniern, die im Kielwasser von Magellans Weltumsegelung einen Seeweg nach Westen befuhren. Thorne machte den Vorschlag, die Engländer sollten eine dritte Route erkunden, die viel kürzer und relativ sicher sein sollte. Natürlich hatte man in Europa keine Ahnung, was nördlich vom Polarkreis lag, aber Thorne dachte womöglich an die griechische Vorstellung von einem Ozean, der die Welt umgibt, was ihn dann zu der Vermutung führte, dass ein Polarmeer den Atlantik mit jenem Ozean verband, den Magellan erst kurz zuvor überquert hatte. Zudem war Thorne vielleicht von den zeitgenössischen spanischen Kartografen beeinflusst, die die erstaunliche Angewohnheit hatten, nichts in ihre Karten zu zeichnen, was sie nicht selbst gesehen hatten. In den spanischen Karten von der Arktis gab es daher keine Landformationen.

Offenbar war Thorne durchaus klar, dass die Arktis, auch wenn man sonst so gut wie nichts darüber wusste, im Allgemeinen als äußerst gefährlich galt, und so wies er in seinem Vorschlag darauf hin, dass die Polarmeere sicher seien, weil dort »eine ständige Helligkeit des Tages ohne jede Dunkelheit der Nacht« herrsche. Das sei »eine große Annehmlichkeit für die Navigatoren, weil sie jederzeit um sich blicken und sowohl sichere Stellen als auch Gefahren erkennen können«. Natürlich machte Thorne sich, als er diesen dritten Seeweg über den Nordpol vorschlug, des Wunschdenkens schuldig, das einem nationalistischen Streben nach kommerziellem Gewinn entsprang, aber er war nicht der Einzige, dem man diesen Vorwurf machen könnte. Noch gegen Ende des 19. Jahrhunderts brachten angesehene Entdecker, Meereskundler und andere Wissenschaftler eine große Vielfalt an Hypothesen und Vermutungen vor, um darzulegen, dass es tatsächlich ein offenes Nordpolarmeer geben müsse – inzwischen allerdings eher, um ihren eigenen Ruhm zu mehren, als um Profite zu machen. Selbst die mutmaßlichen Lebensgewohnheiten der Wale und die Instinkte der Zugvögel mussten für derartige Theorien herhalten. Und weder die entmutigenden Ergebnisse der frühen Unternehmungen von Barents und Hudson noch das Scheitern späterer Seefahrer konnten den Sirenengesang der Vorstellung vom eisfreien Nordmeer dämpfen. In den folgenden Jahrhunderten regte er viele dazu an, die Nordwestpassage zu suchen oder den Traum zu verwirklichen, als erster Mensch auf dem Nordpol zu stehen.

Tatsächlich hatte die Suche nach der Nordwestpassage schon über zwanzig Jahre vor Barents' letzter Reise begonnen. Eine britische Expedition hatte zum ersten Versuch der Engländer geführt, in der Neuen Welt eine Kolonie zu gründen – neun Jahre bevor englische Siedler bei Roanoke, Virginia, Nordamerika kolonisieren wollten und damit scheiterten, zwanzig Jahre bevor Konquistadoren in New Mexico eine dauerhafte spanische Anwesenheit etablierten, und neunundzwanzig Jahre bevor John Smith mit seinen Leuten Jamestown erreichte. Das Resultat eines Piratentraumes löste den ersten Goldrausch in Nordamerika aus und führte schließlich in der Geschäftswelt des Elisabethanischen Englands zu einem Aufsehen erregenden Skandal.

4 Katzengold, Branntwein und Meuterei

Martin Frobisher war ein Zeitgenosse von Sir Francis Drake. Der beharrliche, gelegentlich aufbrausende Waliser besaß eine stattliche Größe und beträchtliche Körperkraft. Er muss wortkarg gewesen sein und in Gesellschaft vielleicht sogar ein wenig linkisch. Doch er war der erste Brite, der nach der Nordwestpassage suchte. Seine Familie war nach Yorkshire gezogen, wo er seine Kindheit verbrachte. Als Jugendlicher wurde er zu einem Onkel nach London geschickt, machte im englischen Afrikahandel Karriere und war ein erfolgreicher Seefahrer für das Vaterland oder arbeitete auch, wie Drake, als Freibeuter. Währenddessen träumte er davon, die Nordroute nach Cathay zu finden, die irgendwo jenseits von Grönland liegen musste. Schließlich, nachdem Frobisher sich fünfzehn Jahre lang bemüht hatte, gelang es ihm, den Londoner Kaufmann Michael Lok davon zu überzeugen, dass eine solche Seereise »in nordwestlicher Richtung nicht nur möglich, sondern, wie er beweisen könne, auch leicht auszuführen« sei. Glücklicherweise hatte Frobisher, der selbst wenig schrieb, in dieser Phase seines Lebens einen Sekretär, der seine Gedanken und Taten aufzeichnete, nämlich seinen Freund und Schiffskameraden George Best.

Lok brachte 875 Pfund zusammen, so viel, dass Frobisher am 15. Juni 1576 mit zwei Barken, der *Gabriel* (25 Tonnen) und der *Michael* (20 Tonnen) sowie einer Pinasse, einem klei-

Martin Frobisher
(Bodleian Library, Oxford)

neren, unbewaffneten Schiff mit nur 10 Tonnen, und insgesamt 32 Männern in See stechen konnte. (Zum Vergleich: Kolumbus' *Santa Maria* hatte 100 Tonnen und die *Mayflower*, die 45 Jahre später aufbrechen sollte, hatte 180 Tonnen. Eine Bark ist ein Schiff mit zwei bis vier Hauptmasten und einem kleineren hinteren Mast; eine Pinasse ist ein wesentlich kleineres Boot.) Als Frobisher an der Königsfamilie vorbeisegelte, die am Ufer stand, um die Expedition zu verabschieden, grüßte Queen Elizabeth ihn mit einem schwachen Winken.

Vor der Küste Grönlands, das Frobisher für das Frisland der Brüder Zeno hielt, versenkte ein heftiger Sturm die Pinasse und veranlasste den Kapitän der *Michael* aufzugeben und nach England zurückzukehren. Die *Gabriel* setzte ihre Fahrt fort, und am 28. Juli kam zwischen 62° und 63° nördlicher Breite ein Gewässer in Sicht, das nach Nordwesten führte. Frobisher segelte in diese vermeintliche »Wasserstraße« hinein, denn er hielt sie für die Nordwestpassage und meinte, Nordamerika läge an Backbord und Asien an Steuerbord. Als der Nebel sich lichtete, sah Frobisher, dass die Küsten der Wasserstraße öde und von Eis gesäumt waren und zu einem abweisenden, felsigen Land in einer grauen Welt gehörten. Tagelang erkundete die Besatzung die von ihnen so genannte Frobisher's Strait und suchte die Ufer nach Lebenszeichen ab. Am 19. August trafen einige von Frobishers Leuten, die in einem Ruderboot die Gegend erkundeten, auf fünf Inuit in Kajaks. Diese Begegnung zog eine weitere am folgenden Tag nach sich, bei der man Gegenstände wie Glocken und Lupen gegen Robbenfelle eintauschte. Am 21. August ruderten fünf Besatzungsmitglieder erneut zu einem Tauschhandel an die Küste und wurden nie wieder gesehen. Sie hatten das einzige Ruderboot genommen, und mittlerweile begann es zu schneien. Eine Suche nach ihnen war nicht möglich.

Frobisher ließ schon Vorbereitungen zur Abfahrt treffen, als durch den fallenden Schnee einige Kajaks näher kamen. Mit einem billigen Tauschobjekt, das er über die Bordwand hängen ließ, lockte er einen Inuk so nahe heran, dass die Mannschaft ihn packen und den zweifellos zu Tode erschrockenen Mann mitsamt seinem Boot auf das Deck zerren konnte. Mit diesem Fang segelten sie nach England zurück. Außer dem Inuk, der kurz darauf an einer heftigen Erkältung starb, einigen Wildblumen und einem schwarzen Gesteinsbrocken, den jemand geistesgegenwärtig mitgebracht hatte, hatte die Expedition wenig vorzuweisen.

George Best zufolge erhielt die Ehefrau eines der Abenteurer ein Stück von dem Steinbrocken. Sie warf ihn »zufällig ins Feuer, wo er brannte, so lange, dass er schließlich, als man ihn herausnahm und in etwas Essig löschte, von einer hellen Goldäderung durchzogen glitzerte«. Ob es sich tatsächlich so zugetragen hat, sei dahingestellt, aber Kaufmann Lok ließ den Stein analysieren. Drei Prüfer meinten, er weise keine Spur von Gold auf, doch der vierte, ein italienischer Alchemist namens Agnello, befand den Stein für goldhaltig, und das reichte, um alle Betroffenen die Suche nach der Nordwestpassage vergessen zu lassen. Frobisher wurde rasch wieder losgeschickt, um mehr Gold zu holen. Dieses Mal beteiligte sich die Königin finanziell an dem Unternehmen. Elizabeth war so entzückt, dass sie dem Kapitän sogar gestattete, ihr die Hand zu küssen, bevor er am 15. Mai 1577 wie-

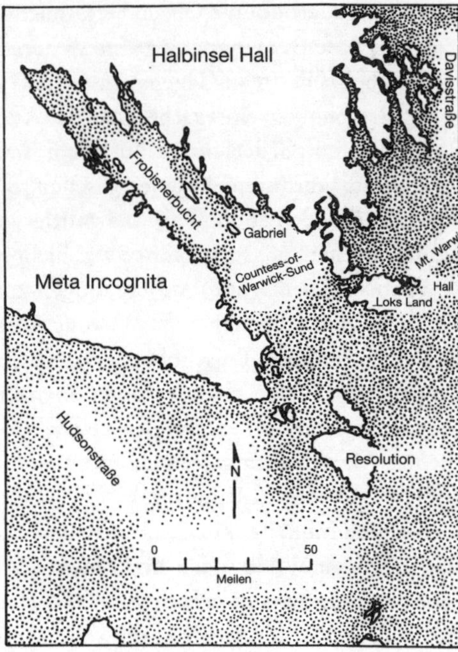

Die Frobisherbucht (aus Kenyon 1975)

der in See stach. Diesmal standen ihm neben der *Gabriel* und der *Michael* noch die viel größere *Ayde* mit 200 Tonnen zur Verfügung. Die Schiffe führten für 143 Männer Vorräte für sechs Monate mit. Hauptaufgabe der Expedition war es, 200 Tonnen Erz mit nach Hause zu bringen; den Seeweg nach Cathay sollten sie nur noch erkunden, wenn die Zeit es erlaubte.

Zu dieser Zeit, im späten 16. Jahrhundert, hatte England weder Zugang zu südlichen Gewürzrouten und anderen Reichtümern im Fernen Osten noch zu Mineralien in der Neuen Welt. Doch die zeitgenössischen Karten vermittelten den englischen Seefahrern den Eindruck, dass Nordamerika sich nach Norden hin verjünge, genauso, wie Südamerika nach Süden hin immer schmaler wurde, und dass somit oben im Norden eine Handelsstraße denkbar war; und wenn man in Südamerika Gold und Silber finden konnte, warum dann nicht auch im Norden? Das Gold und Silber des Südens, das von versklavten Indios abgebaut wurde, hatte aus Spanien bereits ein wirtschaftliches Monstrum gemacht und die militärische Stärke der Spanier vergrößert, weshalb sie wiederum ihre Herrschaft über den Reichtum der Neuen Welt ausdehnen konnten und so weiter – eine bedrohliche Spirale. Daher war es verständlich, dass die Beschaffung von Frobishers (oder zumindest Loks) goldhaltigem Erz oberste Priorität erhielt.

Frobisher war zwar ein schlechter Navigator und zeichnete seine Kurse nicht auf – mit dem Ergebnis, dass es einige Jahrhunderte dauerte, bis die Engländer den Weg zur Frobisher's Strait wiederfanden –, doch er erreichte sein Ziel Mitte Juli. Sofort kam es mit einigen Inuit an der Küste zu einer Auseinandersetzung, und Frobisher bekam einen Pfeil in den Hintern und floh, seinem Chronisten Best zufolge, »recht geschwind«. Zehn Tage später fanden er und seine Leute eine kleine Insel, auf der sie mehrere Wochen damit verbrachten, Erz abzubauen und aufzuladen. Ende August verließen sie die Wasserstraße mit 200 Tonnen Erz und segelten nach Bristol, wo sie wie Helden empfangen wurden. Sie brachten drei Inuit mit, einen Mann, eine Frau und ein Kind, die die Engländer faszinierten. Der Mann vollführte in einem Kajak und mit seinen Jagdpfeilen Kunststücke. Alle drei starben aber innerhalb von zwei Monaten nach ihrer Ankunft, der einzige Wermutstropfen bei dieser triumphalen Rückkehr. Die Investoren stellten unverzüglich Geld für eine dritte Reise bereit. Im Mai des folgenden Jahres sollten 15 Schiffe mit insgesamt 400 Männern aufbrechen. Die Schiffe sollten 2 000 Tonnen Erz mit zurückbringen, und 100 Männer sollten in einer ständig bewohnten Bergbaukolonie in der Arktis bleiben. Das würde, sagte man sich in England, die Hegemonie Spaniens ins Wanken bringen.

Bevor man das Erz der zweiten Expedition gründlicher auf seinen Goldgehalt hin untersucht hatte, stach Frobisher wieder in See, dieses Mal mit einer Goldkette, die ihm die Königin selbst um den Hals gelegt hatte. Er kommandierte die größte Flotte, die bis zum Zweiten Weltkrieg, also fast 400 Jahre später, in die Arktis fahren sollte. Doch schon bald wurde die Reise gefährlich. Frobisher schrieb von Eis, das »so schnell auf uns zukam, dass wir in großer Gefahr waren und stündlich mit dem Tod rechneten«. Kurz darauf mussten sie in dichtem Nebel weiterfahren, später im Schneetreiben. Ein Schiff stieß mit einem Wal zusammen, und sie gerieten in einen Sturm und stießen auf riesige Eiswände. Eine davon versenkte das Schiff, welches das vorgefertigte Haus für die Bergbaukolonie an Bord hatte. Nach dem schlimmsten Sturm, den sie je erlebt hatten, stellten sie fest, dass sie sich in der Hudsonstraße verirrt hatten. Zwar fanden sie ihre Insel schließlich wieder, aber es schien zu spät im Jahr, um ohne das Fertighaus noch eine Kolonie zu gründen. Der Kapitän eines der Schiffe stiftete an Bord eine Meuterei an und brachte sein Schiff nach Hause. Die übrige Flotte verließ die Insel am 1. September mit etwa 1100 Tonnen schwarzem Gestein. In einem furchtbaren Sturm gingen etwa vierzig Bergleute aus Cornwall über Bord. In der Heimat angekommen, mussten die Überlebenden dann feststellen, dass sich außer einigen übellaunigen Investoren eigentlich niemand richtig für ihre Rückkehr interessierte, denn inzwischen hatten die Geldgeber herausgefunden, dass das schwarze Gestein wenig oder gar kein Gold enthielt. Es war Eisenkies, Pyrit, der im Volksmund auch Katzengold heißt. Die Gesellschaft machte Bankrott, und Michael Lok wurde für die Verluste haftbar gemacht. Er schob die Schuld auf Frobisher, der seinen einstigen Geldgeber als Schurken bezeichnete. Persönlich bankrott, ging Lok ins Gefängnis und ließ Frau und Kinder in Armut zurück. Frobisher kam mit einem Tadel davon. Er reiste nach Irland, um dort bei der Niederschlagung einer Revolte zu helfen, verteidigte dann 1588 England gegen die spanische Armada und wurde für seine Tapferkeit geadelt. Er starb 1594 in Plymouth, nachdem er in Frankreich im Kampf um Brest von einem spanischen Soldaten verletzt worden war.

Etwa dreihundert Jahre später fanden britische Forscher auf der kleinen Insel die Überreste von Frobishers Bergbauversuchen. Die Insel liegt in einer der großen Buchten im Süden der Insel Baffin, nicht in einer Meeresstraße und schon gar nicht in der Einfahrt zu einer Nordwestpassage. Heute heißt die Bucht Frobisherbucht. Auch wenn Frobisher auf der Suche nach der Passage keinen Schritt weitergekommen war, hatte er doch dazu beigetragen, dass die Vorstellung von diesem Seeweg lebendig blieb.

Ein weiterer Seefahrer, den der Traum von der Nordwestpassage nicht mehr losließ, war John Davis, ein sehr ange-

Kanadas erstes Bergwerk. Der große Graben, in dem Frobisher und seine Leute nach Erz gruben (William W. Fitzhugh, Smithsonian Institution)

sehener Navigator, der seit seiner Kindheit mit Sir Walter Raleigh befreundet war und später führende Mathematiker und Kartografen zu seinen Bekannten zählte. Ganz anders als Martin Frobisher widmete er sich meistens friedlichen Beschäftigungen und der nautischen Forschung. Er schrieb ein Buch, das Generationen von Seefahrern als Handbuch dienen sollte, erfand eine allgemein gebräuchliche Vorrichtung zur Messung der Breite und verfasste ein Werk, das auf meisterhafte Weise das gesamte geographische Wissen der Welt um 1595 zusammenfasste. Von 1598 an stand Davis im Dienst der Ostindischen Gesellschaft. Er entdeckte die Falklandinseln im Südatlantik und kartierte die Küste von Sumatra. Leider fiel er vor dem heutigen Malaysia japanischen Piraten zum Opfer, die ihn zwei Tage nach Weihnachten 1605 umbrachten.

Doch bevor Davis den Großteil dieser Leistungen vollbrachte, unternahm er den zweiten erwähnenswerten britischen Versuch, die Nordwestpassage zu finden. Seine erste Reise fand 1585 statt, sechs Jahre nach Frobishers letzter Heimkehr aus dem nördlichen Eismeer. Finanziert wurde sie von einem Konsortium von Kaufleuten. Davis erhielt zwei Schiffe mit den poetischen Namen *Sunneshine* (50 Tonnen) und *Mooneshine* (35 Tonnen). Als eingefleischter Wissenschaftler bestand er darauf, sein zweites Schiff in *Moonelight* umzutaufen, und er stattete es mit einem vierköpfigen Orchester aus. Davis erreichte Grönland und dann auf 66° 40' nördlicher Breite die Ostküste der Insel Baffin. Er war überzeugt, dass die Passage entweder im Westen liegen musste, in Richtung des heutigen Cumberlandsund, oder weiter nördlich. Bevor sie die Rückfahrt antraten, wurden Davis' Schiffe von einer Gruppe Inuit entdeckt, die nach Meinung der Engländer wie Wölfe heulten. Davis ließ das Orchester eine Melodie spielen und befahl seinen Offizieren und Matrosen, an Land zu gehen und zu tanzen. Die Inuit schauten fasziniert zu und boten den Engländern Kleidungsstücke an. Am nächsten Morgen kamen die Einheimischen wieder und tanzten zu einer Trommel.

Im folgenden Jahr kehrte Davis mit zwei zusätzlichen Schiffen und einer Pinasse zurück. Ein Schiff und die Pinasse wurden auf die Suche nach der Nordwestpassage geschickt, aber starke Packeisbildung zwang sie zum Umkehren. Ein anderes Schiff sank in einem Sturm, und wiederum ein anderes musste nach England zurückkehren, weil es für die Fahrt im Eis nicht geeignet war. Übrig blieb nur Davis' *Mooneligbt.* Sie wurde bei 67° nördlicher Breite vom Eis aufgehalten und segelte im Oktober nach England zurück.

Im folgenden Frühjahr setzte Davis wieder die Segel. Diesmal standen ihm zwei Schiffe und eine Pinasse zur Verfügung. Da die Bedingungen ausgezeichnet waren, ließ er die beiden größeren Schiffe auf Kabeljaufang gehen, um einen Teil der Kosten für die Expedition zu decken, und segelte in der kleinen Pinasse an der Westküste Grönlands entlang. Auf 72° 12' nördlicher Breite, dem nördlichsten Punkt, den er erreichte, zwang der Wind ihn zum Umkehren. Davis segelte südwärts an der Küste von Baffin entlang und kartierte dabei zahlreiche Buchten, Meeresarme und Meerengen, darunter die Einfahrt zur Hudsonstraße, die er wegen der starken Strömungen dort *Furious Overfall* [tosende, überbrechende Seen] nannte, und außerdem die Küste von Labrador. Insgesamt war das eine bemerkenswerte Leistung. Davis legte nicht nur mit einem kleinen Boot weite Entfernungen in arktischen Gewässern zurück, sondern er unternahm auch zum ersten Mal den Versuch, Eisverhältnisse, Wetterbedingungen und geographische Gegebenheiten zu dokumentieren. Außerdem beobachtete er einfühlsam die Lebensweise der Inuit. Seine Fahrt war, kurz gesagt, nicht nur eine Entdeckungsreise, sondern auch eine wissenschaftliche Expedition.

Obwohl seine Suche letztlich erfolglos war, blieb Davis weiterhin von der Existenz einer Nordwestpassage überzeugt.

Erneute Schwierigkeiten mit Spanien jedoch lenkten ihn und ganz England von diesem Thema ab. Aber noch zehn Jahre nach seiner letzten Arktisreise äußerte Davis sich positiv über Land und Gewässer im Hohen Norden und schrieb, er halte ihn keineswegs für unbewohnbar: »Ich fand die Luft sehr gemäßigt [...] und häufig ruhig und sogar wunderbar warm; ich habe in der vereisten Zone bei ruhigem Wetter nahe der Küste Sonnenstrahlen von einer solcher Kraft gespürt, wie ich sie nur je in der heißen Zone gefunden habe.«

Weiter lobte Davis die Einheimischen als »Menschen von gutem Wuchs, angenehmer Gestalt und umgänglicher Wesensart, mit denen ich mich unterhalten habe und die ich nicht primitiv und barbarisch fand, ganz anders als die Kannibalen, die an der Magellanstraße und in südlichen Teilen Amerikas leben«.

Bei den drei Seereisen, die Davis unternahm, entdeckte er zwar nur wenig neues Land und erkundete auch kaum neue Gewässer, aber man sagt, dass seine Bemühungen, insbesondere seine gewissenhaften kartografischen Darstellungen, für die nächsten beiden wichtigen Versuche, die Nordwestpassage zu finden, den Weg ebneten.

Henry Hudson machte, wie schon kurz erwähnt wurde, zwei Seereisen für englische Kaufleute, die die Nordostpassage suchten. Beide Fahrten scheiterten und nahmen England den Mut zu weiteren Versuchen, Cathay über den Osten zu erreichen. Hudson war ein sehr angesehener Seefahrer und Navigator, und wenn er diesen Seeweg nicht finden konnte, so folgerten die englischen Kaufleute, konnte das wohl niemand. Er stammte aus einer wohlhabenden Familie; sein Großvater war einer der Gründer der *Muscovy Company*. Möglicherweise hat er in der Schlacht mit der spanischen Armada gekämpft und John Davis auf einer seiner Fahrten begleitet. Jedenfalls besaß Hudson 1607 das Kapitänspatent, und 1609 war er wieder auf See, dieses Mal für die Niederländische Ostindien-Kompanie, deren Direktoren meinten, es lohne sich, einen weiteren Versuch zum Auffinden der Nordostpassage zu unternehmen, insbesondere da ihre Konkurrenten, die Franzosen, mit Hudson Gespräche über die Durchführung einer eigenen Expedition aufgenommen hatten. Die Holländer rüsteten Hudson mit einem Schiff aus, der *Halve Maen* [Halbmond], und er versuchte erfolglos, den plumpen Segler mit seinen 80 Tonnen gegen ein seetauglicheres Schiff einzutauschen. Anfang April stach er schließlich mit einer Besatzung von zwanzig Mann in See. Es waren zur Hälfte Engländer und zur Hälfte Holländer, die zum größten Teil die Sprache der anderen Nationalität weder sprechen konnten noch verstanden. Die Seefahrer hatten mit Gegenwind, Nebel und Eis zu kämpfen und erreichten nicht einmal die Küste von Nowaja Semlja.

Es kam zu einer Meuterei. Anstifter war möglicherweise ein Mann namens Robert Juet, ein Störenfried, der auch schon bei einer früheren Expedition Hudsons mitgesegelt war. Hudson besaß eine tragische und, wie sich herausstellen sollte, verhängnisvolle Schwäche: Er war ein schlechter Menschenkenner und konnte seine Leute nicht unter Kontrolle halten, wenn eine Expedition in Schwierigkeiten geriet – Schwierigkeiten, die oft durch die Männer ausgelöst wurden, die er falsch eingeschätzt hatte. Vielleicht aber ging die Meuterei auch von den holländischen Matrosen aus, die es nicht gewohnt waren, in derartiger Kälte zu segeln. Hudson brachte Karten von der Neuen Welt zum Vorschein, die ihm Kapitän John Smith von der Jamestown-Kolonie in Virginia geschickt hatte, und überredete die Mannschaft, westwärts nach Nordamerika zu segeln, in eine wärmere Klimazone.

Anfang Juli befand die *Halve Maen* sich vor der Küste von Neufundland. Sie hatte mehrere schwere Stürme überstanden, obwohl ihr Fockmast bei einem der Stürme ins

Meer gerissen worden war. Hudson segelte nach Süden bis zur Chesapeake Bucht, stattete aber John Smith keinen Besuch ab. Stattdessen wandte er sich wieder nach Norden, schaute in die Delaware Bucht hinein und segelte dann in den Hafen von New York und beanspruchte das Gebiet für Holland.

In den folgenden Tagen traf die Besatzung der *Halve Maen* auf einheimische Indianer, die mit den Männern Handel trieben. Bald jedoch kam es zu Auseinandersetzungen, bei denen ein Besatzungsmitglied durch einen Pfeilschuss in die Kehle getötet wurde. Daraufhin nahm die Besatzung zwei Indianer als Geiseln; einer wurde später freigelassen, der andere floh. Bei der Fahrt den Fluss hinauf, der schließlich nach Hudson benannt werden sollte, stießen sie auf weitere Indianer, die ihnen aber freundlich gesinnt waren. Die Besatzung machte einige von ihnen mit Wein und Branntwein betrunken. Der Branntwein wurde *hooch* getauft, abgeleitet offenbar von dem Wort *hoochenoo*, mit dem die Einheimischen hochprozentigen Alkohol bezeichneten. Nachdem sie weitere 240 Kilometer flussaufwärts gesegelt waren und bei der heutigen Stadt Albany auf flaches Wasser stießen, kehrten sie um. Auf dem Rückweg wurden sie von etwa hundert Indianern in Kanus angegriffen. Hudson ließ Kanonen abfeuern, und mehrere Indianer wurden getötet. Nachdem die *Halve Maen* den Strom wieder verlassen hatte, segelte Hudson nach England zurück, wo sie im November ankamen.

Die englische Regierung verbot dem Kapitän, jemals wieder für das Ausland zu arbeiten, und stellte ihn unter abgemilderten Hausarrest. Hudson überredete mehrere englische Kaufleute und den britischen Thronfolger, eine weitere Seereise zu finanzieren, auf der ausschließlich die Nordwestpassage erkundet werden sollte. Aus unerfindlichen Gründen nahm Hudson wieder Robert Juet mit, und unklugerweise musterte er auch einen Mann namens Henry Greene für die

Discovery an. Greene war in Hudsons Haus zu Gast gewesen und besaß den Ruf eines Spielers und Unruhestifters. Vor Island geriet Greene in einen Faustkampf mit Edward Wilson, dem Schiffsarzt. Hudson griff ein und verteidigte Greene, während die Mannschaft dem Arzt zur Seite stand. Auch Robert Juet mischte sich ein und meinte, Greene sei angemustert worden, um die Besatzung auszuspionieren. Hudson hörte davon und beschloss, Juet an Land zu bringen. Dieses Vorhaben wurde ihm jedoch ausgeredet, und er unternahm weiter nichts gegen Juets Aufsässigkeit.

Im August segelte Hudson, nachdem er knapp einer Meuterei entgangen war, in die *Furious Overfall* mit ihren heftigen Strömungen hinein und erreichte bald darauf die Hudsonbucht, wo es zwischen Juet und ihm erneut zu einer Auseinandersetzung kam. Diesmal stellte Hudson Juet wegen Meuterei vor das Schiffsgericht. Juet wurde zur Strafe degradiert, und die *Discovery* segelte weiter. Obwohl man Hudson vor gefährlichen Felsen nahe einer Küste gewarnt hatte, setzte er das Schiff auf Grund und verlor damit vor der Mannschaft das Gesicht. Später fror das Schiff in der öden subarktischen James Bucht ein.

Die Stimmung an Bord wurde zunehmend schlechter, und die Besatzung erkrankte an Skorbut. Mitte Juni lichtete die *Discovery* die Anker, und Hudson gab die letzten Vorräte an Brot und Käse aus, woraufhin die Besatzung ihm vorwarf, er habe Proviant gehortet. Das Schiff blieb erneut im Eis stecken, und irgendwo mitten in der James Bucht brach, angestiftet von Greene und Juet, die letzte Meuterei aus. Henry Hudson wurde mit einigen anderen Männern und seinem halbwüchsigen Sohn John Hudson im Beiboot der *Discovery* ausgesetzt. Man sah sie nie wieder. Höchstwahrscheinlich starben sie an Kälte und Hunger, aber unter den Inuit in jener Gegend kursiert die Legende, dass sie einmal ein kleines Boot mit toten weißen Männern und einem lebenden weißen

Jungen fanden. Weil sie nicht wussten, was sie mit dem Jungen anfangen sollten, hielten sie ihn in einem Haus fest, wo er vermutlich ums Leben kam.

Den Meuterern erging es kaum besser. Greene und mehrere andere wurden von Inuit, die sie für wohlgesonnen gehalten hatten, angegriffen und getötet. Juet verhungerte, als die Besatzung nur noch in Kerzentalg gebratene Vogelknochen zu essen hatte. Die übrigen Meuterer erreichten im September, fast ein Jahr und fünf Monate nach ihrer Abreise, mehr tot als lebendig London. Als sie 1618 verurteilt wurden, waren mehrere schon gestorben, und die Übrigen ließ man laufen, vor allem deshalb, weil die Anstifter schon auf der Fahrt nach Hause gestorben waren. Außerdem half ihnen natürlich, dass sie behaupten konnten, die Nordwestpassage gefunden zu haben. Sie stellten dem Gericht Hudsons selbst gezeichnete Karte zur Verfügung, die die Ostküste der Hudsonbucht zeigte. Das überzeugte die Londoner Kaufleute, und bald darauf finanzierten sie mehrere weitere Expeditionen, eine 1612 unter der Leitung von James Hall, der von grönländischen Inuit getötet wurde, eine weitere 1613 unter Thomas Button, der in die Hudsonbucht einfuhr, sie Buttonbucht taufte und in der Nähe von Churchill überwinterte, und eine dritte 1614 unter der Leitung von William Gibbons, der den Winter an der Küste von Labrador verbrachte. Die beiden letzteren Expeditionen benutzten Hudsons *Discovery*, und 1615 wurde das Schiff noch einmal eingesetzt.

Die Ironie des Schicksals wollte es, dass der Leiter der Expedition von 1615 Robert Bylot war, einer der Meuterer auf der Hudson-Expedition, der es geschafft hatte, die *Discovery* zurück nach England zu führen. 1615 war Bylots Kapitän William Baffin, einer der besten Navigatoren Englands, der sich Astronomie und Mathematik selbst beigebracht und auch schon Erfahrungen in der Arktis gesammelt hatte. Die Expedition kehrte in die Hudsonbucht zurück und umsegelte sie, und Baffin kam zu dem Schluss, dass es aus der Bucht heraus keinen Seeweg nach Westen gab. Im folgenden Jahr segelte Baffin erneut mit der *Discovery* los, wieder mit Bylot als Expeditionsleiter, und fuhr fast 500 Kilometer weiter nach Norden als John Davis. Er erreichte 77° 45' nördlicher Breite, und in den folgenden 236 Jahren gelangte kein Europäer weiter in den Norden hinauf.

In seinem Tagebuch schrieb Baffin über den arktischen Sommer: »Es wäre überflüssig, etwas über das Wetter zu schreiben, weil es so veränderlich war; es gab nur wenige Tage ohne Schneefall, und häufig fror es, so dass am Mittsommertag unsere Wanten, das Tauwerk und die Segel so steifgefroren waren, dass wir kaum damit arbeiten konnten; doch die Kälte ist nicht so extrem, als dass man sie nicht ertragen könnte.« Baffin hatte den Sommer im nördlichen Eismeer eindeutig anders erlebt als John Davis.

Baffin kartierte außerdem die Küste von Labrador und die Küste der Bucht, die seinen Namen trägt, darunter auch die Einfahrt in den Lancastersund, ohne zu erkennen, dass es sich hier in der Tat um die Einfahrt in die Nordwestpassage handelte. Nach seiner Rückkehr wurden seine Karten und sein Bericht stark zensiert, offenbar weil die Handelsgesellschaft, welche die Reise finanziert hatte, nicht wollte, dass auch Konkurrenten von den Ergebnissen profitierten. Und es war ein bitterer Schlag, dass man Baffins letzte, sehr erfolgreiche Entdeckungsreise einige Zeit später für zu schön hielt, um wahr zu sein – man betrachtete sie, mit anderen Worten, als Schwindel und entfernte die Baffinbucht von den zeitgenössischen Landkarten. Erst nach Ablauf von zwei Jahrhunderten, als die europäische Suche nach der Nordwestpassage erneut aufgenommen wurde, sollte man die Bucht wieder entdecken.

Nach und nach richteten die Engländer ihre Aufmerksamkeit nun vermehrt darauf, die unerwarteten Reichtümer der

Arktis auszuschöpfen. Henry Hudson hatte 1607 bei der Rückkehr von seiner Fahrt berichtet, er habe in der Nähe von Spitzbergen Wale gesehen, und fast sofort entwickelte sich dort eine bedeutende britische Walfangindustrie, die mit der holländischen konkurrierte. Wale leben ganzjährig in den arktischen Gewässern, kommen aber auch als Sommergäste dorthin. Sie ernähren sich von Plankton, während die Schwertwale Delfine fressen. Finnwal, Buckelwal, Blauwal und Pottwal sollten für Europa und Amerika die Grundlage des arktischen Walfangs bilden.

Nach nicht langer Zeit befuhren Engländer die Hudsonbucht und erkundeten auch das umliegende Land, weil sie auf der Suche nach Reichtümern anderer Art waren – nach Pelzen. Etwa 15 Jahre nach Baffins letzter Arktisreise wurde die Hudson Bay Company gegründet, und während des ganzen nächsten Jahrhunderts sollte sie im Wettstreit um die Vorherrschaft in Nordamerika, den England, Holland, Frankreich und Spanien austrugen, eine bedeutende Rolle spielen. Die Suche nach der Nordwestpassage wurde mehr oder weniger aufgegeben.

Im Jahre 1648 jedoch war England mit einem anderen, weniger erfreulichen Thema als dem Pelzhandel beschäftigt. Ein Bürgerkrieg überzog das Land, der schließlich die königliche Familie vertrieb, den König 1649 das Leben kostete und die Nation dem repressiven Puritanismus unter Cromwell auslieferte, der bis 1660 andauern sollte.

In Srednekolymsk in Nordostsibirien machten sich 1648 neunzig Russen in sieben Schiffen auf den Weg, um den Fluss Kolyma bis zur Mündung hinunterzufahren und von dort aus nach Osten zu segeln, neues Land zu finden und vor allem die Landstriche am Anadyr zu erkunden, wo es nach Aussage der Menschen, die an der Kolyma lebten, reichlich Pelztiere gab. Die Mitfahrenden waren größtenteils Jäger und Händler, aber unter ihnen befand sich auch eine kleine Gruppe von Staatsvertretern, von denen vor allem ein früherer Kosake namens Semjon Iwanowitsch Deschnjew Erwähnung verdient. Deschnjew hatte um 1640 als Soldat in Sibirien gedient und das Land im Norden weithin bereist.

Vier der sieben Schiffe erlitten an der arktischen Küste Schiffbruch. Die Besatzungen ertranken entweder, oder sie wurden von Eingeborenen getötet. Die übrigen drei Schiffe fuhren um das Ostkap der Tschuktschen-Halbinsel herum, durch die Beringstraße und weiter um die Nordostspitze von Asien bis zur Mündung des Anadyr. Ende September kämpften die Besatzungen gegen die Einheimischen der Gegend, und im Oktober trieb ein Sturm zwei weitere Schiffe fort. Sie verschwanden spurlos, und nur das Schiff mit Deschnjew an Bord blieb übrig. Südlich des Anadyr erlitt es dann ebenfalls Schiffbruch, und Deschnjew führte die fünfundzwanzig Überlebenden auf dem Landweg zum Unterlauf des Anadyr, wo sie am Fluss den ersten russischen Vorposten errichteten. Deschnjew blieb offenbar noch weitere zwölf Jahre in der Gegend, bis er schließlich nach Moskau zurückkehrte, wo er starb. Es gab nur wenige Aufzeichnungen über diese Reise. Deschnjews eigener Bericht lag bis 1736 ungelesen in einem Archiv in Jakutsk, wo ein deutscher Historiker ihn entdeckte. Doch inzwischen war Vitus Bering durch die Meerenge gesegelt, die das westliche Ende der Nordwestpassage bildet und seinen Namen trägt – nicht den Namen Deschnjews, der der eigentliche Entdecker war und nach dem das Ostkap benannt ist.

Vitus Bering war ein dänischer Seefahrer, der nach einer Fahrt zum Malaiischen Archipel von Zar Peter dem Großen aufgefordert wurde, in seine Marine einzutreten. Zwanzig Jahre später, 1725, als seine Tage schon gezählt waren, schrieb der Zar Peter der Große an den Admiral seiner Flotte:

> Meine angegriffene Gesundheit hat mich genötigt, zu Hause zu bleiben. Kürzlich habe ich über etwas nachgedacht, das mir jetzt schon viele Jahre lang im Kopf herumgeht, aber andere Angelegenheiten haben mich bisher daran gehindert, es auszuführen. Ich habe Hinweise darauf, dass man einen Seeweg nach China und Indien durch das nördliche Eismeer gefunden hat. Auf der mir vorliegenden Landkarte ist ein solcher Seeweg angedeutet, er trägt den Namen Anian. Dafür muss es einen Grund geben. Auf meinen letzten Reisen habe ich dieses Thema mit gelehrten Männern besprochen, und sie waren der Meinung, dass sich ein solcher Seeweg wohl finden ließe. Jetzt, da unserem Land von Feinden keine Gefahr mehr droht, sollten wir danach trachten, auf den Gebieten der Kunst und der Wissenschaften Ruhm zu erringen. Wer weiß, vielleicht können wir bei der Suche nach diesem Seeweg mehr Erfolg haben als die Holländer und die Engländer.

Doch dieser aufgeklärte Herrscher, Peter der Große, sollte sterben, bevor die Expedition aufbrechen konnte. Vorher hatte er aber Vitus Bering zum Leiter bestimmt. Unter anderen nahmen auch Alexej Tschirikow und Martin Spanberg daran teil. Der Auftrag lautete, herauszufinden, ob Asien und Amerika miteinander verbunden oder aber getrennte Erdteile waren. Außerdem sollten die Nordküste von Sibirien kartiert und die geheimnisumwitterte Nordostpassage nach China gesucht werden. Es war eine enorme Kraftanstrengung, die im Ganzen fünf Jahre dauerte, vor allem deshalb, weil die gesamte Ausrüstung auf dem Landweg von St. Petersburg nach Ochotsk transportiert werden musste, wobei die Männer am Jenissej und in Jakutsk überwinterten. Sie litten unter der bitteren Kälte, und mehrere verließen die Expedition, zwei starben unterwegs. Als sie schließlich im Oktober 1727 Ochotsk erreichten, stellten einheimische Zimmerleute, die man vorher beauftragt hatte, gerade ein Schiff fertig, die *Fortuna*, mit der sie zwei Fahrten über das Ochotskische Meer machten. Von dort aus fuhren sie an der Halbinsel Kamtschatka vorbei.

Im folgenden August stießen sie auf die St.-Lorenz-Insel und gaben ihr den Namen, und kurz darauf erreichten sie 65° 30' nördlicher Breite, so dass sie durch die Meeresenge fuhren, die bald nach Bering benannt werden sollte. Doch wegen anhaltenden Nebels konnten sie die amerikanische Küste nicht sehen, so dass sie keinen Beweis dafür hatten, dass Asien und Amerika zwei getrennte Erdteile sind. Den folgenden Winter verbrachte die Expedition auf der Halbinsel Kamtschatka, und dann kehrte sie von Ochotsk aus auf dem Landweg nach St. Petersburg zurück, wo sie im März 1730 wieder eintraf. Bering war überzeugt, dass er die Meeresenge durchfahren hatte, andere aber bezweifelten das, so dass eine weitere Fahrt nötig war. Die zweite Kamtschatka-Expedition setzte sich weitaus ehrgeizigere Ziele als die erste. Sie bestand aus verschiedenen Abteilungen, und man erforschte den gesamten Norden Sibiriens und die angrenzenden Gebiete. Zusammen wurden diese Expeditionen zwischen 1734 und 1743 als »Große Nordische Expedition« bezeichnet.

Insgesamt brachen 1733 fünf Gruppen gleichzeitig von St. Petersburg in verschiedene Regionen der Arktis auf, und zwei weitere sollten Gebiete am Pazifik erkunden. Die Expeditionsmitglieder sollten die Küsten des Nordpolarmeeres und des Pazifischen Ozeans kartieren und Informationen über Flora, Fauna und Geologie der betreffenden Gegenden sammeln. Theoretisch leitete Bering alle Gruppen, praktisch aber führte er nur die pazifische Abteilung, in der Martin Spanberg die Kurilen-Inseln südlich von Japan vermessen sollte; Tschirikow sollte sich mit dem französischen Astronomen Louis de l'Isle de la Croyère zum amerikanischen Festland begeben, und Bering sollte mit dem deutschen Naturwissenschaftler Georg Steller ins Beringmeer segeln. Alle drei Gruppen hatten Erfolg. Bering segelte außerdem an der Kette der Aleuten-Inseln entlang, und Steller entdeckte die nach ihm benannte Stellersche Seekuh, ein walähnliches, etwa acht Meter langes Tier, das im Jahre 1768 von Jägern ausgerottet wurde. So war der Grundstein für eine Präsenz der Russen an der Nordwestküste von Nordamerika gelegt, eine Präsenz, die sich schließlich südwärts bis nach Oregon erstrecken sollte.

Doch das Glück war den Leitern der pazifischen Abteilung nicht hold. Bering bekam, wie seine Besatzung auch, Skorbut, und das Schiff havarierte vor einer Insel vor der Küste von Kamtschatka, wo man zu überwintern beschloss. Am 8. Dezember starb Bering dort. Insgesamt kamen mehr als dreißig seiner Leute um. Die Überlebenden bauten aus dem Wrack ein kleineres Schiff und segelten nach Russland zurück.

Der französische Astronom de l'Isle de la Croyère starb ebenfalls 1741 an Skorbut. Steller wurde auf dem Rückweg nach Moskau gesetzeswidrig verhaftet und kam im Gefängnis um. Tschirikow steckte sich in Sibirien mit der Schwindsucht an und starb drei Jahre nach seiner Rückkehr nach St. Petersburg. Die Erkundungsphase der Expeditionen war im Wesentlichen vorüber, aber die wissenschaftlichen Missionen liefen noch mehrere Jahre weiter. Spanberg erhielt den Befehl, in Sibirien zu bleiben und bei Organisation und Abwicklung zu helfen, doch er widersetzte sich der Anordnung und reiste 1745 ab. Für seinen Ungehorsam wurde er zum Tode verurteilt, später jedoch begnadigt.

5 Eheliche Treue und der Vikar von Wakefield

Im frühen 19. Jahrhundert herrschte die britische Marine über die Meere. 1805 besiegte Nelson bei Trafalgar die vereinten Seestreitkräfte von Frankreich und Spanien. Und als die Briten im Krieg von 1812 dann Baltimore belagert und Washington in Brand gesteckt hatten, gab es für die Marine nicht mehr viel zu tun. Die meisten Matrosen wurden entlassen, so dass ihre Zahl von 140 000 auf 19 000 sank. Die Offiziere behielten ihre Posten zwar, aber neun von zehn hatten wenig oder gar nichts zu tun und bekamen auch nur den halben Sold. Der zweite Sekretär im Marineministerium war zu jener Zeit ein Mann namens John Barrow, der die *Royal Geographic Society* mitbegründet hatte. Er war für die internen Vorgänge in der Marine zuständig. Barrow war weder Seefahrer noch Entdecker, aber als Geograph brennend an der immer noch geheimnisvollen Arktis interessiert, und er war fest überzeugt, dass England die Arktisforschungen, die zwei Jahrhunderte zuvor mit William Baffins zweiter Seereise geendet hatten, wieder aufnehmen solle. Die Entdeckung der Nordwestpassage stand weiterhin aus, und noch hatte kein Mensch den Nordpol betreten. Und wer war für diese Aufgabe besser geeignet, wer konnte diese Ziele besser erreichen als die größte Marine der Welt? Das Ergebnis einer solchen Unternehmung würden neue geographische und wissenschaftliche Erkenntnisse sein, ganz zu schweigen von dem nationalen Ansehen, das England dadurch gewinnen würde.

Wie viele Zeitgenossen war Barrow überzeugt, dass gleich hinter dem verhängnisvollen Eiswall am Polarkreis ein offenes Polarmeer liegen müsse. Außerdem stellte er sich, wie die meisten anderen auch, den nördlichsten Teil von Nordamerika falsch vor. Im Grunde glaubte man, wenn man einmal um den ersten Vorsprung der Landformation (die bald Baffin-Insel heißen sollte) herumgefahren war, könnte man ohne Hindernisse bis zum Pazifik segeln. Und so ließ die britische Marine im April 1818 zwei Expeditionen mit jeweils zwei Schiffen in See stechen. Eine Expedition wurde von David Buchan geleitet, sein Stellvertreter war John Franklin. In Buchans Anweisungen hieß es:

> Den besten Informationen zu Folge, die wir erhalten konnten, hat es den Anschein, dass man das Meer nördlich von Spitzbergen bis 82½ oder bis 84 Grad im Allgemeinen eisfrei und nicht von Land eingeschlossen vorgefunden hat. Sollten diese Berichte, die mehrere Kapitäne von Walfangschiffen übereinstimmend abgaben, sich als richtig erweisen, gibt es Grund zu der Annahme, dass das Meer auch weiter nordwärts eisfrei bleibt, und in diesem Fall werden Sie nordwärts fahren und sich nach besten Kräften bemühen, den Nordpol zu erreichen.

Auf welche Berichte in diesen Anweisungen Bezug genommen wurde, ist nicht bekannt. Eigentlich zeigte die Marine wenig Interesse an Schilderungen von Walfängern und Fischern, obwohl diese den Entdeckern in vielen Teilen der Arktis fast mit Sicherheit zuvorkamen, auch wenn sie anonym blieben. (In ähnlicher Weise kamen ungezählte Wikinger zweifellos anderen Europäern zuvor, als sie die Gebiete im

Hohen Norden bereits um 1300 n. Chr. befuhren, während der so genannten mittelalterlichen Warmzeit, einer klimatisch wärmeren Phase, die von der kleinen Eiszeit abgelöst wurde, die bis Mitte des 19. Jahrhunderts dauerte. Ein Walfänger, der sehr weit gereist und zu seiner Zeit sehr bekannt war, war William Scoresby. Er brachte seine Zweifel an der Existenz eines offenen Nordpolarmeeres öffentlich zum Ausdruck und hatte auch schon bekannt gegeben, dass die Eisverhältnisse in der Arktis sich seiner Meinung nach von Jahr zu Jahr so stark veränderten, dass die Nordwestpassage, falls sie überhaupt existierte, wirtschaftlich gesehen keine Vorteile bringen würde.

Die andere Expedition sollte von einem erfahrenen Kapitän namens John Ross geleitet werden, dem ein aufgeweckter junger Leutnant, William Edward Parry, als Stellvertreter zur Seite stehen sollte. Ihre beiden Schiffe sollten durch die Nordwestpassage nach Nordamerika segeln. Nachdem die Schiffe von Buchan und Franklin über den nördlichsten Punkt der Erde gefahren waren, sollten die beiden Expeditionen sich in der Beringstraße treffen, um den Heimweg anzutreten. Es gab außergewöhnlich genaue Anweisungen an Buchan, wie er im Pazifik einen Treffpunkt mit Ross festlegen sollte, wie die Befehlsbefugnis festzulegen war, wenn die Schiffe sich getroffen hatten, und wie er sich in verschiedenen Fällen verhalten sollte, um zu gewährleisten, dass Tagebücher und Berichte der Expeditionsmitglieder kopiert und sicher ins Marineministerium gebracht werden würden. Bei dieser sorgfältigen Vorbereitung ignorierte die Marine allerdings im Großen und Ganzen die frühen Erfahrungsberichte von Männern wie Davis, Hudson und Baffin. Die vier Schiffe waren den Fahrzeugen der früheren Entdecker zwar weit überlegen, aber der kulturelle Snobismus, der Walfänger und Fischer so tief unten ansiedelte, dass man sie nicht konsultieren konnte, ließ auch die Inuit so gering und barbarisch erscheinen, dass man sie unmöglich nachahmen konnte. So legten die Angehörigen der *Royal Navy* ab, ohne die richtige Kleidung für das arktische Klima an Bord zu haben, offenbar in der Annahme, dass sie ihr eigenes Klima mitbringen könnten. Die Inuit trugen ihre Kleidungsstücke, die ausschließlich aus Häuten und Fellen einheimischer Tiere wie Robben und Eisbären bestanden, bei wärmerem Wetter mit der Haarseite nach außen und bei größerer Kälte mit dem Pelz nach innen. Diese Felle funktionierten für die Inuit ähnlich wie für die Pelztiere selbst und schützten nicht nur vor der extremen Kälte und dem Wind, sondern waren auch Wasser abweisend und trockneten schnell, wenn sie nass geworden waren. Die Wollkleidung der englischen Marine bot weniger Schutz vor Kälte und Wind und brauchte viel länger, um wieder trocken zu werden, wenn sie sich bei einem Sturz ins Wasser vollgesogen hatte.

Buchan und seine Leute segelten nordwärts nach Spitzbergen, wo sie in Stürme und Packeis gerieten. Sie suchten in Fair Haven, einem einstigen Walfanghafen, Schutz, führten dort Reparaturen durch und segelten dann nach England zurück, wo sie am 22. Oktober eintrafen, fast genau sechs Monate nach ihrer Abfahrt. Es war der erste und letzte Versuch der englischen Marine, über den Nordpol zu segeln.

Ross und Parry durchfuhren in Begleitung von etwa vierzig Walfängern die Davisstraße in Richtung Norden segelten in die Melvillebucht hinein und erreichten den Smithsund im Norden. Während sie vor der Westküste Grönlands kreuzten, »entdeckten« sie die Baffinbucht und begegneten einer Gruppe Inuit. Das Treffen, von John Sacheuse in einer Zeichnung festgehalten, war bemerkenswert, weil es die Verschiedenheit der beiden Kulturen deutlich machte. Sacheuse war Grönländer, der seine Ausbildung in England erhalten hatte und als Dolmetscher mitfuhr. Auf seiner Zeichnung sind die beiden englischen Offiziere in festlicher Ausgehuniform zu

John Ross und William Edward Parry treffen mit Grönland-Eskimos zusammen (Sacheuse/Toronto Reference Library, Toronto).

sehen, der Entsprechung von Frack und Zylinder im zivilen Leben. Auf dem Schiff friert ein Matrose in der üblichen Marinebekleidung, während die Inuit verschiedenes Pelzwerk tragen.

Ross und Parry fuhren weiter zum Lancastersund, der zwischen den Inseln Devon und Baffin liegt, und segelten 80 Kilometer weit hinein. Als vor ihnen ein Gebirge auftauchte, das sich anscheinend quer über die Wasserfläche erstreckte, hielt Ross den Sund für eine Bucht, eine Sackgasse also, und ließ die Expedition nach England zurücksegeln, obwohl die Vorräte für zwei Jahre in der Arktis gereicht hätten. Im November, etwa drei Wochen nach Buchans und Franklins Rückkehr, kamen sie im Heimathafen an. Weder Parry, der junge Leutnant, noch sonst jemand an Bord hatte das Gebirge gesehen, und Parry war überzeugt, dass es gar nicht existierte, sondern eine Art Fata Morgana gewesen war, die nur Ross hatte sehen können. Die Brechungseigenschaften der Nordmeere schufen, wie die Entdecker nach und nach feststellten, häufig optische Täuschungen. Berge tauchten auf und verschwanden wieder, die Sonne mit ihrer Korona wurde plötzlich zu zwei Sonnen mit zwei Koronen, und der stark vergrößerte Mond konnte eine vollkommen andere Form annehmen.

Parry war überzeugt, dass man im Lancastersund nach der Nordwestpassage suchen musste. Er teilte das dem Marineministerium mit, und der vorsichtige Ross wurde mit halbem Sold frühzeitig pensioniert und erhielt nie wieder ein Kommando. Der kühne, furchtlose Parry wurde zum Leiter der nächsten drei von der Marine durchgeführten Arktisexpeditionen befördert.

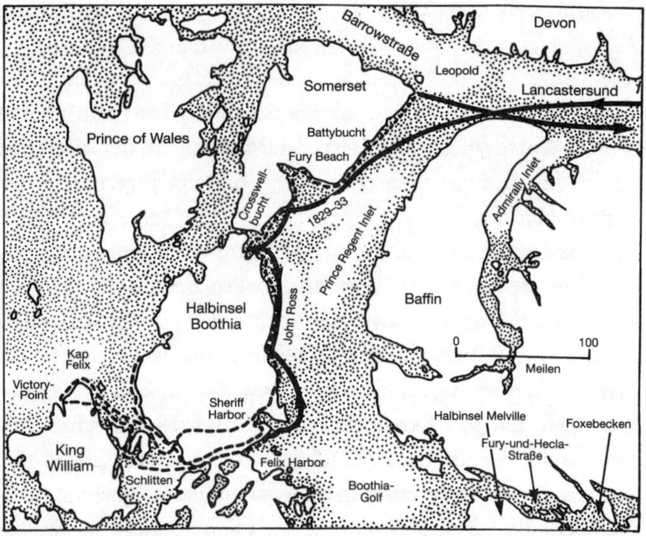

Geographie der Region, die John Ross und William Edward Parry erforschten (aus Berton 1988)

Mut ist für einen Entdecker häufig von Vorteil, aber auch Glück ist durch nichts zu ersetzen. Als Parry 1819 wieder aufbrach, erlebte die Arktis einen besonders milden Winter, und die Seestraßen waren so eisfrei wie seit zehn Jahren nicht mehr. Parry erreichte den Lancastersund ohne Probleme. Er kam einen Monat früher an als im Jahr zuvor und fand ihn eisfrei, bis auf das westliche Ende. Daher machte er einen Umweg durch Prince Regent Inlet und segelte schließlich zur Südküste der Insel Melville, wo er, wie vorgesehen, im Packeis überwinterte.

Zu Furchtlosigkeit und Glück gehört als Drittes die gute Planung. Parry brach mit zwei Schiffen auf, der *Hecla* mit 375 Tonnen und der *Griper* mit 180 Tonnen. Zusammen hatten die Schiffe 94 Mann Besatzung. Zum ersten Mal war eine Überwinterung auf den Schiffen vorgesehen. Neben dem Skorbut, der inzwischen weniger bedrohlich war, weil täglich Zitronensaft verteilt wurde, neben Hunger und Kälte lauerte als Gefahr auch betäubende Langeweile. Es ist nicht leicht, sich vorzustellen, wie eine Gruppe von Männern, von denen die Mehrzahl vermutlich nicht besonders gebildet war, etwa zehn Monate in Eis und Kälte eingeschlossen verbringt und den größten Teil dieser Zeit auch noch in Dunkelheit. In der Polarnacht hatte das Verstreichen der Stunden praktisch keine Bedeutung, und um die Schiffe herum erstreckte sich nur eine weite, leere Fläche – eine öde Landschaft aus Fels und Eis, Schwarz, Weiß und Grau, geräuschlos, außer wenn der Wind heulte oder wenn im Frühling Tausende von kreischenden Seevögeln in den Felsen nisteten, die vielleicht jäh 150 Meter hoch aufragten. Es kam zu Wutausbrüchen, Zank und Streit, und manche Männer tranken sich einfach bewusstlos oder verloren den Verstand.

Um der Langeweile und den sie begleitenden Übeln zu begegnen, ließ Parry auf dem Deck der *Hecla* ein riesiges, zeltähnliches Gebilde errichten, das vor dem Wind schützte, und ordnete an, dass die Männer sich darin täglich körperliche Bewegung verschafften. Häufig unterhielt er seine Leute abends mit seinem Geigenspiel, und einmal in der Woche organisierte er auf dem Quarterdeck eine Theateraufführung. Das beliebteste Stück war die Posse *Miss in Her Teens, or The Medley of Lovers*. Außerdem konnte sich die Besatzung 22 Wochen lang jede Woche auf das Erscheinen einer Zeitung freuen. *The North Georgia Gazette and Winter Chronicle* enthielt Aufsätze, Gedichte, Artikel und alles, was es an Neuigkeiten gab. Die Strategie, Freizeitangebote zu machen, funktionierte. Spätere britische Expeditionen übernahmen sie, so dass es relativ selten größere Auseinandersetzungen oder Ansätze zu Meutereien gab.

Die Finsternis der Polarnacht jedoch war unerbittlich. Die Männer machten in der Stille Spaziergänge, in »der todesähnlichen Lautlosigkeit«, wie Parry später schrieb, »der trübseligsten Isolation und der vollkommenen Abwesenheit von belebtem Dasein«. Nur Wölfe und Füchse tauchten hin und wieder geisterhaft in der düsteren Landschaft auf.

Während die Schiffe im Packeis gefangen lagen, beschloss Parry, über die Insel Melville zu wandern und ihre Geographie und Topographie zu kartieren. Er nahm eine Gruppe von zwölf Männern mit, die einen Wagen mit etwa 800 Pfund Ausrüstung zogen, obwohl ihm durchaus bewusst war, dass die Inuit ihre Schlitten von Hunden ziehen ließen. Der Wagen war eine weitere Neuerung, die Parry einführte, gleichzeitig aber auch ein Beispiel, dass die patrizierhafte Verachtung, die die Engländer für die Eingeborenen hegten, schwerer wog als vernünftige Planung.

Ein Chronist des 19. Jahrhunderts schrieb über Parrys Expedition:

> Die starken, flachen Boote [...] mussten daher beladen und entladen werden, damit man sie über die Hügel ziehen konnte. [...] Häufig musste die Besatzung sich auf alle viere niederlassen, um sicheren Halt zu finden. Heftige Regenschauer weichten die Oberfläche

> des Eises oft auf, und an manchen Stellen nahm es die Form spitzer Kristalle an, die wie Taschenmesser in die Stiefel schnitten. Doch trotz all dieser Hindernisse kämpften sie sich gut gelaunt voran, bis sie nach 35 Tagen unablässiger Plackerei die Entdeckung machten, dass, während sie sich scheinbar dem Pol näherten, das Eisfeld, auf dem sie wanderten, südwärts trieb und daher all ihre Anstrengungen zunichte machte.

Als das Packeis die Schiffe im August freigab, versuchte Parry, wieder westwärts durch den Lancastersund zu segeln, kam aber nicht weiter als im Vorjahr und kehrte daher nach Hause zurück. Auf dieser einen Fahrt hatte er 110° westlicher Länge überquert und mehr arktische Besonderheiten entdeckt und benannt, als alle anderen Entdecker vor ihm – und auch in den kommenden 80 Jahren sollte niemand auf einer einzigen Fahrt so viele Entdeckungen machen. Die Expedition, insbesondere die Schiffsärzte, hatte viele Informationen über die arktische Fauna gesammelt, so exotische Wesen wie Eisbären und Walrosse seziert und beschrieben und recht zutreffende Vermutungen über das Wanderverhalten der Karibus und die Flugrouten vieler Zugvogelarten angestellt. Parry kehrte als Held nach London zurück, und der König belohnte ihn für die teilweise Entdeckung einer Nordwestpassage mit 5000 Pfund. Das Parlament gab noch einmal die gleiche Summe dazu, und außerdem erhielt Parry einen lukrativen Vertrag für die Veröffentlichung seines Tagebuches. Damit entstand ein Trend, der in der Welt der Abenteuer und Entdeckungen bis zum heutigen Tag anhalten sollte.

Parrys Buch *Journal of a Voyage for the Discovery of the North-West Passage from the Atlantic to the Pacific* erschien 1821. Schon im April des gleichen Jahres war er mit der *Fury* und der *Hecla* wieder nach Norden unterwegs. Kapitän des zweiten Schiffes war George Lyon, und das Ziel der auf drei

Jahre angesetzten Reise bestand darin, das südliche Ende des Prince Regent Inlet zu durchfahren, das man damals als Tor zur Nordwestpassage betrachtete. Parry fand die Durchfahrt und taufte sie Fury- und Heclastraße, sie war aber weder 1822 noch 1823 passierbar. 1822 erwarb Parry von den einheimischen Inuit einen Hundeschlitten, einige Hunde und Inuit-Kleidung für einen kurzen Landausflug. Dies ist das erste bekannt gewordene Beispiel dafür, dass Europäer sich in der Arktis die Überlebenstechniken der Einheimischen zu Nutze machten. Diese Strategie konnte sich jedoch vorerst nicht durchsetzen, sondern wurde erst viel später zur Selbstverständlichkeit.

In der kalten Welt, in der die Inuit lebten, zählte das symbiotische Verhältnis zu ihren Hunden zu einer der wichtigsten Anpassungsleistungen. Dazu sorgten ihre Physiologie und ihr Stoffwechsel für eine in der Kälte besser geeignete Blutzirkulation, und schließlich besaßen sie mit dem Kajak, das aus Treibholz und Knochen hergestellt und mit Häuten bezogen wurde, ein zerbrechliches, aber seetüchtiges Boot. Die Hunde zogen aus Treibholz und Knochen zusammengebaute Schlitten und wurden bei dieser winterlichen Arbeit meistens von Männern und Frauen unterstützt. Für ein Schlittengespann brauchte man mindestens fünf oder sechs Hunde, und nicht jeder Inuk besaß so viele. Doch Hunde konnten auch 25 bis 30 Pfund Gewicht tragen, und so lud man ihnen auch Packtaschen aus Karibuleder auf. Wenn ein Jäger einen Eisbären oder ein Karibu verfolgte, wurde er normalerweise von einem oder mehreren Hunden unterstützt, und der Jagderfolg war für Mensch und Tier gleichermaßen lebenswichtig, denn ein Jäger musste nicht nur seine Familie ernähren, sondern auch seine Hunde. Ein ausgewachsener Hund fraß im Jahr mehr als 850 Pfund Fleisch und Speck. Ein guter Jäger kümmerte sich sorgfältig um seine Hunde und fertigte sogar kleine Stiefel für sie an, die ihre Pfoten vor scharfen Eiskristallen schützten. Allerdings unterschieden die Hunde der Inuit sich nicht sehr von den Wölfen, deren Abkömmlinge sie waren. Normalerweise hielt eine Familie ihre Hunde angebunden, damit die kleinen Kinder vor Angriffen geschützt waren. Zu guter Letzt waren die Hunde auch wertvoll, wenn eine Hungersnot drohte; die Tiere waren der allerletzte Schutz vor dem Hungertod, und die Besitzer verzehrten sie ohne große Sentimentalität.

Den europäischen Entdeckern hatte die zentrale Rolle des Hundes für das Reisen und Überleben in der Arktis eigentlich nicht lange verborgen bleiben können, und doch war Parry der erste Europäer, der auf die Idee kam, die Kenntnisse der Inuit zu nutzen und für seinen relativ kurzen Ausflug Hunde zu kaufen. Viele andere nach ihm scheuten, aus unbekannten Gründen, wieder vor der Verwendung von Hunden zurück – fast immer mit bösen Folgen.

Die *Fury* und die *Hecla* überwinterten auf dieser Fahrt zwei Mal an der Westküste des Foxebecken, das weiter im Süden lag als die Insel Melville, so dass die Männer mehr Sonnenlicht bekamen. Einige knüpften auch Kontakte zu den Einheimischen dort. Parry schrieb später (mit der typischen Scheinheiligkeit des 19. Jahrhunderts):

> Ich fürchte, von der Keuschheit der Frauen oder von dem diesbezüglichen Zartgefühl ihrer Männer können wir keinen sehr günstigen Bericht geben, […] es war nicht ungewöhnlich, dass sie ihre Ehefrauen so unbefangen zum Kauf anboten wie ein Messer oder eine Jacke. Einige der jungen Männer erzählten uns, wenn zwei von ihnen zusammen auf einer Segeltour von zu Hause abwesend seien, würden sie ihre Gattinnen häufig für eine Weile austauschen, als gefällige Konvenienz; […] das Verhalten der meisten Frauen, wenn die Männer die Hütten verlassen hatten, zeugte ganz

> einfach von Gleichgültigkeit ihnen gegenüber und von einer äußersten Missachtung der ehelichen Treue. Die Abreise der Männer war normalerweise das Signal, jede Zurückhaltung aufzugeben, und bei ihrer Rückkehr wurde sie unweigerlich wieder angenommen. Die Frauen sorgen dafür, dass ihre Kinder ihnen dieses Ereignis melden, indem sie normalerweise ein Kind draußen postieren, damit es rechtzeitig Bescheid sagt.

George Lyon, der stellvertretende Leiter, äußerte sich in seinem Buch ebenfalls missbilligend über die Moral der Inuit. Er schrieb, man halte es »für besonders freundschaftlich, wenn zwei Männer für ein paar Tage ihre Ehefrauen tauschen, und manchmal äußern die Frauen von sich aus diese Bitte. Diese außergewöhnlichen Höflichkeitsbezeugungen sind zwar allgemein bekannt, aber man spricht nie darüber, und sie werden so heimlich wie möglich unternommen. [...] Geschiedene Frauen, Witwen und selbst junge, gut aussehende Mädchen sind im Hinblick auf ihre Person gleichermaßen freizügig.«

Ein späterer Entdecker, Charles Francis Hall, unterhielt sich mit einer älteren Frau namens Erktua, die aus dieser Gegend stammte. Sie behauptete, erst die Geliebte von Parry und dann von Lyon gewesen zu sein, und sagte, Lyon habe außerdem zwei Eskimoschwestern geschwängert. Heute gilt als sicher, dass die späteren Arktisforscher, unter ihnen auch Peary und Stefansson, im Hohen Norden ebenfalls Nachkommen hinterließen.

Parry unternahm mit den gleichen Schiffen noch einen weiteren Vorstoß in die Arktis. Auch sein Auftrag lautete ähnlich: Er sollte die Meeresenge durchfahren, die er nach der *Fury* und der *Hecla* benannt hatte. Doch gleich nachdem die beiden Schiffe in den Lancastersund hineingefahren waren, wurden sie von Packeis eingeschlossen. Sie waren daher gezwungen, zehn Monate an der Nordwestküste der Insel Baffin zu verbringen, in einer öden, einsamen Gegend, in der auch keine Inuit lebten. Als das Eis sie gegen Ende Juli freigab, segelte Parry an der Ostküste der Insel Somerset entlang, wo er in einen Sturm geriet. Die *Fury* strandete an einer Stelle, die heute noch als Fury Beach bezeichnet wird. Man ließ das Schiff unter einer außergewöhnlich hohen Felsklippe kieloben im Eis liegen. Als sie einen zweiten Winter im Eis verbringen mussten, beschäftigte Parry seine Leute wieder mit Musik, Theatervorstellungen, wissenschaftlichen Beobachtungen und Schulunterricht. Auf diese Weise entgingen sie der Langeweile und vergaßen, dass alles um sie herum »trostloses, eintöniges Weiß war. Nicht nur für Tage oder Wochen, sondern insgesamt für mehr als ein halbes Jahr. Wohin der Blick auch fällt, er findet [...] unbelebte Stille, [...] eine Leblosigkeit, in der ein menschlicher Betrachter *fehl am Platze zu sein scheint.*« Parry befasste sich tatsächlich oft mit der »trostlosen Einsamkeit dieser winterlichen Wüste«.

Wegen der hohen Klippen konnte die Sonne das Packeis erst später als gewöhnlich auftauen, daher befahl Parry den Männern Anfang Juli 1825, eine Straße durch das Packeis zu schlagen, und die Expedition kehrte nach England zurück, nun mit beiden Besatzungen an Bord der *Hecla*.

Parry wurde weiterhin als Held gefeiert. Er gab die Suche nach der Nordwestpassage auf, unternahm allerdings im Jahre 1827 eine letzte Erkundungsfahrt. Dieses Mal segelte er im Norden an Svalbard vorbei und versuchte, den Nordpol zu erreichen, indem er die seiner Vorstellung nach ausgedehnte Packeisfläche überquerte. Als unermüdlicher Erfinder ließ er zwei Schlittenboote bauen, die man entweder über das Land ziehen oder zu Wasser lassen konnte. Vor jedes dieser Schlittenboote spannte er, ähnlich wie vor den Wagen, den er früher benutzt hatte, zwölf Männer. Sie trafen jedoch nicht auf das erhoffte glatte Eis, sondern stießen auf die hohen Wände von Packeisgraten und auf Eishöcker – eben auf das zerklüftete, gefrorene Gelände, das Arktisforscher noch bis weit ins 20. Jahrhundert hinein frustrieren sollte. Parry kam nur quälend langsam voran, und nach über einem Monat auf dem Packeis musste er feststellen, dass die Drift des Eises nach Süden die zurückgelegte Wegstrecke nahezu aufhob. Er erreichte 82° 45' Nord und stellte damit einen Rekord auf, der noch fünfzig Jahre lang gelten sollte. Mit 61 Tagen verbrachte er insgesamt mehr Zeit auf dem Eis als alle seine Vorgänger. Bei seiner Rückkehr war er noch nicht 40 Jahre alt und hatte vier Arktisexpeditionen geleitet. Unter den Männern, die ihre Leute nordwärts nach Ultima Thule führten, war er einer der fähigsten.

Bis heute kursieren Gerüchte, dass Parrys Seereisen keineswegs harmonisch abliefen. Der Schiffsarzt zum Beispiel machte verschwommene Andeutungen, dass Parry sich nach seiner zweiten Reise weigerte, noch einmal die gleichen Offiziere mitzunehmen (abgesehen von einem Leutnant namens James Clark Ross, dem Neffen des in Ungnade gefallenen John Ross). Außerdem gab es möglicherweise auf Schichtenzugehörigkeit beruhende Eifersüchteleien zwischen den Offizieren auf Parrys Schiff und den anderen Offizieren. Und die alte Inuk Erktua berichtete, dass Parry, als sie ihm ihre Aufmerksamkeit entzog und sich Lyon zuwandte, wütend und rasend eifersüchtig war. Doch die Admiralität, die sämtliche Aufzeichnungen über die Reisen erhielt, schwieg sich über solche Geschehnisse natürlich aus. Man kann sich vorstellen, wie sehr darauf geachtet wurde, dass Parrys Reisen *His Majesty's Royal Navy* nicht in Misskredit brachten.

Nach Parrys vierter Reise und seinem Versuch, den Pol zu erreichen, verlor die Marine jedoch für eine Weile das Interesse an der Arktisforschung, und die Initiative dazu blieb wieder Privatleuten überlassen. John Ross überredete einen Londoner namens Felix Booth, eine Expedition zu finanzieren, die an Parrys dritte Reise anschließen und den Seeweg durch den Prince Regent Inlet bis an die Küste von Nordamerika und somit zum Pazifik suchen sollte. Felix Booth war ein Philanthrop, der sich vermutlich mit zwei Berufen ein Vermögen erworben hatte: Er war der höchste Verwaltungsbeamte Londons und betrieb gleichzeitig eine der bedeutendsten Brennereien des Landes, wo der heute noch beliebte *Booth's Gin* produziert wurde. Booth hegte den Wunsch, seinen Namen in der Arktis verewigt zu sehen, und Ross erfüllte diesen Wunsch, indem er die längste Halbinsel in der kanadischen Arktis sowie den größten Golf dort nach Booth benannte, einem Hafen seinen Vornamen gab und einen anderen nach Booths beruflicher Stellung »Sheriff Harbour« taufte. Diese Verherrlichung der Geldgeber war zu allen Zeiten üblich, wobei der amerikanische Entdecker Robert Peary im späten 19. und frühen 20. Jahrhundert das größte Talent dafür entwickelte. (Allerdings fand Farley Mowat, ein Autor und Geschichtenerzähler, der über die Arktis schrieb, diese Gepflogenheit abstoßend.)

John Ross ernannte seinen Neffen James Clark Ross zu seinem Stellvertreter, und im Mai 1829 fuhren sie auf der *Victory*, einem Schiff mit nur 165 Tonnen und insgesamt 23 Mann Besatzung, von London aus los. Parrys dritte Expedition hatte, im Vergleich dazu, aus zwei 375-Tonnen-Schiffen mit 128 Mann bestanden. Diese Verkleinerung sollte sich als günstig erweisen. Die *Victory* hatte die erste Dampfmaschine an Bord, die jemals auf einer Polarexpedition eingesetzt wurde. Doch wie oft bei neuen Erfindungen traten im Betrieb Probleme auf, so dass man sie unterwegs versenkte. John Ross hoffte, mit dieser Expedition seinen guten Ruf wieder herstellen zu können. Ohne große Zwischenfälle erreichte die *Victory* die Baffinbucht und fuhr am 6. August in die Lancasterstraße und fünf Tage später in den Prince Regent Inlet ein. Dort statteten die Seeleute am Fury Beach der havarierten *Fury* und ihren unversehrten Vorräten einen Besuch ab und fuhren dann in einen Golf ein, den Ross pflichtgetreu Boothia taufte. Dabei segelten sie an einer Meerenge vorbei, die tatsächlich den Seeweg vom Prince Regent Inlet zur Nordwestpassage bildete. Diese Durchfahrt wurde aber erst später entdeckt und Bellotstraße genannt.

Mit Beginn des Winters ankerte die *Victory* an der Südostküste der Halbinsel Boothia, an einer Stelle, die Ross Felix Harbour nannte. Ross und sein Neffe James Clark verbrachten den größten Teil der nächsten beiden Jahre an Land, wobei sie mehrmals das Innere der Halbinsel erkundeten. Im nächsten Sommer (1830) ließ das Packeis nur einige Meilen Fahrt zu, von Felix Harbour bis zum nächsten Ankerplatz, den sie Sheriff Harbour nannten. Wieder unternahm Ross Erkundungsausflüge auf die Halbinsel Boothia, wenn das Wetter es erlaubte. Sein Neffe James entdeckte die Insel King William, die er für einen Teil des Festlands hielt, und am 1. Juni 1831 um 20.00 Uhr war er der erste Europäer, der auf dem magnetischen Nordpol, damals an der Westküste der Halbinsel Boothia gelegen, stand. In dieser unberührten Eiswüste stellte er die britische Flagge auf und erklärte die Umgebung als zu Großbritannien gehörig. 150 Jahre später lag der magnetische Nordpol in Westgrönland. Er ist ständig in Bewegung und kann daher regelmäßig »wieder entdeckt« werden.

Im Winter 1832 beschloss Ross, die *Victory* dem Eis zu überlassen und nach Fury Point zu wandern, wo er und die Besatzung den nächsten Winter in einer primitiven Hütte verbrachten. Sie lebten von den Vorräten, die Parry bei seiner Expedition mit der *Fury* zurückgelassen hatte. Im folgenden Sommer segelten und ruderten sie die Beiboote der *Fury* in den Lancastersund und die Baffinbucht hinein, wo sie das Glück hatten, einem britischen Walfänger, der *Isabella*, zu begegnen. Das Schiff befand sich auf dem Heimweg und nahm die Expedition mit zurück nach England. Der Zufall wollte es, dass die *Isabella* das gleiche Schiff war, das John Ross auf seiner ersten, verhängnisvollen Arktisexpedition geführt hatte.

Die Expedition hatte von 1829 bis 1833 gedauert und vier Überwinterungen umfasst. Damit ist sie die längste bekannte Arktisreise aller Zeiten. Von den ursprünglich 23 Mann Besatzung kehrten 20 zurück, eine beträchtliche Leistung, die auf mehrere Faktoren zurückzuführen ist. Die ersten drei Winter hatten die Männer auf von Inuit bewohntem Land verbracht, und die Einheimischen hatten sie mit Pelzen versorgt, so dass sie die Wollkleidung der Marine ablegen konnten. Außerdem hatten die Inuit sie mit frischem Fleisch beliefert, insbesondere mit Seehundspeck, von dem wir inzwischen wissen, dass er viel Vitamin C enthält und so vor Skorbut schützt. Ohne die Hilfe der Einheimischen wären die Entdecker mit ziemlicher Sicherheit umgekommen. Außerdem handelte es sich um eine kleine Gruppe, die so flexibel war, dass alle gemeinsam von der aufgegebenen *Victory* nach Fury Beach ziehen konnten. Und schließlich war es einfach Glück, dass sie dort Vorräte und Boote vorfanden, mit denen sie dem Eis entkommen konnten. (Es sollte noch Jahrzehnte dauern, bis die Europäer eine wirklichkeitsgetreue Vorstellung von der Arktis besaßen. In der arktischen Kälte existieren nur relativ wenige Arten – sei es nun Meeresplankton, Pflanzen oder Tiere –, wobei die Populationen aber typischerweise groß sind. Doch die einzelnen Exemplare sind meistens über weite Gebiete verstreut, oder aber man findet sie in eng zusammenhaltenden Gruppen, die entweder umherziehen oder in den wenigen Gebieten leben, in denen sie sich zu der jeweiligen Jahreszeit ernähren können. Auch die Gruppen der Inuit waren relativ klein und bewegten sich normalerweise in einer großen Region. Eine Gruppe von Einheimischen konnte aus etwa fünfzig Männern, Frauen und Kindern bestehen, die alljährlich ein Gebiet von etwa 80 000 Quadratkilometern durchstreiften.)

Die Nordwestpassage war zwar immer noch nicht gefunden, aber John Ross kehrte nach der vierjährigen Expedition als Held zurück, seine Ehre war wieder hergestellt, und er wurde geadelt. Mehr als ein Jahrzehnt später machte sich John Franklin auf, um einen Sieg über die Arktis zu erringen und so seine Ehre wieder herzustellen. Als stellvertretender Expeditionsleiter unter Buchan war er unmittelbar auf den Nordpol zugesteuert. Vorher hatte der Marineoffizier bei Trafalgar und in anderen wichtigen Schlachten um die britische Seeherrschaft in Europa gekämpft. Nach dem fehlgeschlagenen Versuch, über das offene Nordpolarmeer zum Pol zu segeln, sollte Franklin bald darauf zwei weitere Arktisexpeditionen für die britische Marine leiten, und zwar merkwürdigerweise zu Fuß.

Franklins nächste Expedition begann 1819 und dauerte drei Jahre. Für den Seefahrer, dem die Erkundung von Land fremd war, waren es drei frustrierende Jahre, die in einer Katastrophe endeten. Er war noch nie in der Arktis gewandert, Kanu gefahren oder auf die Jagd gegangen, aber er wurde beauftragt, vom Great Slave Lake in Nordkanada bis zur Küste der Insel Victoria zu wandern, um die Küste zu kartieren. In diesem Gebiet streiften nach wie vor Frankokanadier und Jäger aus anderen Ländern umher, die für große Unternehmen wie die *Hudson Bay Company* und die *North West Company* Jagd auf Pelztiere machten. Warum das Marineministerium dieses Projekt anging und warum man ausgerechnet einen Mann damit betraute, der auf dem Festland keine Erfahrung hatte, ist völlig unklar.

Die Expedition schaffte etwa 250 Kilometer und musste dann umkehren, weil die Männer dem Hungertod nahe waren. Es war ihnen nicht gelungen, genügend Wild, wie Moschusochsen, zu töten, um sich davon zu ernähren. (Die Inuit jagten die Moschusochsen, indem sie eine Herde auf höher gelegenes Gelände hetzten, wo die Tiere sich zum Schutz mit den hornbewehrten Köpfen nach außen im Kreis aufstellten. Die Hunde sorgten dann dafür, dass die Moschusochsen in dieser Formation stehen blieben, während die Jäger sie mit Pfeilen erschossen.) Franklins Expedition hatte auf dem Rückweg zum Great Slave Lake nur noch alte Schuhe und andere Lederreste zu essen. Schließlich waren die Männer gezwungen, sich in drei Gruppen aufteilen. Zu der einen gehörten diejenigen, die zu schwach waren, um überhaupt noch weiterzugehen. Franklins engster Vertrauter auf der Expedition, Dr. John Richardson, willigte ein, bei diesen Männern zu bleiben. Die vier Männer der zweiten Gruppe kamen nicht mehr wesentlich weiter und starben alle bis auf einen, den frankokanadischen Seemann Michel Teroahaute, der zu Richardsons Lager zurückkehrte. Die dritte Gruppe, der auch Franklin angehörte, schaffte den Rückweg zum See.

Zwei Tage nachdem er Richardsons Lager erreicht hatte, ging Teroahaute auf die Jagd. Er kehrte mit frischem Wolfsfleisch zurück, das ihnen angesichts des drohenden Hungertodes sehr gelegen kam. Alle begrüßten seinen Fang, aber das Fleisch hatte einen sonderbaren Geschmack, und Richardson begann sich zu fragen, ob es sich tatsächlich um Wolfsfleisch handelte, wie Teroahaute behauptete, oder um das Fleisch eines fehlenden Besatzungsmitgliedes. Einige Tage später sammelten Richardson und ein Kollege gerade Flechten zum Essen, als sie vom Lager her einen Schuss hörten. Bei ihrer Rückkehr trafen sie Teroahaute stehend an, während der einzige andere Mann der Gruppe, der bis dahin überlebt hatte, an einem Kopfschuss gestorben war. Teroahaute meinte, es sei Selbstmord gewesen, doch Richardson kam zu dem Schluss, dass Teroahaute ihn umgebracht hatte, um die Überlebenden zu ernähren. Richardson überlegte sich, dass er selbst der Nächste sein könnte, und kam dem erwarteten Mord zuvor, indem er seinerseits Teroahaute erschoss. Die nun stark dezimierte Gruppe wurde schließlich gerettet. Richardson wurde für den Mord an Teroahaute nicht vor Gericht gestellt.

Elf der neunzehn Männer, die 1819 mit Franklin aufgebrochen waren, kehrten lebend zurück – das war zwar kein Erfolg, aber die Verluste reichten wohl nicht, um Franklin als unzulänglichen Leiter von arktischen Landexpeditionen zu brandmarken. 1825 schickte man ihn erneut los, wieder zusammen mit Richardson. Die Expedition fuhr mit dem Schiff den Mackenzie Fluss vom Great Slave See bis zum Nordpolarmeer hinunter und teilte sich dann auf. Franklin wandte sich nach Westen und kartierte 800 Kilometer kanadische und alaskische Küste; Richardson legte die gleiche Entfernung nach Osten zurück. Beiden Gruppen erging es den Umständen entsprechend gut, und sie kehrten auf dem Mackenzie Fluss zurück. Einmal, schrieb Franklin später, war seine vom Hungertod bedrohte Gruppe einer Herde Moschusochsen begegnet. Sie hatten ihre besten Jäger ausgeschickt, die zwei Stunden brauchten, um bis auf Schussweite an die Tiere heranzukommen. Das Leben der Männer hing davon ab, ob die Jäger eines von ihnen töten konnten. Die Jäger eröffneten das Feuer; eine Kuh stürzte und wurde sofort geschlachtet. »Der Inhalt ihres Magens wurde auf der Stelle verschlungen, und die rohen Innereien, die wir als Nächstes in Angriff nahmen, wurden selbst von den Empfindlichsten unter uns als hervorragend bezeichnet.«

Auf dieser zweiten Expedition kamen John Franklin offensichtlich seine Erfahrungen zugute. Als er 1827, zwei Jahre später, nach England zurückkam, wurde er geadelt – gleichzeitig mit Edward Parry, den man für seine Erforschung der arktischen Meere ehrte.

Sir John Franklin war inzwischen über vierzig und Witwer. Gerade als seine berufliche Karriere ins Stocken geriet, heiratete er Jane Griffin, eine schöne, gebildete Londonerin.

Das Marineministerium zögerte, ihm einen Auftrag zu geben, bot ihm aber schließlich ein Jahr auf einer Fregatte im Mittelmeer an. Danach folgte ein Jahr gar nichts, doch dann fragte man ihn, ob er das Amt des Gouverneurs von Antigua übernehmen wolle, was er und seine Frau jedoch als Beleidigung empfanden. Kurz darauf bot das Marineministerium ihm das Gouverneursamt von Van Diemen's Land (Tasmanien) an, das größer war als Antigua, mehr Einwohner hatte und eine weiße Bevölkerung, auch wenn es sich dabei hauptsächlich um Angehörige einer Strafkolonie handelte. Mit Zustimmung der jungen Lady Jane nahm Sir John das Amt an, und in den nächsten sechs Jahren machte er einen Fehler nach dem anderen. Die Politik der Insel erwies sich als zu kompliziert für den geradlinigen Offizier, der eher ein Mann der Tat war, und seine Frau wurde zu einer Zeit, als man von Frauen Damenhaftigkeit, Zurückhaltung und Fügsamkeit erwartete, von vielen als Wichtigtuerin betrachtet. Die Beschwerden häuften sich, so dass Sir John schließlich zurücktrat. Er klagte, er sei nur für den Dienst auf See geschaffen, und reiste nach Hause, um eine neue Aufgabe zu finden.

Im Jahre 1843 kam man im Marineministerium plötzlich wieder auf die Idee, die Nordwestpassage zu suchen. Nach Westen war die halbe Strecke inzwischen gut bekannt, und auch der Weg von der Beringstraße aus nach Norden und nach Osten an der Nordküste Amerikas entlang gab keine Rätsel mehr auf. Daher glaubte man, eine weitere Expedition brauche die Passage nur noch zu durchfahren, was wenig mehr als Routine sein konnte. Zu jener Zeit war John Barrow, der zweite Sekretär im Marineministerium und lange die treibende Kraft hinter den Unternehmungen in der Arktis, 82 Jahre alt und stand kurz vor dem Ruhestand. Diese Expedition sollte die Krönung seines Lebenswerkes werden. Man stellte eine Liste der Männer auf, die als Leiter in Frage kamen, und mit Hilfe von Fürsprechern gelang es Sir John, seinen Namen auf die Liste zu bringen, wenn auch an letzter Stelle. Favorit war natürlich James Clark Ross. Nachdem er mit den besten Leuten die Arktis erkundet hatte, hatte er auch viele Jahre lang erfolgreich in der Antarktis geforscht, doch er bat darum, dass man ihn nicht in Betracht ziehen möge. Auch andere wurden von der Liste gestrichen, entweder weil sie die Aufgabe nicht annehmen wollten, oder weil sie aus politischen Gründen, die meistens mit internen Vorgängen in der Marine zusammenhingen, nicht in Frage kamen. So geschah es, dass schließlich Sir John Franklin, der inzwischen 59 Jahre alt war, als Kandidat übrig blieb.

Lord Haddington, der Erste Seelord oder Marineminister, sprach sich offenbar gegen Franklin aus, denn er meinte, Franklin sei für diese Aufgabe zu alt, doch dieser überzeugte ihn, dass mit den Jahren auch Klugheit, Gelassenheit und ein nützlicher Erfahrungsschatz gewachsen seien. Und so verließ Franklin England am 19. Mai 1845 als Leiter einer Expedition, die aus zwei Schiffen – der *Erebus* und der *Terror* – und 128 Mann bestand. Die Anweisungen waren eindeutig, und die Schiffe waren mit fast übertriebener Vorsicht für einen dreijährigen Aufenthalt in der Arktis ausgerüstet worden. An Bord befanden sich unter anderem etwa 2 900 Bücher, viele wissenschaftliche Instrumente und Drehorgeln für Konzerte. Die Männer sollten sich in den langen arktischen Wintern nicht langweilen.

Im Juli stellten zwei Walfänger fest, dass die Expedition in der Baffinbucht angelangt war, wo sie an einem Eisberg festgemacht hatte und darauf wartete, dass der Wind sie weiter nach Norden brachte. Später kam man zu dem Schluss, dass die beiden Schiffe durch den Lancastersund gesegelt waren, die Insel Cornwallis umfahren und auf der Insel Beechey, vor der Südwestküste der Insel Devon, überwintert hatten. Im nächsten Sommer segelten die Schiffe zwischen den Inseln Somerset und Prince of Wales hindurch nach Süden und wurden bald vor der Nordwestküste der Insel King William vom Eis aufgehalten. Dort blieben sie den langen Winter 1846–47 hindurch. Als der Sommer kam, konnten sie sich immer noch nicht aus dem Eis befreien, und Franklin und mehrere andere starben, offenbar an Skorbut. Die übrigen Männer überwinterten ein drittes Mal, aber im April hatte das Packeis beide Schiffe zerquetscht. Den 105 überlebenden Expeditionsmitgliedern blieb nichts anderes übrig, als sich mit Schlitten auf den Weg zu machen und alles mitzunehmen, was sie auf dem langen Marsch über zugefrorenes Meer und vereistes Land zu brauchen meinten.

Man hörte nie wieder von ihnen. Auch die Wracks der beiden Schiffe wurden nie gefunden. Die Expedition verschwand in Nebel und Dunst, und erst nach Jahren entdeckte man durch puren Zufall einige Hinweise.

Als Lady Jane Anfang 1847 noch nichts von der Expedition gehört hatte, wandte sie sich besorgt ans Marineministerium. Man sagte ihr, sie solle sich nicht beunruhigen, und erinnerte sie daran, dass die Schiffe schließlich Vorräte für drei Jahre an Bord hatten. Doch Ende 1847 machte man sich auch im Marineministerium Sorgen und schickte zwei Schiffe aus, die bald im Packeis festsaßen und überwintern mussten. Sie kehrten zurück, ohne eine Spur von Franklins Schiffen oder seinen Leuten gefunden zu haben. Im nächsten Jahr wurden wieder zwei Schiffe ausgeschickt, mit dem gleichen Ergebnis. Insgesamt machten sich in den folgenden Jahren etwa 40 Expeditionen auf die Suche nach Franklin, doch ohne Erfolg. Die meisten wählten den Seeweg, zwei allerdings nahmen den Landweg. Finanziert wurden sie im Allgemeinen von der britischen Marine. Einige Suchexpeditionen schickten Drachen und Ballons in die Luft, andere feuerten Raketen ab. Manche legten da und dort Kohlelager an, und eine fing Füchse und hängte ihnen Schildchen mit Richtungshinweisen zu den Kohledepots um den Hals. Die meisten dieser Expeditionen

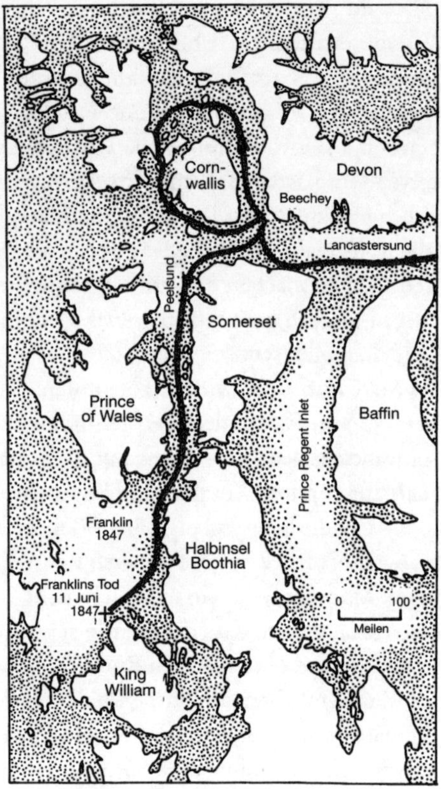

Franklins letzte Expedition, 1845–1847 (aus Berton 1988)

waren schon vor ihrem Aufbruch zum Scheitern verurteilt, weil das Marineministerium die Suche ganz auf Gebiete westlich und südlich des Lancastersundes konzentrierte, auf die Gegend um die Inseln Banks und Melville, wo gar nichts zu finden war. Zudem waren Franklins Schiffe längst gesunken und hatten auf Wasser und Eis nichts hinterlassen.

Franklins Verschwinden in Eis und Kälte beschäftigte die Engländer – und auch die Amerikaner – mehr als der Verlust aller anderen Forscher, die in der Arktis verschollen waren. Dafür gab es verschiedene Gründe. Natürlich stand das Ansehen der Briten auf dem Spiel. Es war eine Zeit, in der man fest an die Vorzüge und die Macht des wissenschaftlichen Fortschritts glaubte (Entdeckungen waren ein wichtiger Teil davon), und der Verlust von Franklins Expedition war vergleichbar mit dem Sinken der *Titanic* oder mit der Explosion des Raumschiffes *Challenger* im 20. Jahrhundert. Das Interesse der Amerikaner allerdings war fast ausschließlich auf Lady Janes Bemühungen zurückzuführen, die bald nach dem Unglück in die Vereinigten Staaten reiste. Sie hatte eine Audienz bei Präsident Zachary Taylor, der ihr versprach, dass ganz Amerika für die Rückkehr ihres Mannes beten würde. Diese Zusage fand Lady Jane überflüssig und nutzlos, und sie verlangte weitere Hilfe vom Präsidenten. Schließlich musste sie sein Büro verlassen, und später beschrieb er sie als unerträglich lästig. Lady Jane unternahm eine Vortragsreise und konnte Henry Grinnell, einen einflussreichen Reeder, für ihre Sache gewinnen. Er erwarb für 30000 Dollar zwei Schiffe und stellte sie der amerikanischen Regierung zur Verfügung, was diese wiederum so beschämte, dass sie die Besatzungen stellte und die Schiffe aussandte – ohne Erfolg. Insgesamt war es die größte Suche nach Verschollenen, die bis dahin und seither unternommen wurde, und während es bei keiner der Seereisen gelang, Hinweise auf Franklins Verschwinden zu entdecken, so fand man doch mehr über den unerforschten Kanadischen Archipel heraus als alle anderen Expeditionen zuvor. Neue Wasserstraßen, neue Inseln und neue Küsten wurden entdeckt, Landmassen wurden überquert und der Hohe Norden südlich und westlich der Parry-Inseln wurde von nun an auf Land- und Seekarten einigermaßen wirklichkeitsgetreu wiedergegeben.

Die Hälfte der Belohnung von 20000 Pfund, die das britische Marineministerium für die Durchfahrung der Nordwestpassage ausgesetzt hatte, wurde indessen Robert McClure und der Besatzung der *Investigator* zugesprochen, die 1850 durch die Beringstraße gefahren waren, zwei Mal auf der Insel Banks überwintert hatten und dann über Land an einen Punkt nur wenig westlich von der Stelle gelangt waren, wo Sir Edward Parry gelandet war. Viele hielten die Belohnung für ungerechtfertigt: Schließlich hatte McClure die Passage nicht im eigentlichen Sinne durchfahren. Aber nun wusste man, dass es tatsächlich eine Nordwestpassage gab – entweder vom Boothia-Golf aus (wenn er eisfrei war) durch die Bellotstraße oder zwischen den Inseln Somerset und Prince of Wales hindurch durch den Peelsund und dann im Süden an den Inseln King William, Victoria und Banks vorbei in die Beaufortsee. Andererseits war das britische Interesse an diesen Dingen im Jahr 1854 abgeflaut, zum Teil wegen des Debakels der Franklin-Expedition, aber auch, weil man erkannt hatte, dass die Durchfahrt nur wenig oder gar keinen wirtschaftlichen Wert haben würde. Außerdem starben inzwischen Engländer auf der Krim, und die Aufmerksamkeit der Nation war nach Süden gerichtet, wo Landsleute aus undurchsichtigen Gründen einen Krieg ausfochten.

1854 gab das Marineministerium nach etwa 40 Versuchen, bei denen man keine Überreste von der Franklin-Expedition gefunden hatte, schließlich auf und erklärte alle Männer für tot. Vier Monate später tauchten die ersten Anhaltspunkte auf. John Rae, Arzt, Entdecker und Angestellter der Hudson Bay Company, war 1853 von seinen Arbeitgebern gebeten worden, die Vermessung von einem Stück der kanadischen Nordküste abzuschließen. Insbesondere sollte er die Frage klären, ob Boothia eine Halbinsel war, wie man annahm, oder eine Insel, und ob King William tatsächlich eine Insel war. Rae war mit den Reise- und Überlebenstechniken in der Arktis vertraut, das heißt, er kannte die Lebensweise der Inuit und anderer Einheimischer, die diese nördlichen Regionen durchstreiften. Von der Repulsebucht an der Nordostküste der Insel Foxe zog er auf dem Landweg bis zur Pellybucht im Boothia-Golf. Dort traf er im Jahr 1854 einige Inuit, mit denen er sprach und Handel trieb.

Von diesen Einheimischen erfuhr Rae, dass andere Inuit vier Jahre zuvor 40 Weiße gesehen hatten, die über das Eis von King William südwärts gezogen waren und ein Boot und Schlitten bei sich gehabt hatten. Keiner von ihnen hatte die Sprache der Inuit gesprochen, aber sie hatten mit Zeichensprache zu verstehen gegeben, dass das Eis ihre Schiffe zermalmt hatte und dass sie auf dem Weg nach Süden waren, um jagdbares Wild zu suchen. Die abgemagerten Männer hatten keine Vorräte mehr und kauften Robbenfleisch von den Inuit. Ihr Leiter, so berichtete man Rae, war ein großer, kräftiger Mann gewesen. Am Abend hatten die Weißen Zelte aufgestellt, und die Inuit hatten sich wieder auf den Weg gemacht.

Es war durchaus nicht ungewöhnlich, dass Inuit, wenn sie verirrte, halb verhungerte Weiße fanden, ihnen zu essen ga-

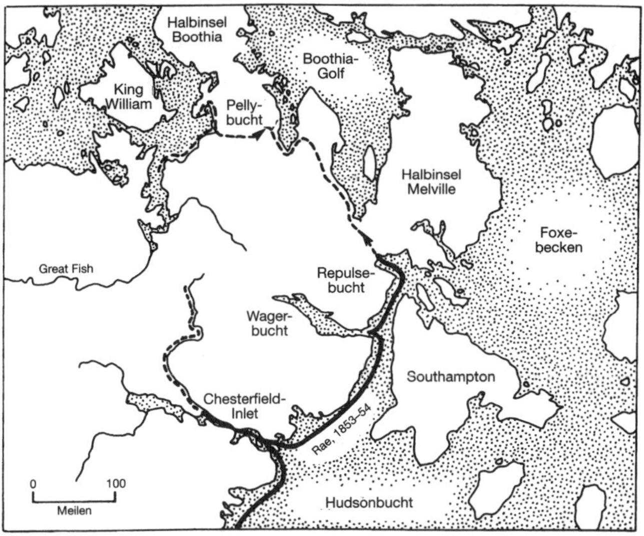

See- und Landreisen des John Rae, 1853–1854 (aus Berton 1988)

ben und weiterhalfen. Aber 40 hungernde Männer hätten die Einheimischen nicht versorgen können, ohne dabei selbst in Not zu geraten. Auch wenn die Arktis riesig ist und insgesamt viel Wild beherbergt, sind diese Tiere jedoch, wie schon erwähnt, meistens sehr spärlich verteilt, und ein einzelnes Gebiet kann nicht viele Menschen ernähren. Die britische Marine hätte wissen können, dass Sir John Ross nach seiner gescheiterten Unternehmung mit den relativ wenigen Männern nur zurückkehren konnte, weil die Inuit ihm halfen. Das Marineministerium beachtete diese Lehre in Franklins Fall nicht – eins der nahezu zahllosen Beispiele für schlechte Planung, die für diese größte Tragödie in der Arktis verantwortlich waren. (Abenteuer sind laut Aussagen der meisten Fachleute das Letzte, was ein professioneller Entdecker erleben möchte, aber eine Expedition, die völlig reibungslos abläuft, ist einfach nicht besonders spannend. Auf Franklin und sein Scheitern wurden in populären Darstellungen der Polarforschung wesentlich mehr Worte verwendet als auf andere, erfolgreiche Expeditionen, und in der heutigen Zeit erinnert man sich natürlich an die beinahe fehlgeschlagene Mission der *Apollo 13* viel besser als an den reibungslosen Flug der *Apollo 14*, der darauf folgte.)

Rae schrieb in seinem Bericht, die Inuit seien später in jenem Jahr, aber noch bevor das Eis aufbrach, auf die Leichen von etwa dreißig Menschen und auf einige Gräber gestoßen und hätten dann auf einer Insel noch weitere fünf Leichen gefunden. »Einige der Toten lagen in einem Zelt oder in Zelten, und manche lagen verstreut herum. [...] An den Verstümmelungen vieler Leichen und am Inhalt der Kessel war zu erkennen, dass unsere unglückseligen Landsleute notgedrungen zur letzten, gefürchteten Möglichkeit hatten greifen müssen, um ihr Leben zu erhalten.«

Weiter erklärte Rae, es müsse »eine Reihe von Teleskopen, Gewehren (davon mehrere doppelläufig), Uhren, Kompassen etc. gegeben haben, die alle zerbrochen zu sein schienen, denn ich sah Stücke von drei verschiedenen Gegenständen bei den Eingeborenen; und ich kaufte so viele wie möglich, zusammen mit einigen silbernen Löffeln und Gabeln, einem Verdienstorden in Form eines Sterns und einem kleinen Silberteller mit der Gravur ›Sir John Franklin, K. C. H.‹.«

Rae brachte diese Neuigkeiten noch im gleichen Jahr mit nach England und bekam die Belohnung von 10 000 Pfund, die das Parlament für Nachrichten von Franklins verschollener Expedition ausgesetzt hatte. Nach diesen Informationen sah das Marineministerium keinen Grund mehr, die Suche wieder aufzunehmen. Doch Jane Franklin gab sich damit nicht zufrieden. Schließlich stammten Raes Informationen aus zweiter Hand, vom Hörensagen, und die wenigen Gegenstände, die er mitgebracht hatte, hatten die Inuit möglicherweise im Tauschhandel von Expeditionsmitgliedern erworben. Rae hatte den Ort, wo die Leichen angeblich lagen, selbst nicht besucht.

Mit ihrem restlichen Vermögen und mit Hilfe von Spenden rüstete Lady Jane eine letzte Expedition aus (sie hatte bereits mehrere finanziert). Jetzt war bekannt, wo die Suche sinnvoll war: auf der Insel King William. Im gleichen Jahr (1853), in dem Rae aufgebrochen war, um die kanadische Küste zu vermessen, war auch ein britischer Marineoffizier namens Leopold McClintock mit Schlitten auf die Suche nach Überresten von Franklins Expedition gegangen. Er hatte in 105 Tagen 2 140 Kilometer zurückgelegt, ein Rekord für solche Wanderungen. McClintock war für seine Zeit insofern ein ungewöhnlicher Marineoffizier, als er die Lebensweise der Inuit kannte und sie nötigenfalls auch nachahmte, wenn er sich in der Arktis befand. Dieses Verhalten hatte er von James Clark Ross gelernt, unter dem er als zweiter Offizier gedient hatte. Die Admiralität übergab McClintock nun das Kommando über die *Fox*, das Schiff, das diesen letzten Versuch machen sollte, den Umständen auf den Grund zu gehen, unter denen ihr Mann und seine Gefährten ums Leben gekommen waren. 1857 brach McClintock auf. In Grönland besorgte er sich Hunde und einen einheimischen Gespannführer, aber Mitte August hinderte ihn das Eis in der Mellvillebucht an der Weiterfahrt. Er musste zwei Mal überwintern, bevor er mit drei Schlitten auf King William landen konnte. Dort fand er mit seinen Leuten einen von Menschenhand aufgetürmten Steinhaufen mit einer Nachricht von Franklins Expedition, die besagte, dass alles in Ordnung sei, und dann einen zweiten Steinhaufen mit einer Botschaft, die von Franklins Tod und dem Verlassen der Schiffe berichtete.

An der Südküste der Insel King William fand McClintock einen Schlitten mit einem Boot darauf. Das Gesamtgewicht dieses Gefährts betrug etwa 1 400 Pfund, »eine schwere Last für sieben gesunde Männer«. Er und seine Leute waren über den Inhalt des Bootes erstaunt: »Überreste zweier menschlicher Skelette, […] fünf Armbanduhren, […] ferner in dem Boote zwei Doppelgewehre angelehnt, an jedem ein Rohr geladen und den Hahn gespannt.« Außerdem entdeckten sie ein halbes Dutzend Bücher, »alles Bibeln oder religiöse Bücher, abgesehen von *Der Vikar von Wakefield*«, zusammen mit sieben oder acht Paar Stiefeln, seidenen Taschentüchern, Handtüchern und Seife, Zahnbürsten, Kämmen und einer Gewehrtasche. »Außer diesen Gegenständen fanden wir Zwirn, Nägel, Sägen, Feilen, Bürsten, […] Pulver, Kugeln, Schrot, Patronen, Pfropfen, lederne Patronenhülsen, Messer, […] Kästchen mit Nadel und Faden, Lunte, mehrere Bajonettscheiden, die zu Messerscheiden zurechtgeschnitten waren, zwei Rollen Tafelblei, und, kurz, eine Menge von allen möglichen Gegenständen, deren Vielfalt wahrhaft erstaunlich war und die moderne Schlittenreisende in diesen Regionen größtenteils als reine Ansammlung von überflüssigem Gewicht und als wenig nützlich betrachten würden, da sie höchstwahrscheinlich den Männern vor dem Schlitten die Kraft rauben würden.«

Weiter nördlich, etwa drei Tagesmärsche von der Stelle entfernt, wo die Expedition die Schiffe aufgegeben hatte, fanden Rae und seine Leute einen weiteren Steinhaufen und einen Berg von Gegenständen, die offenbar doch zu schwer geworden waren. Die Schiffbrüchigen hatten vier Herde zurückgelassen, Schaufeln und Spitzhacken, altes Segeltuch, einen kupfernen Blitzableiter, Gardinenstangen, 24 Phiolen mit Medizin, Stabmagneten, einen kleinen Sextanten, in den der Name Frederic Hornsby eingraviert war, und einen mehr als einen Meter hohen Stapel warmer Seemannskleidung.

Man kann nur vermuten, dass ein gewisser Wahnsinn sich der Überlebenden bemächtigt und sie veranlasst hatte, brauchbares Material liegen zu lassen und nutzloses Gewicht weiter mitzuschleppen. Es war nicht der erste Fall von geistiger Umnachtung und sollte auch nicht der letzte sein: Der Hohe Norden hat viele Formen des Wahnsinns hervorgebracht.

6 Offene Meere und verschlossene Gemüter

Die Träume der Menschheit wandeln sich. Alte, abgedroschene Themen und unerreichbare Ziele werden von neuen Unternehmungen abgelöst, von neuen Besessenheiten oder, wie wir sie oft lieber nennen, neuen Herausforderungen. Töricht oder nicht, für die britische Admiralität fand die Suche nach der Nordwestpassage mit dem Verlust von Franklins Expedition ein Ende. Die Amerikaner, für die der Seeweg nach Cathay sehr günstig in Seattle oder in San Francisco begann, hatte diese Durchfahrt sowieso nie recht interessiert. Und bevor das 20. Jahrhundert aus den Kinderschuhen war, wurde die Passage, nach der spanische Eroberer, französische Seefahrer, britische Kommissionäre und andere Fantasten so lange gesucht hatten – der mühelose, direkte Weg durch die westliche Hemisphäre in den Orient –, gewaltsam durch den Isthmus von Panama getrieben. Man hielt es nicht mehr für nötig, sich den geographischen Gegebenheiten unterzuordnen. Einmal war sogar die Rede davon, durch nukleare Sprengungen einen neuen, verbesserten Panamakanal aus dem Land herauszumeißeln. Eine Weile vor dem Zusammenbruch der Sowjetunion wurde viel darüber gesprochen, die Richtung einiger Flüsse umzukehren und sie von Norden nach Süden, also vom Nordpolarmeer ins Landesinnere hinein, strömen zu lassen. Glücklicherweise wachen die Verantwortlichen manchmal auf, bevor ihre Träume Wirklichkeit werden.

Der neue Traum, der nach Franklin die arktisinteressierten Männer erfüllte, hatte zwei Aspekte: Erstens wollte man den Pol erreichen und das zweitens über das offene Nordpolarmeer, von dessen Existenz man immer noch überzeugt war. Die Regierungen in Europa und Amerika hielten es jedoch nicht für gerechtfertigt, die dafür nötigen Geldmittel aus ihren Haushalten aufzubringen, und so blieb die Finanzierung dieses neuen Traumes Privatleuten überlassen. Es waren meistens Amerikaner, die vor allem von den neuen, regierungsunabhängigen wissenschaftlichen Institutionen ermutigt und angefeuert wurden. Die Saat zu diesen wissenschaftlichen Organisationen wurde etwa zu der Zeit gelegt, als Franklins Expedition verschwand, mit der Gründung der *Smithsonian Institution* in Washington, D. C., im Jahre 1846. Direktor war Joseph Henry, ein bekannter Physiker. Schon bald waren die Naturwissenschaften in Amerika weniger Sache von Einzelgängern oder zufällig entstandenen Arbeitsgruppen, als vielmehr Angelegenheit der wissenschaftlichen Gesellschaften, die sich der Förderung genau umrissener Wissensgebiete widmeten. Die ersten Forschungszentren entstanden, wobei Boston, New York, Philadelphia und Washington, D. C., von besonderer Bedeutung waren.

Viele angesehene amerikanische Wissenschaftler – und die meisten Arktisforscher – hielten unbeirrbar daran fest, dass es das offene Nordpolarmeer tatsächlich gab, auch wenn bisher niemand weit genug nach Norden vorgedrungen war, um es zu sehen. Heute wissen wir natürlich, dass es ein solches Meer nicht gibt. Wie kam es, dass diese Vorstellung sich in einer Epoche, die stärker als alle vorherigen wissenschaftlich orientiert war, halten konnte? Es hat viel mit dem Wesen der Naturwissenschaft selbst und mit ihrem damaligen Stand zu tun. Um die Wende zum dritten Jahrtausend, in einer Welt, wo die technologischen Früchte der Wissenschaft praktisch überall zu finden sind – wo Kommunikation, Gesundheitswesen, Verkehr, Landwirtschaft und so gut wie alle anderen Aspekte des täglichen Lebens dank der atemberaubend zahlreichen Erkenntnisse der Wissenschaften vorangetrieben werden –, ist es schwer, sich vorzustellen, wie wenig wissenschaftlich das Weltbild war, das um die Mitte des 19. Jahrhunderts herrschte.

Um einen Eindruck davon zu geben, soll hier eine kurze Liste von Dingen folgen, von denen vor etwa 150 Jahren niemand wusste, von denen niemand etwas ahnte und die auch niemand je gesehen hatte: das Prinzip der Speicherung von Energie, Akkumulatoren, Ölquellen, Anthropologie, die Theorie von den Krankheitserregern, die Messung der Lichtgeschwindigkeit, der Zusammenhang zwischen Elektrizität und Magnetismus, Dynamit, der Cro-Magnon-Mensch, der Revolver, das Periodensystem der Elemente, genaue Lotungen auf See, die Schreibmaschine, das Telefon, das Grammophon, das elektrische Licht, die Psychoanalyse, die Filmkamera, der Impfstoff gegen Tollwut und die Radioaktivität. Und im Jahre 1850 war kein Europäer weiter nach Norden gelangt als bis auf etwa 80° nördlicher Breite, also bis ungefähr 1 100 Kilometer an den Nordpol heran.

Das heißt natürlich, dass es damals auch keine definitiven Daten über die Gegend um den Nordpol herum gab. Definitive Daten sind Informationen, die einen Gegenstand wissenschaftlicher Forschung aus dem Bereich der Spekulation auf eine Stufe heben, auf der man eine sinnvolle Hypothese überprüfen kann. Zum Beispiel wissen wir heute, dass das Kohlendioxid in der Atmosphäre in den vergangenen dreißig Jahren (1958 bis 1998) um 11 Prozent angestiegen ist. Die Annahme lautet, dass eine hohe Zunahme (und 11 Prozent ist wirklich viel) dieses und anderer Treibhausgase wie in einem Gewächshaus eine höhere Temperatur der Landmassen und Ozeane der Erde bewirken wird. Aber mit absoluter Sicherheit wissen wir nur, dass das Kohlendioxid um 11 Prozent gestiegen ist; viele Wissenschaftler haben die Ansicht geäußert, dass wir uns heute mitten in einem globalen geophysischen Experiment befinden, wie Erde und Menschheit es noch nie erlebt haben. Wir besitzen erstaunlich ausgeklügelte Computermodelle von unserem Klima, in die wir eine ganze Reihe von Variablen einfügen und so die Zukunft simulieren können, und dabei erhalten wir ganz verschiedene Modelle der Zukunft, über die wir nachdenken können. Aber ohne weitere Daten, definitive Daten, wissen wir einfach nicht, ob eines dieser Modelle der Wirklichkeit entspricht.

Mitte des 19. Jahrhunderts besagten die einzigen definitiven Daten über das Polarmeer, die zur Verfügung standen, dass man nördlich des nördlichen Polarkreises auf Eis stieß. So konnte man, je nachdem, welche Annahmen man über diese einfache Tatsache hinaus machen wollte, das Nordpolarmeer als fest oder flüssig ansehen und Hypothesen über die Existenz oder das Fehlen von Landmassen dort oben aufstellen. Derartige Folgerungen und Hypothesen können durchaus logisch und vernünftig von den zum entsprechenden Zeitpunkt bekannten Fakten abgeleitet sein, aber selbst der logischste Gedankengang kann vollkommen in die Irre führen, wenn man mit einer falschen Annahme beginnt.

In den Naturwissenschaften, vor allem in der Physik und der Chemie, ist es recht einfach, solche Dinge zu entscheiden. Normalerweise kann man Experimente dazu machen, die eine Hypothese entweder verifizieren oder falsifizieren. Andere Wissenschaftler können diese Experimente nachvollziehen und sehen, ob sie die gleichen Ergebnisse bekommen. Wenn man jedoch über komplexe Gebiete, wie die Erde, die Biologie oder das menschliche Verhalten, forscht, kann man diese naturwissenschaftliche Methode nicht unbedingt anwenden. Man kann die Variablen nicht alle kontrollieren, und in vielen Fällen sind Experimente weder durchführbar noch wiederholbar. Zu diesen Gebieten gehörten im 19. Jahrhundert eine Reihe von datenarmen, jungen Wissenschaften wie die Meereskunde, und sie boten viel Raum für Spekulationen. Je größer aber der Raum für Spekulationen ist, desto größer ist normalerweise auch die Bestimmtheit, mit der man die eigene Position gegen alle Angriffe verteidigt. Diese Tendenz ist in der Wissenschaft nicht so extrem wie etwa in der Religion, aber sie ist ein Zug der menschlichen Natur, der beinahe jedem Wissenschaftler zu eigen ist. In Streitfällen siegt dann in der Wissenschaftsgeschichte in der Regel die Meinung des bekanntesten Mannes auf dem entsprechenden Gebiet – zumindest so lange, bis neue Informationen, definitive Daten, erhältlich sind, die seine Position unhaltbar machen. Das war auch Mitte des 19. Jahrhunderts der Fall, als es um die Frage nach der Natur des nördlichen Eismeeres ging.

So wie Mercator der herausragende Kartograf des 16. Jahrhunderts war, stand im 19. Jahrhundert ein Deutscher namens August Petermann an der Spitze der Kartografen seiner Zeit. Acht Jahre lang, von 1847 bis 1854, diente er der Königin von England als Physiogeograph, und 1874 benannte der Brite Ernest Giles, der Australien erkundete, ein Gebirge nach ihm. 1854 kehrte Petermann nach Deutschland zurück und begann, eine Reihe von jährlich erscheinenden, vorzüglich illustrierten Bänden herauszugeben. *Petermanns geographische Mitteilungen* stellten die jüngsten geographischen Erkenntnisse aus der ganzen Welt zusammen. Unter diesem Titel existiert die geographische Zeitschrift heute noch.

1852, als man von England aus weiter nach den Überresten von Franklins Expedition suchte, äußerte Petermann sich zu diesem Thema. »Es ist eine wohl bekannte Tatsache«, schrieb er, »dass es im Norden der sibirischen Küste und in relativ kurzer Entfernung davon ein Meer gibt, das zu jeder Jahreszeit offen ist; ohne Zweifel existiert ein ähnlich offenes Meer auch auf der amerikanischen Seite; [...] es ist sehr wahrscheinlich, dass diese beiden offenen Meere ein großes, schiffbares Nordpolarmeer bilden.« So lange die Suchexpeditionen nicht in dieses riesige Becken hineingelangten, fuhr er fort, bestehe keine Hoffnung, eine Spur von Franklins Expedition zu finden. Lassen wir für einen Augenblick die rhetorischen Mittel, mit denen Petermann Ungläubige mundtot zu machen suchte, beiseite – »eine wohl bekannte Tatsache«, »ohne Zweifel«. Außerdem hatte Petermann eine Antwort auf die nahe liegende Frage, wo die Wärme denn herkommen solle, die das Polarmeer eisfrei hielt: Der Golfstrom heize das Wasser auf, meinte er.

Eine große arktische Strömung, behauptete Petermann, die Treibeis von den Küsten Sibiriens bringe, lasse im Sommer nach, und der Golfstrom, der im Frühjahr und im Sommer vom Eis eingedämmt werde, könne dann bis an die sibirische Küste vordringen, das Treibeis mitnehmen und den Weg für die Schifffahrt freimachen. Im Grunde ist das tatsächlich richtig, nur die Annahme, dass der Golfstrom ausreichend Wärme mit sich führe, um das Polarmeer eisfrei zu halten, ist falsch.

Weiterhin war Petermann der Ansicht, es gäbe zwei »Kältepole« (die keinen Zusammenhang mit dem Nordpol hätten), die sich im Laufe des Jahres bewegten und in gewisser Weise einen Ring oder Gürtel aus Eis um das wärmere Nordpolarmeer nördlich davon bildeten. Natürlich gab es keine Daten, die diese Vermutung gestützt hätten. In einer Karte von 1869 leistete Petermann hervorragende Arbeit, als er die Einzelheiten der Gebiete südlich des Polarkreises aufzeichnete. Doch nördlich davon schlichen sich Fehler ein – zum Beispiel verlängerte er Grönland nach Norden über die Arktis hinweg bis an die sibirische Küste, über die damals bekannten Grenzen der Insel hinaus. Kaum jemandem fiel damals auf, dass Petermann hier die alte spanische Kartografenregel – keine Linie in einer Karte einzuzeichnen, so lange man nicht weiß, wie es an der Stelle wirklich aussieht – verletzt hatte.

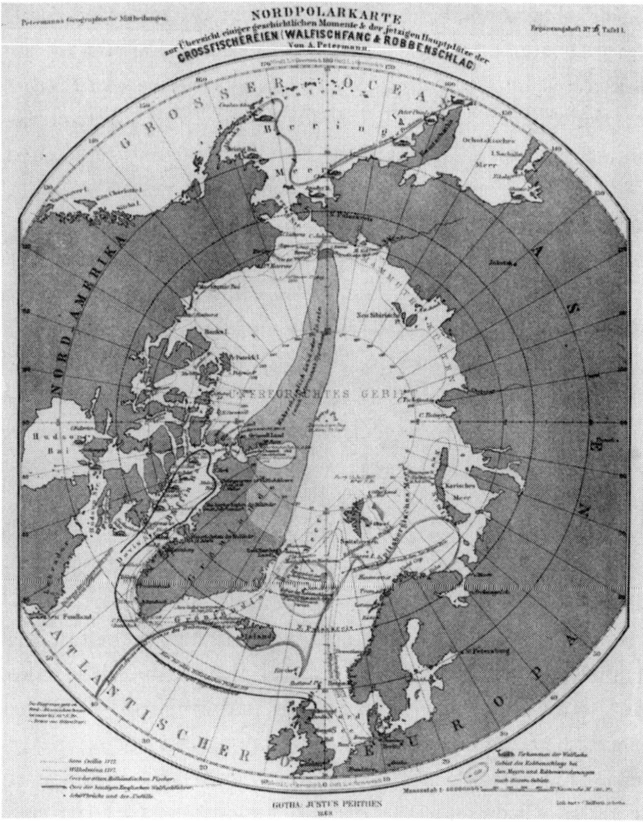

Karte vom Nordpol (Petermann 1869)

Ein weiterer bedeutender Befürworter der Idee eines eisfreien Nordpolarmeeres war ein Mann, den man als den Vater der Meereskunde bezeichnen könnte, ein amerikanischer Marineoffizier aus Virginia, dessen Leben manchmal so abenteuerlich war wie das eines Entdeckers. Es war Matthew Fontaine Maury, der als Seeoffiziersanwärter die Welt umsegelte, 1836 zum Kapitänleutnant befördert und drei Jahre später bei einem Postkutschenunfall gelähmt wurde. Da er nun für den aktiven Dienst nicht mehr tauglich war, vertraute man ihm das *U.S. Navy's Depot of Charts and Instruments* an, aus dem sich schließlich das *U.S. Naval Observatory and Hydrographic Office* entwickelte. Maury wies amerikanische Kapitäne an, auf See bestimmte Aufzeichnungen zu machen. Daraus stellte er Karten zusammen, auf denen Winde und Strömungen verzeichnet sind, so dass die Zeiten für verschiedene Seereisen verkürzt werden konnten. Mit Hilfe von Informationen aus der ganzen Welt fertigte Maury schließlich Wind- und Strömungskarten von Atlantik, Pazifik und Indischem Ozean an. Für den Atlantik verfertigte er ein Profil des Meeresbodens und zeigte, dass die Verlegung eines transatlantischen Telegrafenkabels möglich sei. 1855 veröffentlichte er mit *Die physische Geographie des Meeres* (in Deutschland 1911 erschienen) das erste moderne meereskundliche Werk.

Als der amerikanische Bürgerkrieg ausbrach, reiste Maury nach Hause und schloss sich der Marine der Konföderierten an. Er war der Leiter der Küsten- und Flussverteidigung und arbeitete an der Erfindung eines elektrischen Torpedos. Anschließend schickte man ihn als Spezialagenten nach Mexiko, und nach dem Krieg blieb er dort und arbeitete für Kaiser Maximilian als Einwanderungskommissar. Er hoffte, in Mexiko eine Kolonie der Konföderierten Staaten gründen zu können. Als dieser Plan sich jedoch nicht verwirklichen ließ, kehrte Maury als Professor der Meteorologie an das *Virginia Military Institute* zurück. Er war, kurz gesagt, ein Mann der Tat und ein Mann der Wissenschaft, und vor allem auf dem Gebiet der Meereskunde genoss er großen Respekt.

Maurys These über das offene Nordpolarmeer war zum Teil von Beobachtungen der Windrichtungen abgeleitet, die nahe legten, dass der Luftdruck zum Pol hin niedriger werde. Maury sah darin den Beweis für die Freisetzung latenter Wärme und meinte, diese Wärme müsse vom Golfstrom erzeugt werden. Maury war von seiner These so überzeugt, dass er das siebte Kapitel seines Meisterwerkes über die Meere »Das offene Meer im Nordpolarmeer« nannte und zu Beginn berichtete, Harpunen von Walfangschiffen in der Baffinbucht seien in Walen in der Beringstraße gefunden worden. Als sorgfältiger Beobachter räumte Maury ein, dass das noch kein Beweis für das Vorhandensein eines offenen Meeres dort sei, sondern nur das Vorhandensein, oder zumindest das gelegentliche Vorhandensein, eines Kanales bestätige, durch den die Wale geschwommen waren. Maury stützte seine Theorie, wie Petermann auch, auf das Argument, dass der Golfstrom das Nordpolarmeer erwärme, denn ihm war aufgefallen, dass eine relativ warme Unterströmung vom Atlantik durch die Davisstraße fließt. Es müsse einen Ort geben, schrieb Maury, wo die Unterströmung nicht weiter nach Norden fließe, sondern als Oberflächenströmung nach Süden abdrehe und dabei große Mengen an Salz mit sich nehme. Eine solche Strömung gibt es tatsächlich – den Norwegenstrom. Er hält die norwegische Küste eisfrei, ist aber nicht warm genug, um das gesamte Nordpolarmeer aufzutauen.

Maury schilderte auch die damaligen Erkenntnisse über die Wanderungen von Vögeln und Säugetieren in der Arktis, und er postulierte, dass es irgendwo in diesem unwirtlichen Meer eine wärmere Klimazone geben müsse, weil die Tiere zu verschiedenen Jahreszeiten nach Norden zogen. Mit ihren unfehlbaren Instinkten seien sie dabei offenbar auf der Suche nach milderen Gegenden, und nur ein großes offenes Meer könne so hoch im Norden für milderes Wetter sorgen. Heute wissen wir, dass die Tiere ihre Wanderungen nicht bis ins Packeis der Arktis ausdehnen. Damals aber bewies man, indem man aus unzulänglichen Daten logische Schlussfolgerungen ableitete, die Existenz eines offenen Nordpolarmeeres.

Diese Argumentationsweise hielt sich noch mehrere Jahrzehnte, nachdem man die Suche nach Franklins Expedition aufgegeben hatte, doch natürlich fand sie nicht nur Zustimmung. Andere Forscher führten gleichermaßen logische Gedankengänge an, die aber auf der Annahme beruhten, es gebe kein offenes Nordpolarmeer und das Klima werde zum Nordpol hin immer kälter. Auch sie besaßen keine definitiven Daten. Keiner der beiden Standpunkte war, das sollte man festhalten, abwegig.

Zu den Anhängern der Theorie vom offenen Nordpolarmeer gehörte auch Elisha Kent Kane, ein bemerkenswerter Mann, der als erster Amerikaner versuchte, den Nordpol zu erreichen. Kane wurde 1820 geboren, und als er im Alter von nur 37 Jahren starb, war er eine der ersten gefeierten Persönlichkeiten in einer Nation, die den Rummel um Berühmtheiten schließlich zu einem Geschäft machen sollte. Anders jedoch als die Mehrzahl der heutigen Stars, die aus dem Nichts aufgebaut werden, war Kane verdientermaßen berühmt, und wenn auch nur aus dem Grund, dass er in seinem kurzen Leben mehr leistete, als die meisten anderen Menschen sich je erträumen.

Weil Kane schon in jungen Jahren von rheumatischem Fieber befallen wurde, sagte man ihm vorher, dass er nicht lange leben werde. Er reagierte darauf mit der bewussten Entscheidung, sein Leben bis zum Letzten auszukosten. Kane absolvierte ein Medizinstudium und wurde Schiffsarzt. Er war noch nicht dreißig, als er schon einen Vulkan auf den Philippinen erkundet und per Schiff alle möglichen fremden Länder besucht hatte, von Brasilien bis Borneo, von Nubien bis China, von Griechenland bis zu den Westindischen Inseln und bis nach Persien. Im Laufe dieser Seereisen bekam er noch verschiedene andere Krankheiten, darunter Tetanus und die Beulenpest. Während des Krieges der USA gegen Mexiko beauftragte Präsident Polk ihn, General Winfield Scott in Mexico City eine Nachricht zu überbringen. Bei dieser Aufgabe traf Kane auf mexikanische Guerillas, und einer von ihnen verwundete ihn mit einem Speer. 1850 hatte Kane sich auf einer profanen, bequemen Arbeitsstelle beim Küstenvermessungsamt in Mobile, Alabama, eingerichtet.

In diesem Jahr verfolgte ein großer Teil der englischsprachigen Welt gespannt die Suche nach Überresten der Franklin-Expedition, und Henry Grinnell kaufte auf Bitten Lady Janes zwei Schiffe dafür und bot sie der Regierung der Vereinigten Staaten an. Damit fand die Suchexpedition unter der Schirmherrschaft der amerikanischen Marine statt, und als Elisha Kane davon hörte, schrieb er an die Marine und bewarb sich für die Expedition. Man wählte ihn als Wundarzt für eines der beiden Schiffe aus. Noch im gleichen Jahr fuhr die Expedition unter ihrem Leiter Edwin De Haven, einem Marineleutnant, in den Lancastersund hinein und trieb dann mit dem Eis in die Baffinbucht hinaus. Im nächsten Jahr wurde der Versuch, nordwärts zu segeln, wieder zunichte gemacht, und im September 1851 kehrten die Schiffe nach New York zurück. Diese unbedeutende Seereise, eine von über 40 fehlgeschlagenen Suchexpeditionen, wäre längst in Vergessenheit geraten, hätte sie nicht eine so nachhaltige Wirkung auf den jungen Schiffsarzt gehabt.

Elisha Kane hatte sich wieder infiziert, diesmal mit dem Arktisfieber. Er verfasste ein Buch über die Expedition, einen gut geschriebenen Bericht, der sich hervorragend verkaufte. Nach der Rückkehr der Expedition hielt er zwei Jahre lang Vorträge und sammelte Gelder für eine zweite Arktisreise. In dieser Zeit hörte er von einem Kapitän der britischen Marine, der 1852 in den Smithsund gesegelt war und berichtet hatte, er habe keine Probleme mit Eis gehabt und hätte sogar noch weiter nach Norden segeln können, wenn ihm nicht die Zeit knapp geworden wäre. Hier, so folgerte Kane, musste sich also der Seeweg durch den Eisgürtel befinden, der das offene Polarmeer umgab. Und wenn er auf der Suche nach Franklin in den Smithsund hineinsegelte, konnte er sich auch gleich noch die Zeit nehmen, als erster Mensch den Nordpol zu erreichen. Er informierte seine Geldgeber, dass man, da man Franklin westlich der Baffinbucht nicht gefunden habe, nun im Norden dieser Bucht weitersuchen müsse. Seinen Plan, einen Abstecher zum Nordpol zu machen, behielt er jedoch für sich.

Kane überredete Henry Grinnell, ihm die *Advance*, De Havens Brigg, zur Verfügung zu stellen, und die Marine überließ ihm zehn Leute. Die erst kurz zuvor gegründete *American Geographic Society*, deren erster Vorsitzender Henry Grinnell war, unterstützte das Vorhaben, obwohl Kane als Expeditionsleiter überhaupt keine Erfahrung hatte. Die *Advance* war eine 140-Tonnen-Brigg, also ein voll getakelter Zweimaster, die ursprünglich als Eisenerzfrachter gedacht gewesen war. Für den Einsatz zwischen den arktischen Eisschollen, die weniger stabile Schiffe wie Fliegen zerdrücken konnten, hatte man sie noch einmal verstärkt. Henry Grinnells Sohn Cornelius wurde mit der Ausrüstung des Schiffes betraut, weil Kane sich gerade von einem Anfall seines rheumatischen Fiebers erholte. Da zusätzlich zu den zehn Marinematrosen noch siebzehn weitere Männer gebraucht wurden und sich nicht genug Freiwillige fanden, suchte Cornelius das Hafengebiet ab und heuerte unter anderen zwei zwielichtige Kerle namens William Godfrey und John Blake an sowie den Kapitän John Wilson, der allerdings keine Arktiserfahrung hatte. Außerdem stattete Cornelius die Expedition mit Lebensmitteln für etwa ein Jahr aus, nicht aber für zwei Winter.

Kane erwies sich als tapferer und unbeirrbarer Entdecker. Mehrmals war er dem Tode nahe, weil er Skorbut und andere Krankheiten bekam, von Kälte und Hunger ganz zu schweigen, aber er schaffte es immer wieder, zu genesen und seinen Weg fortzusetzen. Kanes Unerschrockenheit ist aus einem Tagebucheintrag vom 15. Dezember zu ersehen:

> Vom 15. an schwand der letzte Schimmer des südlichen Zwielichtes. Man kann nun nichts Gedrucktes mehr lesen, denn man sieht kaum das Papier; eine Handbreit vor dem Auge kann man die Finger nicht zählen. Mittag und Mitternacht sind gleich, und ohne einen schwachen Schimmer, der die Umrisse der südlich gelegenen Hügel erkennen lässt, hätten wir kein Zeichen, dass diese arktische Welt eine Sonne hat. In der Finsternis und gezwungenen Untätigkeit war es fast unmöglich, etwas zu finden, das den Geist beschäftigen, ihm Spannkraft geben konnte, um drohenden Krankheiten zu widerstehen.

Kane war kein Seemann – er war chronisch seekrank und damit immer geschwächt, wenn das Schiff unterwegs war. Und lange nachdem sein Reisetagebuch veröffentlicht worden war und seine Stellung als amerikanischer Held gefestigt hatte, stellte sich heraus, dass er auch als Leiter nicht sehr tüchtig war. In der Tat scheint er etwas von einem Snob gehabt zu haben und während eines großen Teils der Reise eine patrizierhafte Haltung eingenommen zu haben. Dieses Verhalten machte ihn bei seinen Männern nicht gerade beliebt, genauso wenig wie die Bevorzugung von William Morton, dem persönlichen Diener, den er mitgebracht hatte. Doch fairerweise muss man sagen, dass Morton großes Durchhaltevermögen besaß und in Notlagen, deren es viele geben sollte, wertvoll war.

Die Expedition verließ New York am 30. Mai 1853 und segelte langsam in die Baffinbucht und dann nach Norden in das Becken, das heute Kanes Namen trägt. Die Schiffe stießen auf gefährliche Eisschollen und gewaltige Eisberge, während das Wetter immer schlechter wurde. Kane schrieb am 20. August 1853 vom Albtraum der drückenden Eisschollen, vom Heulen der Stürme und von den brechenden Anker-

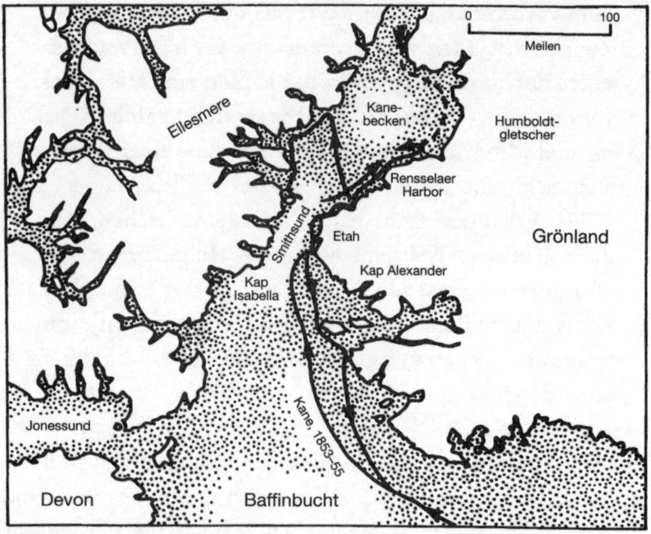

Geographie des von Elisha Kent Kane erforschten Gebietes (aus Berton 1988)

trossen des Schiffes, das zum Schutz an einem Eisberg festgemacht hatte:

> Eine halbe Minute später kam ein zweiter Knall – es war wieder ein Tau geplatzt –, aber unser schönes zehnzölliges Manilahanftau hielt noch. Wir hörten seine tiefen Äolstöne durch alles Gerassel und Wehklagen des Takelwerks hindurch – aber es war sein Sterbegesang. Es sprang mit einem Knall wie ein Kanonenschuss, und wir wurden hineingerissen in die wilde Jagd des sturmgepeitschten Eises. […] Um sieben Uhr Morgens befanden wir uns dicht bei aufgetürmten Eismassen. […] Wieder trieben wir vor dem Winde und scheuerten hilflos an den Kanten von 30–40 Fuß dicken Eisfeldern hin. […] Eine überstür-

> zende Masse erhob sich höher als unser Schiffskörper, zerquetschte unsere Schanzbekleidung und warf uns einen 10 Zentner schweren Eisklumpen aufs Deck. Unsere standhafte kleine Brigg bohrte sich durch all dieses Wirrsal hindurch, als hätte sie ein gefeites Leben.

Danach fand die *Advance* sich zwischen hohen Eisbergen wieder, und die treibenden Schollen schoben das Schiff auf den Abhang eines Eisriesen hinauf und legten es auf die Seite, ohne dass die Besatzung etwas hätte tun können. Schließlich rutschte die Brigg mit ächzenden Spanten ins Wasser zurück, und alle atmeten auf, »aber erst nach längerer Pause fand der Strom der gegenseitigen Beglückwünschungen seinen Ausweg«, schrieb Kane.

Es war ein Glück, dass sie zwei Männer bei sich hatten, die von den Inuit abstammten. Einer der beiden hieß Hans Hendrik, und seine Erfahrungen waren bei der Bewältigung von Gefahren oft lebensrettend. Die Expedition überwinterte zwei Mal in Rensselaer Harbor. Über den zweiten Winter schrieb Kane später: »Wir wussten nicht, wie die Zeit verlief, und die Beschaffenheit des Wetters konnten wir nur aus dem Wirbeln des Schneetreibens auf dem Dache unserer Kellerwohnung annehmen. Wir schliefen, kochten und tranken Kaffee, schliefen und kochten wieder, und wenn wir glaubten, dass 12 Stunden um seien, so hielten wir eine Mahlzeit, d. h. wir teilten unparteiisch den rohen Hinterschinken eines Fuchses, um damit unsern mit gefrorenem Talg belegten Schiffszwieback etwas zu würzen.«

Nach dem ersten Winter schickte Kane mehrere Gruppen aus, die das offene Polarmeer suchen sollten, das seiner Überzeugung nach vor ihnen liegen musste. Die Männer zogen die Schlitten meistens selbst, weil der größte Teil der Hunde, die Kane gekauft hatte, während der Wintermonate gestorben war. Doch diese Touren erwiesen sich als erfolglos, zwei Männer kamen dabei um, und die anderen litten bei ihrer Rückkehr unter den ersten Anzeichen für Skorbut. Nun begann Kane, der normalerweise Optimist war, zu zweifeln und fürchtete, versagt zu haben: Ein Jahr war vergangen, und er hatte nichts vorzuweisen. Doch dann kehrte Anfang Juli sein Diener William Morton von einer Exkursion auf den Humboldt-Gletscher an der Nordwestküste Grönlands zurück. Er erzählte Kane, am 24. Juni habe er an der Küste gestanden und »kein Stückchen Eis« gesehen. So weit das Auge reichte, berichtete er, »war das Meer eisfrei, eine Dünung kam von Norden und kreuzte sich mit einer anderen, als käme auch ein wenig Dünung von Osten. Der Wind kam genau von Nord – stark genug, um weiße Schaumkronen zu erzeugen – und die Brandung schlug in regelmäßigen Brechern gegen die Felsen.« Morton hatte, wie er sagte, auf 80° 30' Nord gestanden, so weit nördlich, wie noch kein Mann vor ihm gekommen war, auf dem nördlichsten Stückchen Land der Erde.

Damit kündigte sich für Kane der erwartete Erfolg seiner Expedition an. Er glaubte, wenn er sein Schiff oder vielleicht auch nur einige kleinere seetüchtige Boote bis zu dieser Stelle bringe, könne er möglicherweise den Pol erreichen. Doch von diesem Zeitpunkt an war die Expedition vom Pech verfolgt. In diesem Sommer wurde klar, dass sie die *Advance* aus dem Eis im Rensselaer-Hafen nicht losbekommen und mindestens noch einen weiteren Winter festsitzen würden, denn auch für den Versuch, in Booten südlichere Breiten zu erreichen, war es zu spät im Jahr. Die Mannschaft hatte die Entbehrungen der Reise gründlich satt und begann zu meutern. Am 24. August berief Kane eine Versammlung ein und gab bekannt, dass er alle, die das Schiff verlassen und nach Süden aufbrechen wollten, mit Booten, Vorräten und Ausrüstung ausstatten werde, wie töricht diese Idee auch sein mochte. Zu seiner Verwunderung und Bestürzung entschieden zehn der

William Mortons offenes Polarmeer (aus Kane 1856 [englische Ausgabe])

siebzehn Männer sich, das Schiff zu verlassen, neun brachen letztlich auf. Zu ihnen gehörte auch Isaac Israel Hayes, der Schiffsarzt.

Kane hatte die Kontrolle verloren; sein Befehl bedeutete nichts mehr. In dem Buch, das er später schreiben sollte (*Kane, der Nordpolfahrer. Arktische Fahrten und Entdeckungen der zweiten Grinnell-Expedition zur Aufsuchung Sir John Franklin's in den Jahren 1853, 1854 und 1855 unter Dr. Elisha Kent Kane*) maß er dem Weggang der Männer keine große Bedeutung bei, aber seinem Tagebuch vertraute er an: »Ich wasche meine Hände in Unschuld, was diese Männer angeht, als Mann und als Christ. [...] Sie haben die Expedition verlassen und Gottes Segen sei mit ihnen, denn sie verdienen die Achtung guter Männer nicht.« Später schrieb er in sein Tagebuch, er erwarte, dass einige von ihnen zurückkehren und bei ihm Zuflucht suchen würden, die er ihnen auch gewähren würde, »aber – aber – aber – falls ich lange genug lebe, um nach Hause zu kommen – nach Hause! und falls ich Dr. Hayes [und die anderen] treffen sollte, dann sollen sie sich bloß in Acht nehmen.«

Den Abtrünnigen erging es übel, und drei Monate später kehrten sie tatsächlich erschöpft und in Besorgnis erregender gesundheitlicher Verfassung zur *Advance* zurück. Die Inuit hatten sie bei ihren Anstrengungen beobachtet und ihnen teilweise auch geholfen. Die Einheimischen hatten es auf die Messer und andere Ausrüstung der Wanderer abgesehen, fürchteten aber ihre Feuerwaffen. Sie tauschten nur so viel Lebensmittel, dass die Männer von ihnen abhängig blieben. Als den Seeleuten schließlich klar wurde, dass die Inuit einfach darauf warteten, dass sie umkamen, damit sie sich ihre Ausrüstung aneignen konnten, nahmen sie die Sache selbst in die Hand und zwangen die Inuit mit vorgehaltenem Gewehr, sie mit den Schlitten zum Schiff zurückzubringen, wo Kane sie wieder aufnahm, ohne ihnen jedoch zu verzeihen.

Diesen Winter überlebten die Seeleute vor allem dank eines mündlich geschlossenen Vertrages mit den einheimischen Inuit, die man damals als die Etah-Eskimos bezeichnete. Sie hatten zugesagt, der Expedition genug frisches Fleisch zu liefern, um sie vor dem Hungertod und schlimmen Ausbrüchen von Skorbut zu bewahren. Das Verdienst, diesen Vertrag abgeschlossen zu haben, nahm Kane für sich in Anspruch, doch wahrscheinlicher ist, dass Hans Hendrik die Bedingungen ausgehandelt hat. Seine Sachkenntnis mag ausschlaggebend dafür gewesen sein, dass die gesamte Expedition auch den zweiten arktischen Winter überlebte. Die Männer waren gezwungen, die Eichenverkleidung vom Schiffsrumpf abzunehmen und in der bitteren Kälte als Brennholz zu verfeuern, und schließlich wurden auch die Schiffsverbände verbrannt. Sie behielten jedoch so viel Holz zurück, dass sie ein paar Schlitten anfertigen konnten, die lang genug waren, um die Beiboote des Schiffes zu tragen.

In seinem Buch schrieb Kane später über die Zeit, als sie

fast das gesamte Holz des Schiffes verbrannt hatten und zum Heizen, wie die »Esquimaux« auch, Lampen verwendeten: »Wir hatten zuletzt nicht weniger als 12 im Gange. Diese Lampen entwickelten eine erstaunliche Hitze, aber der Rauch und der Ruß waren eine gar arge Belästigung; von Reinlichkeit war kaum noch die Rede; alles um und an uns zeigte sich mit Ruß überzogen, die Gesichter glänzten [...] in fettigem Schwarz. [...] Schon am 14. Januar 1855 hatte ich für die Kranken [die unter Skorbut litten] nichts weiter als einen gefrorenen Bärenkopf, der als ein naturhistorisches Stück beiseite gelegt worden war. [...] Das Fleisch wurde lotweise an die Kranken verteilt.«

Im Laufe des Winters verschwand Godfrey, einer der abtrünnigen Seeleute, um bei den Inuit zu leben. Eines Tages kehrte er mit einem Hundeschlitten zum Schiff zurück, der mit frischem Walrossfleisch beladen war, ein höchst willkommenes Geschenk. Kane, der den Mann als Deserteur betrachtete, forderte ihn zum Bleiben auf, aber Godfrey drehte sich einfach um und rannte über das Eis davon. Kane befahl einem bewaffneten Matrosen, auf den Mann zu schießen, aber das Gewehr ging nicht los. Daraufhin eilte Kane aufs Schiff, schnappte sich ein anderes Gewehr aus dem Gewehrständer und feuerte auf den sich entfernenden Godfrey, traf aber nicht. Da er ihn nicht entkommen lassen wollte, ging er in das Lager der Inuit in Etah und zwang Godfrey mit vorgehaltener Waffe, zum Schiff zurückzukehren.

Am 20. Mai 1855 verließen Kane und die Besatzung das Gerippe der *Advance.* Am Hauptmast befestigten sie eine Erklärung, in der Kane für alle Entdecker, die später vielleicht auf das Schiff stoßen würden, unter anderem festgehalten hatte:

> Ich glaube von mir und meinen Gefährten sagen zu können, dass wir alles, was erwartet werden konnte,

> getan haben, um unsere Ausdauer und Hingebung für unser Unternehmen zu beweisen. Der Versuch, durch Überschreitung des Eises mit Schlitten südlich zu entkommen, erscheint mir als eine gebieterische Pflicht, als das einzige Mittel, unser Leben und die mühsam erlangten Resultate zu retten!

Bis auf den Verlust dreier Besatzungsmitglieder und Verkrüpplungen anderer, die wegen Erfrierungen operiert worden waren oder an den Nachwirkungen von Skorbut und Entbehrungen litten, bestanden diese Resultate allerdings vor allem in Hirngespinsten. Die Expedition verließ Rensselaer Harbor mit drei Booten und erreichte an der Südwestküste Grönlands schließlich die Zivilisation.

Elisha Kent Kane kehrte im Herbst 1855 in die Vereinigten Staaten zurück, wo er als Held empfangen und mit großartigen Feierlichkeiten öffentlich geehrt wurde. Sein erstes Buch war erschienen, und er war bereits vor seiner Rückkehr von der Expedition berühmt. Während er von Franklin keine Spur gefunden hatte (und inzwischen war klar, dass er auch nie die Absicht gehabt hatte, nach Franklin zu suchen), konnte er sich rühmen, einen herrlichen Preis errungen zu haben: Er hatte das offene Polarmeer gefunden.

Aus dem zeitlichen Abstand heraus ist es schwer, Kanes Popularität in ihrer ganzen Intensität und Breite zu ermessen. Sein 1856 veröffentlichtes Buch wurde von etwa 200 000 Menschen gekauft, was in der heutigen Zeit etwa zwei Millionen entsprechen würde, der Zahl von Käufern, die sich auf einen neuen Roman von Tom Clancy oder Danielle Steel stürzen. Der bedeutendste Historiker der Nation, W. H. Prescott, bezeichnete Kanes Buch als »einen der bemerkenswertesten Berichte, denen ich je begegnet bin. […] Niemand hat wohl mehr getan als Dr. Kane, um den gefürchteten Schleier des Geheimnisses zu lüften, der über den arktischen Gebieten liegt.« Der Festredner Edward Everett schwärmte, das Buch werde Kane »einen unvergänglichen Platz auf der Ruhmestafel der Helden der Menschheit sichern«. Charles Sumner, der Staatsmann und Sprecher der Bewegung gegen die Sklaverei, sagte, das Buch besitze »alle Reize des romantischen Abenteuers, durch wissenschaftliche Entdeckungen auf eine höhere Stufe gehoben«.

Sein Buch brachte Kane ein kleines Vermögen ein, das er aber leider nicht lange genießen konnte. Auf Anraten eines Arztes zog er nach Kuba, um dort seine angegriffene Gesundheit wiederherzustellen, aber am 16. Februar 1857 starb er an einem Schlaganfall. Die Anteilnahme der Amerikaner war beispiellos. Der Beerdigungszug war der feierlichste und längste in der Geschichte der jungen Nation und sollte im 19. Jahrhundert nur noch bei Präsident Lincolns Begräbnis übertroffen werden, das etwa acht Jahre später stattfand. Kanes Sarg wurde per Schiff von Havanna nach New Orleans überführt und dann mit dem Dampfschiff den Mississippi und den Ohio hinauf nach Cincinnati gebracht. In allen Städten am Weg standen Menschen in Trauerkleidung auf Deichen und Kais. Von Cincinnati aus wurde der Leichnam mit der Eisenbahn nach Philadelphia gebracht, und in jeder Ortschaft, in der der Zug hielt, waren die Gleise von Trauernden gesäumt. In größeren Städten wie Columbus, Louisville und Baltimore wurde der Tote für kurze Zeit feierlich aufgebahrt, und am 14. März schließlich fand in Philadelphia das Begräbnis statt.

Erst später wurden die weniger rühmlichen Aspekte der Expedition Kanes aufgedeckt, wie die Abspaltung der Deserteure und andere vermeidbare Schwierigkeiten. Und was war mit Mortons Ausblick auf das offene Polarmeer? Erstens befand er sich nicht nahe 80° nördlicher Breite, als er das sah, was er für das sagenumwobene Phänomen hielt, sondern viel weiter südlich. Und zweitens hatte er möglicherweise eine

Polynja gesehen, wie der aus dem Russischen übernommene Ausdruck für eine eisfreie Stelle in einem zugefrorenen Meer lautet. Vor Erschöpfung oder in einer Art Delirium, das unter Arktisreisenden, insbesondere, wenn sie krank und unterernährt waren, nicht ungewöhnlich war, oder vielleicht auch aus dem Wunsch des treuen Dieners heraus, seinem Herrn eine Freude zu machen, hatte er diese Wasserfläche dann zu einem Meer erweitert. So konnte man im Jahre 1857 die Existenz eines offenen Polarmeeres nicht nur »wissenschaftlich« begründen, sondern jemand hatte es auch gesehen.

Man musste es bloß noch überqueren. Der Gedanke, als Erster den Nordpol zu erreichen, wurde für manche Amerikaner und später auch für Briten zur fixen Idee.

Als Nächster machte sich Isaac Israel Hayes auf den Weg, der Schiffsarzt, der versucht hatte, die *Advance* zu verlassen. Hayes hatte durch Erfrierungen ein paar Zehen verloren, aber seiner Begeisterung für das Abenteuer Arktis hatte das keinen Abbruch getan. Da er nicht die Überzeugungskunst des heldenhaften, schneidigen Kane besaß, konnte er den alternden Henry Grinnell nicht überreden, ihm zwei Schiffe zu überlassen, sondern musste sich stattdessen mit einem 133-Tonnen-Schoner begnügen, den er *United States* nannte. Zusammen mit »vielen gelehrten Physikern« war er der Überzeugung, dass »das Meer um den Nordpol herum nicht zugefroren sein kann«, und so brach er 1860 auf. Er plante, mit seinem kleinen Schoner durch den Smithsund bis zum 80. Breitenkreis zu fahren und dann ein Boot über das Eis bis zum offenen Meer zu ziehen, in dem der Pol lockte.

So einfach war es natürlich nicht. Einmal hatte die *United States* gerade an einem Eisberg festgemacht, als dieser prompt anfing, sich aufzulösen, und dann unter- und wieder auftauchte, während er ein neues Gleichgewicht suchte, so dass dem Schiff eine Katastrophe drohte. Später geriet die Expedition in Schneestürme, Nebel, Orkane und dann ins Packeis, das sich schnell um sie herum bildete. Schließlich erreichten die Männer Etah, wo sie überwintern mussten. Hayes schickte Schlittentrupps nach Norden auf die grönländische Eiskappe hinauf, und von da an ging vieles schief. Ein Mann erfror, nachdem er im Eis eingebrochen war. Die Schlittenhunde, die sie in Upernavik erworben hatten, starben an einer Seuche. Hayes behauptete, er sei bis 82° 30' nördlicher Breite vorgedrungen, bevor er habe umkehren müssen. Er hatte das offene Polarmeer zwar nicht gesehen, war sich aber sicher, dass es kurz hinter dem Punkt lag, den er mit seiner Expedition erreicht hatte, daher gab er dem Buch, das er mehrere Jahre später verfasste, den Titel *Das offene Polar-Meer.* Hayes schrieb darin:

> Hier mag es genügen, wenn ich sage, dass alles darauf hinwies, dass ich an den Ufern des Polarbeckens stand, und dass der breite Ozean zu meinen Füßen lag; dass das Land, auf welchem ich stand, und das in dem fernen Kap vor mir seinen Gipfelpunkt erreichte, nur eine weit in dieses Meer vorspringende Spitze war, wie der Sewero-Wostotschnoi-Noss der gegenüberliegenden sibirischen Küste; dass der kleine Eisrand, der die Küste umfasste, im stetigen Zerfallen begriffen war, und innerhalb eines Monats das ganze Meer ebenso frei von Eis sein werde, wie ich das Nord-Wasser der Baffinbucht gesehen hatte.

Hayes' Buch erschien erst 1867, lange nach seiner Rückkehr aus der Arktis. Während sein Vorgänger Kane schon bei der Heimkehr nationale Anerkennung gefunden hatte, lief Hayes' *United States* an einem nebligen Tag von der Öffentlichkeit praktisch unbemerkt in den Hafen von Boston ein, denn der Bürgerkrieg hatte begonnen. Hayes verbrachte den Krieg als Heeresarzt in einem Krankenhaus in Philadelphia, und sein Buch lag, wie alle weiteren Arktisabenteuer auch, auf Eis. 1862 schrieb der Wissenschaftler Alexander Dallas Bache, der die Expedition mit unterstützt hatte, einen Brief an Hayes, in dem er um die Rückgabe der wissenschaftlichen Instrumente bat, die er ihm geliehen hatte. Hayes musste ihm antworten, er habe erwartet, Vorträge halten zu können, um die restlichen Expeditionskosten zurückzuzahlen, aber weil der Krieg dazwischengekommen sei, habe er die Instrumente notgedrungen versetzen müssen, um seiner Besatzung die noch ausstehende Heuer auszuzahlen. Schlimmer noch, spätere Expeditionen sollten herausfinden, dass viele von Hayes' physiogeographischen Angaben ungenau waren und dass er statt der behaupteten 82° 30' Nord höchstens 80° 10' nördlicher Breite erreicht hatte, ein Irrtum von etwa 220 Kilometern.

In der Zeit, als die Suche nach Franklins Expedition in England und Amerika fast zur Obsession geworden war, beschloss ein recht eigenwilliger Mensch, dass er ebenfalls dabei sein wollte, doch er konnte die Gelder für ein Expeditionsschiff nicht aufbringen. Charles Francis Hall hatte die Schule abgebrochen, besaß keine naturwissenschaftliche Ausbildung, keine Kenntnisse in der Navigation und auch sonst keine seemännischen Fähigkeiten, aber er hatte praktisch jede verfügbare Zeile über die Arktis gelesen. Er verlegte zu jener Zeit eine Zeitung in Cincinnati und hatte eine Familie zu ernähren, aber er gelangte zu der Überzeugung, dass Gott ihn in den Norden rufe. Der hartnäckige und häufig empfindliche Mann verließ seine Zeitung und seine Familie, und nachdem er einige Monate im Osten der Vereinigten Staaten verbracht und dort versucht hatte, Geld für die Ausrüstung einer eigenen Expedition zu sammeln, ergatterte er eine kostenlose Koje auf einem Walfänger, der zur Insel Baffin fuhr. In der Frobisherbucht ging Hall an Land. Er plante, allein zu leben, nur mit Unterstützung der einheimischen Inuit, und dann zur Insel King William zu segeln. Zu diesem Zweck hatte er ein kleines Boot erworben, mit Geldmitteln, die Henry Grinnell, der Engel der Polarforscher, ihm zur Verfügung gestellt hatte. Doch noch auf dem Walfänger hörte Hall eines Tages, als er in seiner Kabine saß und schrieb, eine weibliche Stimme hinter sich.

»Guten Morgen, Sir«, sagte die Stimme.

Er wandte sich um. Zu seinem Erstaunen stand ein Inuitpaar vor ihm, das Englisch sprach. Hall erfuhr, dass die Frau Tookoolito hieß und ihr Ehemann Ebierbing. Um 1850 herum hatte der Kapitän eines Walfängers die beiden mit nach England genommen, wo es ihnen recht gut gegangen war. Sie hatten sogar mit Königin Victoria und Prinz Albert zu Abend gespeist. Schließlich waren sie auf die Insel Baffin zurückgekehrt, und sie halfen Hall nun weiter. Dank ihrer Vermittlung war er dabei, als Ebierbings Großmutter Geschichten erzählte, die sie schon als Kind gehört hatte. Es ging um Schiffe, die vor vielen, vielen Jahren angekommen waren – erst ein Schiff, im nächsten Jahr drei und im dritten Jahr dann fünfzehn Schiffe. Die Großmutter sprach davon, dass die Schiffe Kohle, Ziegelsteine und Eisen zurückgelassen hatten. Hall erkannte in ihrer Erzählung sogleich die Geschichte von Frobishers Expeditionen. Er begab sich zu den Orten, die die alte Frau erwähnt hatte, und entdeckte dort – dreihundert Jahre nach der Expedition – die Überreste von Frobishers Goldgräber-Siedlung. 1862 kehrte Hall mit Resten aus Frobishers Lager und mit Tookoolito und Ebierbing, die von den Amerikanern Hannah und Joe genannt wurden, in die Vereinigten Staaten zurück. Er brachte die beiden Inuit, mit denen er sich angefreundet hatte, in Groton, Connecticut unter, wo sie eine kleine finanzielle Unterstützung von Grinnell erhielten, machte einen zweiwöchigen Besuch bei seiner Familie in Cincinnati und kehrte dann an die Ostküste zurück, um Geld für eine zweite Reise aufzutreiben. Bald darauf brach Hall wieder in den Hohen Norden auf.

Zur gleichen Zeit hatte ein Finne namens Adolf Erik Nordenskiöld mit Arktisreisen begonnen.

Er war an der Universität in Helsinki zum Geologen und Chemiker ausgebildet worden, aber 1855 hatte man ihn aus seiner unbedeutenden Stelle an der Universität und in der staatlichen Bergbauverwaltung entlassen, weil er für die Wiedervereinigung Finnlands mit Schweden agitiert hatte. Die russischen Machthaber in Finnland stempelten Nordenskiöld als »gefährlichen Aufwiegler« ab, und 1857 musste er nach Schweden emigrieren, wo er einen Lehrauftrag an der Universität in Stockholm erhielt und ein Jahr später zum Leiter der mineralogischen Abteilung im Nationalmuseum für Naturgeschichte ernannt wurde, eine Position, die er sein Leben lang innehaben sollte.

Im Jahre 1858 finanzierte die schwedische Regierung mit Unterstützung schwedischer Geschäftsleute eine Arktisexpedition, und Nordenskiöld gehörte zu den Wissenschaftlern an Bord. Es war in erster Linie eine wissenschaftlich orientierte Reise, die dazu dienen sollte, detaillierte geologische Vermessungen vorzunehmen und Studien und Sammlungen auf geomagnetischem, geologischem, botanischem, zoologischem und meeresbiologischem Gebiet durchzuführen. Für den viel versprechenden jungen Mineralogen sollte es die erste Arktisreise von vielen werden, und wie Charles Francis Hall sollte auch er eines Tages versuchen, den Nordpol zu erreichen. Aber während Hall zu der wachsenden Sippe amerikanischer Amateure in der Arktis gehörte, war Nordenskiöld gewissermaßen der Vater der Berufswissenschaftler, die größtenteils aus Skandinavien stammten. Schon bald wurde man auch in England auf diese Bemühungen aufmerksam und stellte fest, dass wieder einmal der Ruhm Britanniens auf dem Spiel stand, denn war die Arktis nicht eigentlich eine Domäne der Briten? Auch mehrere andere europäische Nationen, vor allem Deutschland und Österreich, hielten es für richtig, bei diesem neuen internationalen Wettstreit anzutreten – beim Wettlauf zum Nordpol.

7 Arsen ohne Spitzenhäubchen

Im Jahre 1864, als der blutige amerikanische Bürgerkrieg sich dem Ende näherte, fuhr Charles Francis Hall erneut in die Arktis. Zusammen mit seinen Gefährten und Mentoren, Ebierbing und Tookoolito, wollte er sich wieder bei den Inuit aufhalten. 1865 wurde sein Buch *Researches and Life Among the Esquimaux* in den Vereinigten Staaten veröffentlicht, nachdem es im Jahr zuvor in England erschienen war. Hall blieb fünf Jahre lang in der Arktis, eine Leistung, die in der Geschichte der Arktisforschung einmalig war, und er legte etwa 4 500 Kilometer mit Schlitten zurück. Während dieses langen Aufenthaltes stieß er auch auf Überreste der Franklin-Expedition und nahm einen Teil davon mit, und er fuhr an den Küsten des Boothia-Golfs und der Insel King William entlang.

Diese zweite Expedition wurde von einem unglücklichen Zwischenfall überschattet. Im Juli 1868 stellte Hall fünf Männer von einem Walfangschiff als Helfer ein, und schon bald geriet er mit einem von ihnen, einem Mann namens Patrick Coleman, in einen heftigen Streit. Coleman hatte den Inuit verschiedene Fragen gestellt, und Hall glaubte, Unterhaltungen mit den Einheimischen seien ausschließlich seine Sache. Während dieser Auseinandersetzung kam Hall zu der Überzeugung, dass Coleman ihm nach dem Leben getrachtet habe, daher ging er in seine Unterkunft, holte einen Revolver und erschoss Coleman. Wie andere Männer vor ihm, von den Meuterern, die Henry Hudson ausgesetzt hatten, bis zu Elisha Kane, kam Hall ungestraft davon, in diesem Fall sogar ohne Prozess. Nicht, dass es in der Arktis keine Gesetze gegeben hätte, aber die üblichen Gesetze schienen in einer so merkwürdigen, abgelegenen Region nicht zu gelten.

Eine von Halls Leistungen bei diesem zweiten Arktisaufenthalt bestand darin, einen zufrieden stellenden Nachweis zu liefern, dass kein Mitglied von Franklins Expedition mehr im zugefrorenen Norden zwischen den Inuit umherwanderte. Als er im September 1869 nach New Bedford, Massachusetts, zurückkehrte, wieder mit Ebierbing und Tookoolito zusammen, übergab er die Überreste der Expeditionen von Frobisher und Franklin an die *Smithsonian Institution.* 1870 wurde sein Buch unter dem schlichteren Titel *Life with the Esquimaux* erneut aufgelegt; es beschrieb das Leben der Inuit so detailliert wie kein früheres Werk. Darin lag Halls größter Beitrag zur Arktisforschung. Er zeigte, dass Europäer oder Amerikaner sehr gut in der Arktis überleben konnten, wenn sie bereit waren, sich die Gewohnheiten der Menschen anzueignen, die seit Jahrtausenden dort lebten. Hall lernte nicht nur, so wie die Inuit zu leben und sich auch so zu ernähren, sondern er lernte diese Lebensweise auch lieben. Er fühlte sich bei ihnen zu Hause – mehr, so schien es, als bei seiner Familie in Cincinnati. Wenn andere vor ihm oder nach ihm diese Lektion gelernt hätten, die in seinen Schriften ohne Mühe zu bekommen war, wären viele Menschenleben verschont geblieben.

Als Hall in die Vereinigten Staaten zurückkehrte, war bereits eine andere Expedition unterwegs, eine Gruppe europäischer Abenteurer unter deutscher Fahne, die den Nordpol erreichen wollte. Zwei Schiffe sollten den Eisgürtel durchbrechen, indem sie von Nordostgrönland aus nach Norden fuhren. Die beiden Schiffe wurden recht früh getrennt, und eins sank im Packeis. Die Mannschaft hielt sich den Winter über auf dem Eis auf und schlug sich im folgenden Sommer in den Beibooten nach Südostgrönland durch. Das andere Schiff erreichte 75° nördlicher Breite. Von dort aus brach eine Schlittenexpedition auf, die bis auf 77° Nord gelangte, bevor sie umkehrte.

Diese Unternehmung trug zwar wenig dazu bei, die Deutschen als erstklassige Arktisforscher bekannt zu machen, aber sie führte dazu, dass die Aufmerksamkeit Amerikas sich noch stärker auf die Arktis richtete und dass der Wunsch entstand, als erste zivilisierte Nation den Nordpol zu erreichen. So kam es 1871 zu Charles Francis Halls dritter Arktisreise. In den Annalen der Arktisforschung sollte sie von Historikern und anderen mit feinem Gespür heruntergespielt werden, denn sie führte zu einem rätselhaften Tod, den man inzwischen als Mordfall identifiziert hat, und zu einem schockierenden Verrat sowie zu einer der schlimmsten (und unnötigen) Fluchtfahrten in der Geschichte der Menschheit.

Der Kongress bewilligte Geld für eine weitere Expedition zum Pol, und man wählte Hall als Leiter aus. Ein 380-Tonnen-Schiff, ein früherer Schlepper, wurde ausgerüstet und – mit großen Erwartungen – in *Polaris* umgetauft. Das Schiff wurde mit Dampf angetrieben, konnte aber auch segeln. Die Schraube war so angebracht, dass man sie einziehen konnte, um sie vor Beschädigungen durch das Packeis zu schützen, und der Rumpf wurde mit Eichenbeplankung verstärkt. Zu den besonderen Annehmlichkeiten gehörte eine Orgel, die die *Smith Organ Company* der Expedition für Sonntagsgottesdienste geschenkt hatte. Hall hatte gehofft, als Kapitän den erfahrenen George Tyson gewinnen zu können, aber Tyson hatte sich anderweitig verpflichtet, daher entschied Hall sich für Sidney Buddington, einen Walfänger, der Hall im Jahre 1861 auf der Insel Baffin abgesetzt hatte. Tyson wurde dann doch noch frei und musterte als zweiter Steuermann an. Die

Offiziere waren größtenteils Amerikaner, doch die Mannschaft bestand hauptsächlich aus Deutschen. Auch der leitende Wissenschaftler, ein junger Physiker und Naturforscher namens Emil Bessels, war Deutscher. Kanes Diener William Morton sowie Tookoolito und Ebierbing fuhren ebenfalls mit.

Die *Polaris* nahm von New London aus Kurs auf Upernavik in Grönland, wo der erfahrene Seemann Hans Hendrik, ein Inuk, mit Frau und drei Kindern an Bord kam. Von dort fuhr Hall durch das Kanebecken bis zu der Stelle, wo sich den Berichten von Morton und Hayes zufolge das eisfreie Polarmeer nach Norden öffnen sollte. Sie erreichten 82° 11' nördlicher Breite, den nördlichsten Punkt, an den je ein Schiff gelangt war, mussten dann aber angesichts der Eismassen, die das Nordpolarmeer bedeckten, umkehren. Die Expedition überwinterte auf Grönland in Thank God Harbor, und dort beschloss Hall, im Frühjahr mit Schlitten zum Pol aufzubrechen. Andere Mitglieder der Besatzung – insbesondere Kapitän Buddington und Bessels – meinten jedoch, nachdem sie auf eine so eindrucksvolle Barriere gestoßen seien, sollten sie lieber nach Hause zurückkehren. Hall ließ sich von seinem Plan aber nicht abbringen und brach mit Hans Hendrik und Ebierbing auf, um das Packeis zu erkunden. Am 24. Oktober kehrte er auf die *Polaris* zurück. Zu seinen ersten Handlungen nach seiner Rückkehr gehörte die Bitte um eine Tasse Kaffee, doch als er sie geleert hatte, wurde er schwer krank. In den nächsten Tagen litt er immer wieder unter Anfällen von einer Krankheit, deren Symptome Magenschmerzen, Erbrechen, Austrocknung, Schwindel und Geistesschwäche waren. Gelegentlich vertraute er George Tyson an, er glaube, Besatzungsmitglieder, die seine Pläne ablehnten, wollten ihn vergiften. Am 8. November, zwei Wochen nach seiner Rückkehr, erlitt Hall einen letzten Anfall und starb. Man beerdigte ihn mit einer feierlichen Zeremonie bei Thank God Harbor in einem flachen Grab im gefrorenen Erdboden.

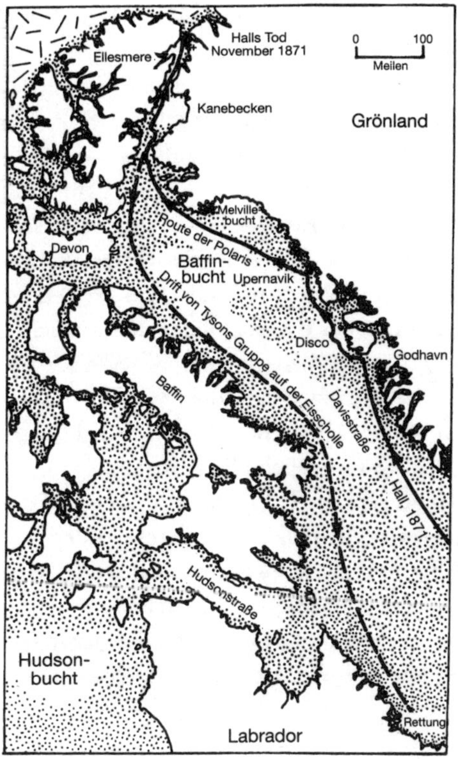

Die Route der *Polaris* mit Charles Francis Hall nach Norden und die Drift von George Tyson nach Süden (aus Berton 1988)

Wie vorher verabredet worden war, übernahm Sidney Buddington nun die Leitung der Expedition. Er war entschlossen, nach Hause zu fahren, aber das Eis hielt die *Polaris* bis zum August 1872 fest. Buddington stattete die Besatzung (außer Tyson) mit Waffen aus, und sie lebten von den Vorräten auf dem Schiff und von den Seehunden, die sie ab und zu erlegen konnten. Als das Schiff sich wieder in Bewegung setzte, hing es aber immer noch an einer Eisscholle fest und trieb damit nach Süden. Am 15. Oktober stürzte der Maschinist an Deck und rief, das Schiff lecke stark und werde vom Eis zerdrückt. Achtzehn Menschen, darunter auch George

Tyson und der Inuk, kletterten aufs Eis hinunter, während die anderen ihnen alle Lebensmittelvorräte zuwarfen, die schnell greifbar waren. Es sah aus, als müsse die Besatzung den Winter auf dem Eis verbringen. Doch dann kam die *Polaris* plötzlich frei und trieb ab. Die Männer auf der Eisscholle hatten den Eindruck, dass die Verantwortlichen auf dem Schiff keine großen Anstrengungen machten, um sie zu holen. Sehr bald stellten sie sich auf eine höchst unsichere und gefährliche Zukunft ein. Mit Hilfe von Ebierbing und Hans errichteten sie im Schnee Schutzhütten aus Eis, von denen die Deutschen eine für sich bekamen. Zusätzlich zu den abgeladenen Lebensmitteln besaßen sie auch zwei Beiboote von der *Polaris*. Ihre treibende Insel war etwa acht mal anderthalb Kilometer groß, so dass sie vorläufig ausreichend Platz hatten.

Sie hatten eine lange, schwere Fahrt vor sich. Während des nächsten halben Jahres trieben sie von der Insel Ellesmere nach Süden, an Baffin vorbei bis zur Küste Labradors. Die Temperaturen betrugen regelmäßig –40 °C oder weniger, und viele der Männer auf der Eisscholle litten unter Erfrierungen. Einer verlor beide Füße und den größten Teil seiner Hände

Die *Polaris* am 1. September 1871 auf 82° 11' n. Br. (United States Naval Historical Center, Washington, D. C.)

an diesen heimtückischen Feind. Tyson, der normalerweise das Kommando hatte, setzte alle auf knappe Rationen. Die meisten Männer murrten darüber, aber schließlich ging der Proviant zur Neige, und sie waren auf die beiden Inuits angewiesen, die Seehunde oder kleine Krabbentaucher schossen. Als sie nichts anderes mehr hatten, mussten die Männer auf Riemen aus Seehundleder kauen und den verbrannten Seehundsspeck aus den Lampen essen.

Die deutschen Besatzungsmitglieder verließen ihre Schlafsäcke offenbar nur ungern und waren auch nur ungern bereit, den zunehmend erschöpften Jägern einen größeren Anteil an Seehunden, Füchsen und anderer Jagdbeute zuzugestehen. Es gab häufig Streit, und Tyson war mehr oder weniger machtlos und konnte der bewaffneten Mannschaft keine Vorschriften machen. Die Kinder der Inuit weinten ständig vor Hunger, und die Männer waren vom Skorbut und anderen Krankheiten und von Kälte und Hunger geschwächt. Fünf von ihnen starben, normalerweise recht friedlich, wie Tyson berichtete, denn alle hatten sich damit abgefunden, dass ihnen keine Zukunft beschieden war. Tyson, der selbst oft im Delirium war, bat seine Leute eindringlich, wie Männer zu sterben und nicht wie Tiere. Damit reagierte er auf die zahlreichen Fälle von Lebensmitteldiebstahl. Trotz allem, was die Inuit für die Besatzung taten, wussten sie nur zu gut, dass die Deutschen sie ins Auge gefasst hatten, um sie als Erste zu verspeisen, falls es so weit kommen sollte.

In der wärmeren Jahreszeit begannen die Eisschollen zu zerbrechen, und die Eisinsel splitterte unter den Iglus und den Zelten, bis die Expedition nur noch eine Fläche zur Verfügung hatte, die so klein war, dass sich nicht alle gleichzeitig hinlegen konnten. Stürme jagten riesige Wellen über die Eisscholle, und die geschwächten, sterbenden Männer mussten stundenlang in diesem Wetter stehen. Ihre größte Angst war, dass das eine übrig gebliebene Boot fortgespült werden könnte. Es war ihre einzige Hoffnung, das Land zu erreichen, das immer gerade außer Sichtweite war. Doch das Boot kam nicht zum Einsatz. Am 29. April wurden die Überlebenden in Sichtweite der Küste Labradors von einem Dampfschiff gerettet – nach einer Reise des Schreckens, bei der sie mindestens 2 900 Kilometer zurückgelegt hatten – eine der erstaunlichsten Episoden in der Geschichte der Arktis und überhaupt.

Inzwischen waren Buddington und die anderen Männer an Bord der *Polaris*, die tatsächlich keinen Versuch unternommen hatten, die Menschen auf der Eisscholle zu retten, nach Grönland gefahren und hatten die Siedlung Etah erreicht, wo freundliche Inuit sie den Winter über ernährten. Im Frühjahr fuhren sie in zwei Booten weiter und wurden schließlich von einem Walfangschiff gerettet.

Später stellte ein Untersuchungsausschuss der Marine Nachforschungen über Halls Tod und die anderen Vorkommnisse bei dieser Expedition an. Buddington und Bessels hatten, wie sich zeigte, Hall und seine Pläne schon im Oktober 1871 offen abgelehnt. Buddington war absolut dagegen gewesen, weiter nach Norden vorzudringen, und der junge Bessels hielt Hall für inkompetent. Zeugenaussagen zufolge hatte Buddington nach Halls Tod gesagt: »Mir ist ein Stein vom Herzen gefallen.« Bessels sollte geäußert haben: »Kapitän Halls Tod war das Beste, was der Expedition passieren konnte.« Aber abgesehen von diesen Kommentaren hatte der Untersuchungsausschuss wenig Material und pflichtete schließlich Bessels bei, der aussagte, Hall sei an einem Schlaganfall gestorben, nicht an einer Vergiftung.

Einer der deutschen Offiziere an Bord widersprach der Angabe, die Tyson über den nördlichsten Punkt gemacht hatte, den die *Polaris* unter Hall erreicht hatte, so dass Halls Leistungen weiter geschmälert wurden. Doch es blieb unter anderem sein Verdienst, dass er ein Schiff durch die Gewässer zwischen Ellesmere und Grönland geführt, den Rand des Polarmeeres erreicht und festgestellt hatte, dass es zugefroren war und nicht etwa eisfrei, wie viele so lange Zeit geglaubt hatten.

Offensichtlich wollte die Marine den Skandal vermeiden, zu dem es gekommen wäre, wenn man Tysons Version der Ereignisse Glauben geschenkt hätte. Später erklärte der große skandinavische Entdecker Vilhjalmur Stefansson, man könne den weiterhin bestehenden Gerüchten, dass Hall vergiftet worden sei, und zwar wahrscheinlich mit Arsen, leicht nachgehen, man brauche bloß die zweifellos gefrorene Leiche in Thank God Harbor auszugraben und das Haar zu untersuchen. Doch dieser Vorschlag wurde mit eisigem Schweigen aufgenommen. Erst ein Jahrhundert später, als Chauncey Loomis, ein englischer Professor in Dartmouth, ein Buch über Hall schrieb, löste man das Rätsel um seinen Tod. Die Biografie trug den Titel *Weird and Tragic Shores* und wurde 1971 veröffentlicht. Loomis hatte vom Grönlandministerium der dänischen Regierung die Erlaubnis erhalten, Halls Grab zu öffnen und Haar- und Fingernagelproben zu entnehmen. Der Dauerfrost hatte die Leiche mumifiziert, und die Haut hatte die Konsistenz von Leder angenommen. Man schickte die Proben an das Zentrum für Forensische Wissenschaften in Toronto, und im Untersuchungsbericht hieß es, sie zeigten, dass »C. F. Hall in seinen letzten beiden Lebenswochen beträchtliche Mengen Arsen aufgenommen« habe. Hall war also an Arsenvergiftung gestorben, nicht am Schlaganfall, und es gibt kaum Zweifel, woher das Arsen kam: In Form von Arsensäure war es um 1870 üblicher Bestandteil von Medikamenten zur Behandlung von Kopfschmerzen, Geschwüren, Krebs, Gicht und Syphilis.

Wäre Hall am Leben geblieben und nicht so in Verruf geraten, dann hätte er nachfolgenden Entdeckern berichten können, dass es kein offenes Polarmeer gab, aber so musste der Beweis dafür erneut erbracht werden. Inzwischen war der Meereskundler Maury, der in der Marine der Vereinigten Staaten für diese Angelegenheiten zuständig war, von Silas Bent abgelöst worden, der das Konzept des offenen Polarmeeres hartnäckig verteidigte. Doch Charles P. Daly, der Präsident der *American Geographical and Statistical Society*, ließ sich weder von Bents Referenzen noch von seinen Argumenten beeindrucken, sondern ging 1870 in seiner Ansprache gegen ihn an. Er erklärte, er wolle zu Bents Schlussfolgerungen aus den Gesetzen der Meeresströmungen keinen Kommentar abgeben, denn die derzeitige Kenntnis dieser Gesetze sei unvollständig, und außerdem seien sie hypothetisch und blieben am besten denen überlassen, die hydrographische Studien zu ihrem Spezialgebiet gemacht hätten; darüber hinaus, fügte Daly hinzu, seien »Fakten und nicht Theorien« gefragt. Bents Vorstellung, dass der Golfstrom und der Japanische Strom Warmwasserpforten zum Pol bildeten, tat er verächtlich ab, indem er sagte, niemand wisse mit Bestimmtheit, wo der Golfstrom sich nördlich von der norwegischen Küste hinwende, man wisse aber, dass er in der Arktis abnehme und schwächer werde, so dass es unwahrscheinlich sei, dass er den Pol erreiche oder genügend Wärme habe, um das Klima des Polarbeckens zu beeinflussen. Daly war übrigens kein Wissenschaftler, sondern er war Richter.

Zwei Jahre nach Dalys skeptischer Rede machte sich eine österreichische Expedition unter der Leitung von Karl Weyprecht auf die Suche nach der Nordostpassage. Weyprecht geriet ins Packeis, verbrachte zwei Winter in der Arktis und kehrte zurück, ohne großartige Ergebnisse vorweisen zu können. Allerdings hatte seine Expedition neues Land entdeckt, das sie Franz-Joseph-Land nannte. Später, im Jahre 1875, versuchte Weyprecht, eine Gruppe von Wissenschaftlern von seiner Idee zu überzeugen, dass die verschiedenen Nationen die Arktis gleichzeitig und gemeinschaftlich erforschen sollten, und zwar zu wissenschaftlichen Zwecken. Die überbewerteten, eigentlich unbedeutenden Expeditionen, die neue Inseln suchten und Wettrennen zum Pol veranstalteten, sollten damit überflüssig werden. Wie ist das Klima in der Arktis beschaffen?, fragte Weyprecht. Wie wird es erzeugt? Wie beeinflusst es das Wetter wärmerer Breitengrade?

Die Briten, deren Nationalstolz empfindlich gekränkt worden war, nahmen weder Hall noch Daly noch Weyprecht ernst. Sie glaubten, dass die Amerikaner, obwohl sie von offizieller Seite wenig finanzielle Unterstützung erhielten und keine geeignete Ausrüstung hatten, auf ihrer Suche nach dem Pol recht weit gekommen waren und dass Hayes und Kane tatsächlich das offene Polarmeer gesehen hatten, bevor sie umgekehrt waren. Nun wollten englische Expeditionsausrüster, darunter die *Royal Geographical Society* und die britische Marine, es besser machen.

Am 29. Mai 1875 flatterten im Hafen von Portsmouth die Fahnen, und die Menschen jubelten. Sir George Nares brach zum Nordpol auf. Er plante, zwischen Ellesmere und Grönland hindurchzufahren, den Eisgürtel zu durchbrechen und bis zum Pol vorzudringen. Die *London Times* kommentierte, die Begeisterung der versammelten Menge habe sehr deutlich gezeigt, dass der richtige Ton getroffen worden sei und dass die Expedition die Sympathien aller besitze, von der Queen abwärts. Der Menge sei bewusst gewesen, dass »die Mannschaften im Begriff waren, in einen Kampf gegen die härtesten Aspekte der Natur einzutreten, und dass diese Tatsache eine Ehre für das Land sei«.

Sir George Nares gehörte zu den wenigen noch lebenden Männern, die bei den Versuchen, Franklin zu retten, mitgewirkt hatten. Er war unbestritten ein tüchtiger Seefahrer, und die Admiralität hatte ihn für diese Arktisexpedition von der *Challenger* abberufen, dem ersten Schiff, das speziell für meereskundliche Studien ausgerüstet worden war. Sir George Nares war kein Naturwissenschaftler, sondern ein genauer Beobachter: Ihm war auf der meereskundlichen Expedition mit der *Challenger* aufgefallen, dass die Verteilung der Temperaturen im Atlantik darauf hindeutete, dass dieser Ozean in der Mitte durch »eine Kette von Bergen« geteilt sei, »über denen das Wasser weniger als 2 000 Faden tief ist«. Damit wurde zum ersten Mal der heute so genannte Mittelatlantische Rücken erwähnt, wo zwei tektonische Platten auseinanderdriften und aufsteigende Lava die Lücken füllt. Auf seiner Polarexpedition standen Nares diensteifrige freiwillige Offiziere zur Verfügung, denn »die *Royal Navy* litt«, wie ein Historiker es formulierte, »an einem Rückgang der Seekriege«. Eine Arktisreise war die beste Möglichkeit, eine Beförderung zu erhalten.

Die Expedition machte sich mit zwei Schiffen, der *Alert* und der *Discovery*, auf die Reise, und wurde schon bald vom Packeis aufgehalten. Die *Alert* blieb in der Floebucht stecken, auf 82° 27' Nord, dem nördlichsten Punkt, den ein Schiff jemals aus eigener Kraft erreichen sollte, bis 1948 Eisbrecher eingesetzt wurden. Die *Discovery* schaffte es bis in die Lady-Franklinbucht. Nares schickte von beiden Schiffen aus mehrere Schlittentrupps los, und einer davon erreichte 83° 20' nördlicher Breite und gelangte damit so weit nach Norden wie niemand zuvor. Trotz dieser Leistungen war die Expedition von Anfang an zum Scheitern verurteilt. Aus unerklärlichen Gründen hatte die *Royal Navy* weder aus den fehlgeschlagenen Expeditionen Anfang des 19. Jahrhunderts gelernt noch von Männern wie John Rae, der sich gerade in England aufhielt und dem es in der Arktis gut gegangen war. Nares' Expedition verließ den Hafen mit unzureichender Kleidung aus Marinebeständen, mit Lebensmittelvorräten, die nicht vor Skorbut schützten, und mit Schlitten, die für das höckrige Packeis nicht geeignet waren. An Bord befan-

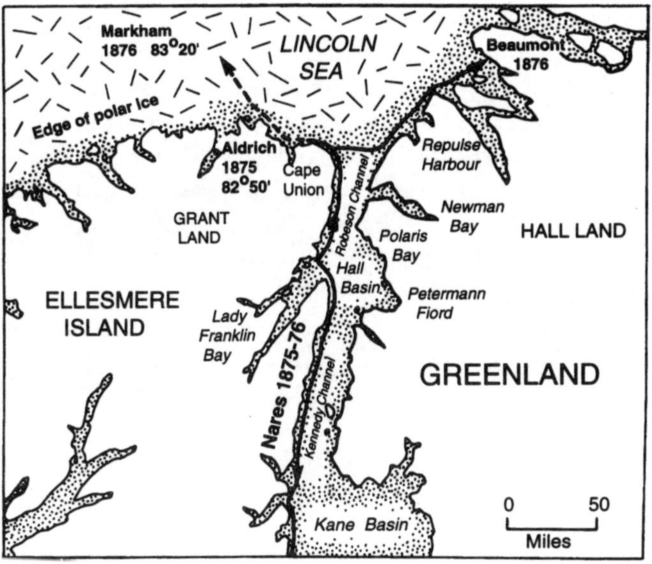

Die Nares-Expedition, 1875–1876 (aus Berton 1988)

den sich weder Schneeschuhe noch Männer, die Erfahrung im Bauen von Iglus hatten, und keiner von Nares' Offizieren hatte jemals einen Eisberg gesehen. Und Hilfe bei den Einheimischen zu suchen kam natürlich überhaupt nicht in Frage.

Das alles führte dazu, dass Nares im Frühjahr etwa sechzig Fälle von Skorbut zu verzeichnen hatte und dass in den Schlittentrupps mehrere Männer gestorben waren. Obwohl die Expedition für einen zweiten Winter in der Arktis ausgerüstet war, kehrte Nares klugerweise früher zurück und erreichte Portsmouth am 2. November 1876. In weiten Teilen der britischen Öffentlichkeit wurde die Expedition als Enttäuschung betrachtet, doch schließlich hatte man sich von Anfang an zu viel davon versprochen. Ein Untersuchungsausschuss hielt den Verantwortlichen, die die Expedition ge-

Einer von Nares' Schlittentrupps (National Maritime Museum, London)

plant hatten, später alle Planungsfehler vor, die zu dem so dürftigen Ergebnis geführt hatten. Unter anderem wurde darauf hingewiesen, dass zwei Hunde so viel ziehen können wie ein Mann, aber weniger Nahrung und gar keine Kleidung brauchen. Eins erreichte die Expedition allerdings: Sie bewies – obwohl das eigentlich etwas überflüssig war –, dass es kein offenes Polarmeer gab, sondern dass sich im Hohen Norden ein großer zugefrorener Ozean befand.

Ungeachtet dessen waren einige Starrköpfe weiterhin von der Existenz eines eisfreien Nordpolarmeeres überzeugt und meinten, Hall und Nares hätten einfach nicht an der richtigen Stelle gesucht. Ein möglicher Seeweg zu diesem Meer war noch nicht befahren worden: die Route zwischen Alaska und Sibirien hindurch, die Beringstraße. Diesen Weg favorisierte Silas Bent, der bedeutendste Hydrograph der Marine, obwohl sich Richter Daly 1870 so skeptisch geäußert hatte. Dahinter stand die Vorstellung, dass der Kuroschio, eine pazifische Strömung, die das Gegenstück zum atlantischen

Golfstrom ist, sich nahe der Halbinsel Kamtschatka teile und dass ein nördlicher Seitenfluss durch die Beringstraße strömte, als »thermometrisches Tor zum Pol«.

Während die Amerikaner und, wenn auch nur kurz, die Engländer leidenschaftlich Polarforschung betrieben, fand eine vollkommen nüchterne Expedition statt. Sie sollte eine Frage lösen, die weniger romantisch war als die Suche nach dem Nordpol, dafür aber vielleicht wirtschaftlich ergiebiger. Wie wir bereits berichteten, machte Adolf Erik Nordenskiöld mit seiner wissenschaftlichen Zielsetzung 1858 seine erste Arktisreise. Er unternahm noch fünf weitere derartige Expeditionen, davon die letzten vier als Leiter. Bei zwei Gelegenheiten versuchte er, den Pol zu erreichen, aber jedes Mal zwang das Eis ihn zur Umkehr. Trotzdem war er 1868 weltbekannt, denn die Öffentlichkeit verlangte nach wagemutigen Helden. In dieser relativ friedlichen Ära waren die Nordpolfahrer mit den ersten Astronauten und Kosmonauten unseres Zeitalters vergleichbar. So hatte die Laufbahn des Schweden Nordenskiöld Ähnlichkeit mit der von John Glenn, der als erster Amerikaner einen bemannten Raumflug ausführte und später in die Politik ging. Auch Nordenskiöld wurde ins schwedische Parlament gewählt, und er behielt seinen Sitz dort bis 1893.

1875 und 1876 unternahm Nordenskiöld zwei weitere Arktisreisen in die Barentssee und in die Karasee. Bei diesen Expeditionen sollten mit dem Schleppnetz Anschauungsexemplare der arktischen Fauna gefangen werden, und außerdem wollte man herausbekommen, ob eine über das Nordpolarmeer führende Handelsstraße zwischen Europa und Sibirien sinnvoll war. Nordenskiöld kam mit seinen Schiffen, die sowohl mit Segeln als auch mit Dampfmaschinen ausgerüstet waren, auf der Suche nach der Nordostpassage weiter als die Seefahrer vor ihm. Er fuhr im Süden an Nowaja Semlja vorbei und dann den Jenissej hinauf.

Im Jahre 1878 lief die schwedische Expedition zur Suche der Nordostpassage aus. Sie wurde von der schwedischen Regierung unterstützt und von den Geschäftsleuten Oscar Dickson aus Schweden und Alexander Sibirjakow aus Sibirien finanziert. Hauptziel war es, die Nordostpassage von der Norwegischen See zur Beringstraße zu durchfahren. Nordenskiöld hatte die Leitung der gesamten Expedition, die auch wissenschaftliche Ziele verfolgte, wie alle derartigen Reisen. Kapitän des Expeditionsschiffes *Vega* war Louis Palander. Am 28. Juli fuhren sie südlich an Nowaja Semlja vorbei, und am 19. August im Süden von Sewernaja Semlja, dem nördlichsten Teil Asiens, der normalerweise von Vereisung betroffen ist. Nordenskiöld und seine Leute waren die Ersten, die von der Karasee in die Laptewsee hineinfuhren. Am 28. September mussten sie Halt machen und an der Koljutschinskaja Guba überwintern, nur gut 300 Kilometer von ihrem Ziel entfernt. Die einzigen unerwarteten Probleme, die ihnen begegneten, waren einige kleine Zusammenstöße mit der einheimischen Bevölkerung.

Zehn Monate später, am 18. Juli 1979, gab das Eis sie wieder frei, und am 2. September erreichte die *Vega* Yokohama in Japan. Von dort aus fuhren sie durch den Indischen Ozean, den Suezkanal und das Mittelmeer in aller Ruhe zurück nach Schweden. Auf der ganzen Reise wurden sie von Gratulanten verwöhnt, und als die *Vega* am 24. April 1880 in Stockholm einlief, feierte man die Männer als Helden. Die Expedition war hervorragend geplant und professionell durchgeführt worden, und es hatte keine ernsthaften Zwischenfälle gegeben. Solche Expeditionen geben normalerweise keine besonders spannende Lektüre ab, doch Nordenskiöld verfasste einen zweibändigen Bericht über die Reise, der ihm so viel Geld einbrachte, dass er einen Landsitz erwerben und seine Kartensammlung vervollständigen konnte.

(Zu diesem erfreulichen Abschnitt der Arktisforschung

eine Anmerkung: 1920 wollte man in Schweden den vierzigsten Jahrestag der Rückkehr der *Vega* feiern. Jemand kam auf den Gedanken, nach Sibirjakow zu forschen, dem russischen Kaufmann, der einer der Geldgeber für die Expedition gewesen war. Man stellte fest, dass er nach der Oktoberrevolution aus Russland geflohen war und nun völlig verarmt an der Südküste Frankreichs lebte. Die schwedische Regierung bewilligte ihm eine jährliche Rente, die ihm bis zu seinem Tod im Jahre 1933 ein angenehmes Leben ermöglichte.)

Wenn man sich im Jahre 1879 die Landkarte anschaute, die der große europäische Kartograf Petermann gezeichnet hatte, sah man ganz oben im Norden einen sich nach Westen erstreckenden Landzipfel, der zu Grönland gehörte, das sich nach Petermanns Auffassung über den Pol hinweg erstreckte. Diese Landzunge, die nach unseren heutigen Erkenntnissen eine Insel ist, nannte man Wrangel-Land. Einer der Menschen, die Petermanns Landkarte für bare Münze nahmen, war James Gordon Bennett. Ihm gehörte die Zeitung *New York Herald*, die eine großartige Auflagenerhöhung verzeichnen konnte, als ihr Mitarbeiter Henry Morton Stanley im dunkelsten Afrika Dr. David Livingstone fand. Bennett interessierte sich für die Arktis und das Wettrennen zum Nordpol. Er kaufte eine kleine Yacht namens *Pandora*, taufte sie in *Jeannette* um und überredete die U.S.-Marine, sie für eine Fahrt durch die Beringstraße zum Pol zu bemannen. Leiter dieser Seereise war der junge Leutnant George Washington DeLong. Er bekam die Anweisung, durch die Beringstraße so weit wie möglich nach Norden zu fahren, sich dann an der Küste von Wrangel, das man für einen Teil von Grönland hielt, zu orientieren und falls nötig mit Schlitten auf dieser Landzunge zum Pol zu ziehen. Auf diese Weise wollte Bennett den Pol für die Vereinigten Staaten sichern. Doch im Herbst 1879 fror die *Jeannette* im Packeis fest, und von da an trieb sie

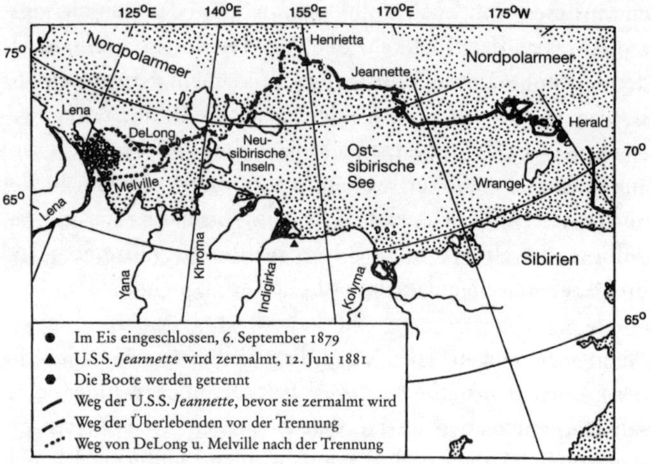

Weg der *Jeannette* und ihrer Besatzung im Ostsibirischen Meer (aus Caswell 1956)

achtzehn Monate lang im Eis gefangen über das Nordpolarmeer.

Inzwischen war DeLong überzeugt, dass Wrangel-Land eine Insel war, vielleicht auch eine Inselgruppe. Wie andere Zeitgenossen glaubte er, dass die warmen Meeresströmungen das Eis im Norden nicht auftauten, sondern umgekehrt. DeLong schrieb, »falls ein warmer Strom durch die Beringstraße flösse, wäre es der Kuro Siwo [Kuroschio], und unsere Meerestemperaturen deuteten nicht darauf hin«. Ihm wurde klar, dass seine Reise vergeblich war. »Ganz gleich, welche Schwierigkeiten, Probleme oder Unfälle wir zu bewältigen haben«, schrieb er in sein Tagebuch, »dass wir das vorgegebene Ziel nicht erreichen können, steht an oberster Stelle. [...] Wir sind zum Pol aufgebrochen; wir werden auf 71 plus im Packeis eingeschlossen; wir treiben nach Nordwesten; unser Schiff wird beschädigt [...]: wir treiben zurück nach Südosten.«

Von seinem Schmerz und seiner Enttäuschung zeugt ein weiterer Tagebucheintrag: »[W]ir haben versagt, insofern als wir den Pol nicht erreicht haben; und wir und unser Bericht werden zusammen in den trübseligen Abfalleimer der Geschichte geworfen, und man wird sich unser nur erinnern, um uns zu schmähen und zu verspotten.«

Am 12. Juni 1881 wurde die *Jeannette* vom Eis zerdrückt, und am nächsten Tag sank sie. Die Besatzung rettete sich auf das Packeis in der Nähe der Neusibirischen Inseln und versuchte, über Eis, Wasser und Land zur Mündung der Lena zu gelangen. Die Männer schlugen sich auf dem Landweg zur Insel Bennett durch und wanderten von dort aus südwärts zum Flussdelta. Bei einem Sturm verschwand ein Teil der Gruppe und wurde nie wieder gesehen. Andere konnten sich in zwei Booten in Sicherheit bringen – aber DeLong gehörte nicht zu ihnen. Von den 33 Expeditionsmitgliedern überlebten nur 13.

Drei Jahre später, am 18. Juni 1884, fanden drei Inuit auf den Eisschollen vor Südgrönland ein zerrissenes Scheckbuch, eine beschädigte Kiste und ein Paar Hosen aus Öltuch. Die Kiste trug die Aufschrift *Jeannette*, und auf der Hose stand

Die *Jeannette* sinkt (United States Naval Historical Center, Washington, D. C.)

der Name eines Überlebenden. Diesem Zufall sollte später einer der größten Arktisentdecker einen seiner glänzendsten Einfälle verdanken.

Die Nachricht von DeLongs Misserfolg erreichte Amerika 1881. Zu diesem Zeitpunkt hatten die Vereinigten Staaten schon eine weitere zum Scheitern verurteilte Arktisexpedition ausgeschickt. Die Leitung hatte Adolphus Greely, der nicht in der Marine, sondern in der Armee Leutnant war. Verschiedene europäische Nationen und die Vereinigten Staaten hatten den Gedanken des Österreichers Weyprecht aufgenommen, ein internationales Jahr der Polarforschung auszurufen. Die amerikanische Armee hatte sogleich zugesagt, ein für wissenschaftliche Beobachtungen ausgerüstetes Schiff zu einer von elf Stationen zu schicken, wobei die amerikanische Station am weitesten im Norden lag. Offenbar erhielt Greely außerdem geheime Anweisungen, zum Nordpol vorzudringen, der bis dahin eine Domäne der Marine gewesen war.

Ursprünglich sollte die Expedition 1880 auslaufen, aber der Aufbruch verzögerte sich, weil die Marine ihre Zustimmung zum Einsatz des Schiffes *Proteus* verweigerte. Während der anschließenden Auseinandersetzungen zwischen Marine und Armee kündigte Greely. Als man den Streit im folgenden Jahr, zwei Monate vor der Abreise, beilegte, wurde er wieder eingestellt. Die *Proteus* setzte die Männer mit ihrer Ausrüstung wie geplant in Discovery Harbor ab (wo Nares überwintert hatte), und fast sofort kam es zu Unstimmigkeiten. Zum Beispiel kündigte ein Offizier vor lauter Empörung darüber, dass er morgens genau so früh aufstehen sollte wie die Matrosen. Die *Proteus* legte ab, bevor der Mann offiziell entlassen worden war, so dass er ohne offizielle Funktion bei der Expedition blieb, was beim Militär nie gern gesehen wird. Im nächsten Jahr sollte ein Versorgungsschiff kommen und im Jahr darauf – 1883 – eine Hilfsexpedition. Greely taufte ihr Lager Fort Conger, und im ersten Winter schickte er Hundeschlitten in Richtung Pol. Einer davon erreichte 83° 24' nördlicher Breite und übertraf damit den von Nares aufgestellten Rekord um gut sechs Kilometer.

Erneute Streitereien brachen aus, als das Versorgungsschiff nicht erschien. Greely war nie ganz Herr der Lage. Der Arzt an Bord hielt weitere Schlittenfahrten nicht für angebracht, weil die Trupps notwendigen Proviant verbrauchen würden, und in einem bitteren Streit mit Greely weigerte er sich, sich für ein weiteres Jahr zu verpflichten. Greely ließ ihn festnehmen, eine Lösung, die angesichts des entlegenen Schauplatzes recht sonderbar erscheint.

Als der lange arktische Winter einsetzte, suchte Greely nach Möglichkeiten, um die Männer zu unterhalten. Ihm standen weder Musikinstrumente noch eine Bibliothek zur Verfügung, und vermutlich besaß er auch nicht die Liebe zum Theater, die Edward Parry mehr als zwei Jahrhunderte früher geholfen hatte. Greely beschloss, täglich einen ein- bis zweistündigen Vortrag über die Geographie und die Bodenschätze der Vereinigten Staaten insgesamt zu halten. Später sollten ähnliche Vorträge über die einzelnen Bundesstaaten und Regionen folgen. Er sprach über Getreide- und Obstproduktion und verwendete eine Stunde auf die Nutzung der Bodenschätze, musste aber feststellen, dass es »interessant war zu sehen, wie wenig Interesse die Gesellschaft für die Produktion von Gold und Silber zeigte«.

Als bis August 1883 kein weiteres Schiff erschienen war, gaben die Männer die *Proteus* schließlich auf und fuhren in den Beibooten los, die aber, weil es schon so spät im Jahr war, im Packeis stecken blieben. Von Unentschiedenheit und Stürmen geplagt, die einen großen Teil der wissenschaftlichen Ausrüstung und der Aufzeichnungen zerstörten, überwinterten sie am Kap Sabine, das auf dem Wasserweg nur 53 Kilometer von dem Inuitdorf Etah auf Grönland entfernt war. Bei immer kleiner werdenden Rationen zankten und stritten die Männer sich während der drei sonnenlosen Monate, mehrere starben, und die übrigen fingen Krill, jagten Polarfüchse und sammelten Flechten von den Felsen. Der Inuk Jens Edward, einer der beiden Jäger, die Robben fangen konnten, starb, als sein Kajak kenterte. Das war ein großer Verlust. Im Juni entdeckte ein Besatzungsmitglied, wie der Gefreite C. B. Henry aus einem verlassenen Winterquartier Fleisch holte und behauptete, es sei Menschenfleisch. Greely ließ ihn erschießen. Weitere Männer verhungerten und erfroren; der Arzt nahm Narkotika aus seinen Medikamentenvorräten ein und starb, offenbar ein Fall von Selbstmord.

Die wenigen Überlebenden wurden schließlich im Auftrag der U.S.-Marine von Robbenfängern aus Neufundland gerettet. Später verlegte Greely Pipelines auf den Philippinen und half bei der Beaufsichtigung der Aufräumarbeiten in San Francisco, nachdem 1906 ein Erdbeben die Stadt zerstört hatte. Inzwischen flaute die Begeisterung für Polarfahrten in Amerika für ein Jahrzehnt ab, denn die Bemühungen von Hall, DeLong und Greely waren verhängnisvoll verlaufen. Aber auch wenn der Nordpol für die Menschheit unerreichbar zu sein schien und auch das Erreichen eines weiteren nördlichsten Punktes die Kosten an verlorenen und ruinierten Menschenleben kaum wert zu sein schien, gab es in der Arktis doch noch andere Herausforderungen, und es gab Männer, die daran interessiert waren, sie anzunehmen.

8 Drei Mal folgenschwerer Ehrgeiz

Im Jahre 1880 wurde schließlich allgemein angenommen, dass es kein offenes Polarmeer gab. Man ging nun davon aus, dass der Nordpol und ein großer Teil des Nordpolarmeeres ganzjährig mit Eis bedeckt waren. Es konnte also nur zwei Arten geben, den Pol zu erreichen: Entweder fuhr man mit Schlitten über das Eis oder man flog. (Da es noch einige Jahrzehnte dauern sollte, bis es geeignete Flugzeuge gab, kamen für Flüge nur Heißluftballons in Frage.) Nach Greelys abgebrochener Expedition jedoch kam die Suche nach dem Pol für etwa ein Jahrzehnt zum Stillstand. Es war allgemein bekannt, wo der Nordpol lag, und man konnte sich vorstellen, wie er aussah. Auch wenn man ihn tatsächlich erreichte, war nicht zu erwarten, dass sich daraus wesentliche neue Erkenntnisse ergeben würden, und die Nation, die als Erste einen Bürger auf diesen geographischen Punkt stellte, würde daraus keine strategischen Vorteile ziehen können. Die Patentierung des ersten Reißverschlusses im Jahre 1893 sollte eine viel tiefer greifende ökonomische Wirkung haben als jede erfolgreiche Expedition zum Nordpol. Er lauerte einfach im Hohen Norden und stellte eine Herausforderung dar, an der sich einige Menschen eines Tages wieder messen würden.

Neben der ersten Durchfahrung der Nordwestpassage war auch ein anderes, bescheideneres, wenn auch sehr gefährliches Ziel noch nicht erreicht: Kein Europäer hatte bisher die grönländische Eiskappe überquert, die die große Insel bedeckte. Hier auf Grönland sollten drei der bedeutendsten Männer in der Geschichte der Arktisforschung ihre Fähigkeiten zum Überleben erproben, bevor sie zu ihrem großen Wettrennen zum Nordpol aufbrachen. Einer sollte als zweifelhafter Held sterben, einer sollte wegen Betruges eine Haftzeit in einer amerikanischen Strafanstalt absitzen, und einer sollte den Friedensnobelpreis erhalten.

Als im Jahre 1886 die Polarforschung wieder aufgenommen wurde, war Robert Peary dreißig Jahre alt. Er war in der Marine der Vereinigten Staaten Bauingenieur im Rang eines Leutnants. Sein Vater war gestorben, als er erst drei Jahre alt gewesen war, und seine Mutter hatte ihn großgezogen. Im Alter von vierundzwanzig Jahren schrieb Peary an die Mutter: »Ich weiß nicht, ob es mein Glück oder mein Unglück ist, oder ob es ein Zeichen für eine niederträchtige Gesinnung ist, aber ich kann es nicht ertragen, mit Menschen zu verkehren, die, bei gleichem Alter und gleichen Vorzügen, meine Vorgesetzten sind. Ich muss denjenigen, die um mich herum sind, gleichgestellt sein oder ich muss höher gestellt sein als sie, um mich wohl zu fühlen, es geht mir nicht darum, meine Überlegenheit zu zeigen, ich muss nur einfach selbst darum wissen.«

Dieser eigentümlich introspektive junge Offizier sollte sich schließlich zum fanatischsten Arktisforscher aller Zeiten entwickeln. Er war sein Leben lang Angehöriger der Marine. Für seine viel beachteten Arktisreisen gewährte man ihm ausgedehnten Urlaub. Peary führte acht Arktisexpeditionen durch – mehr als alle anderen Forscher. Seine erste Reise im Jahre 1886 war recht bescheiden: Er versuchte, die grönländische Eiskappe zu überqueren. Von seiner Mutter hatte er sich Geld für die Schiffsreise an die Südwestküste Grönlands geliehen, wo er sich nach Norden zur Diskobucht begab. Von dort aus versuchte er, die große Insel von Westen nach Osten zu überqueren. Begleitet wurde Peary von dem jungen Dänen Christian Maigaard und zwei Grönländern. Sie drangen zu Fuß etwa 150 Kilometer weit ins Landesinnere vor und erreichten eine Höhe von fast 3 000 Metern. So hoch war so weit oben im Norden noch niemand gekommen, doch schlechtes Wetter zwang sie zur Umkehr.

Peary berichtete, er sei weiter auf die Eiskappe vorgedrungen als je ein Mensch vor ihm, aber das war, wie sich herausstellen sollte, eine Übertreibung: Fünf Jahre zuvor waren auf einer von Nordenskiöld geleiteten Expedition über die Eiskappe mehrere Samen noch tiefer ins Landesinnere gelangt. Doch auch mit seiner tatsächlichen Leistung war Peary auf dem Weg zu dem Ruhm, den er so herbeisehnte. Kurz nach seiner Rückkehr schrieb er an seine Mutter und vertraute ihr an, diese Reise »hat meinen Namen in der Welt bekannt gemacht, und meine nächste wird mir in der Welt Ansehen verschaffen«. Seine Leistungen sollten zu »anhaltendem Ruhm & Ehre« führen, zu »gesellschaftlichem Aufstieg [und] mächtigen Freunden, mit denen ich meine Zukunft gestalten kann, statt sie auf mich zukommen zu lassen, wie sie will«.

Nachdrücklich formulierte er weiter: »Denke daran, Mutter, ich *muss* berühmt werden & ich kann mich nicht mit Jahren ganz gewöhnlicher Plackerei abfinden & und mit spätem Ruhm, wenn ich eine Möglichkeit sehe, ihn jetzt zu erwerben & mich an diesem köstlichen Trank zu laben.« Sicherlich hatten die meisten Männer, die die Arktis zu bezwingen suchten, dieses Motiv, von der Mehrzahl der Abenteurer insgesamt ganz zu schweigen. Jedenfalls begann Peary unverzüglich, Pläne für die nächste Reise zu schmieden, auf der er erneut versuchen wollte, Grönland zu überqueren. Zwei Jahre später jedoch, noch bevor er aufbrechen konnte, wurden seine Hoffnungen zunichte gemacht.

Fridtjof Nansen, ein Norweger, der auf mehreren Gebieten heldenhafte Leistungen vollbringen sollte, kam ihm zuvor. Nansen war groß und stark, ein ausgezeichneter Skifahrer, Schlittschuhläufer, Jäger und Fischer. Er hatte an der Universität in Oslo, das damals Kristiania hieß, das Studienfach Zoologie gewählt, unter anderem deswegen, weil es ihn auf einen Beruf im Freien vorbereitete. 1882 fuhr er mit einem Robbenfänger in grönländische Gewässer, und als er von weitem die grönländische Eiskappe sah, war er überzeugt, dass es möglich sein müsse, sie zu überqueren. 1887 verkündete er seinen Plan zu dieser Unternehmung, der alles, was andere Entdecker sich dazu überlegt hatten, auf den Kopf stellte. Insbesondere Nordenskiöld und Peary hatten nämlich versucht, Grönland von seiner bewohnten Westküste aus zu überqueren. So hatten sie sich die Möglichkeit offen gehalten, in ein Minimum an Zivilisation zurückzukehren, falls etwas schief ging. Nansen dagegen vertraute auf sein Durchhaltevermögen und beschloss, von der unbewohnten, unwirtlichen Ostküste aus aufzubrechen. Damit würde er sich jeden sinnvollen Rückzug abschneiden und sich zwingen, weiter vorzudringen. Die Hauptaufgabe bestand darin, die eisbedeckte Bergkette an der Ostküste zu erklimmen. Von einer Höhe von fast 2700 Metern aus brauchte man dann die restliche Strecke nur noch auf Skiern abwärts zu fahren und hatte noch dazu den Wind im Rücken. Diese Argumente brachte Nansen vor, aber andere hielten seinen Plan für selbstmörderisch. Und falls Nansen sich in irgendeinem Punkt irrte, konnten er und seine Leute bei diesem Vorhaben tatsächlich leicht ums Leben kommen.

Nachdem Nansen seine Promotion in Zoologie abgeschlossen hatte, verließ er Norwegen im Mai 1888 zusammen mit fünf Kameraden an Bord eines Robbenfängers. Nach einigen wetterbedingten Schwierigkeiten erreichten sie am 15. August die Ostküste Grönlands. In heftigen Stürmen bestieg die Gruppe auf Schneeschuhen die Bergkette im Osten. Am 5. September waren sie oben, und nun fuhren sie auf Skiern die Abhänge im Westen hinunter, überquerten die Eiskappe und erreichten drei Wochen später, am 26. September, den Ameralik-Fjord an der Westküste. Unter anderem hatte Nansen damit die bisher offene Frage beantwortet, ob die Eiskappe sich über die ganze Insel erstreckte. Nansen hatte für sein Unternehmen einen leichten, flexiblen Schlitten entwickelt, auf dem Hunde Proviant ziehen konnten; dieses Gefährt hatte Schlittenformen der Inuit und der Norweger zur Grundlage und wurde später als Nansen-Schlitten bekannt. Nachfolgende Entdecker verwendeten es über Jahrzehnte hinweg. Die Gruppe musste in der Siedlung Godthåb überwintern, wo Nansen die Zeit damit verbrachte, mehr über die Lebensgewohnheiten der dortigen Inuit herauszufinden.

Im Mai 1889 kehrte die Gruppe nach Norwegen zurück, und Nansen wurde als Nationalheld gefeiert. Er hatte der skandinavischen Arktisforschung vor der Nordamerikas und des übrigen Europas einen Vorsprung verschafft und die Experten verblüfft, indem er den Weg von Osten nach Westen gewählt hatte. Man ernannte ihn zum Kurator am Zoologischen Museum in Oslo, ohne ihm aber bestimmte Aufgaben zuzuweisen. Er hatte, mit anderen Worten, die Freiheit, zu tun, was immer er wollte. Nansen hatte schon begonnen, einen weitaus ehrgeizigeren und innovativeren Plan zu entwickeln. Er hatte gelesen, dass man Überreste von der fehlgeschlagenen amerikanischen Expedition unter Leitung von George Washington DeLong in der Baffinbucht gefunden hatte, weit entfernt von der Stelle, wo er Schiffbruch erlitten hatte. Nur das Treibeis konnte die Reste dorthin gebracht haben, folgerte Nansen.

Robert Peary war gerade dabei, seinen zweiten Versuch der Überquerung von Grönlands Eiskappe vorzubereiten, als die Welt von Nansens großartiger Leistung erfuhr. Peary war wütend und beschuldigte Nansen, seine Pläne geraubt zu haben und ihm auf unzulässige Weise zuvorgekommen zu sein. Doch wie dem auch sein mochte, er musste sich schnell umstellen, und so suchte er sich ein neues Ziel – er wollte die Nordgrenze von Grönland bestimmen. Im Jahre 1888 war nicht bekannt, wie weit die Insel nach Norden oder nach Osten reichte. Petermanns Landkarte, auf der Grönland sich bis zum Pol erstreckte und sein westlicher Zipfel als Wrangel Land an der Beringstraße lag, war weiterhin in Gebrauch. So kündigte Peary an, er werde mit einer Expedition Nordgrönland von Westen nach Osten überqueren, um die unbekannte Nordostküste zu kartieren und, wenn möglich, die Ausdehnung nach Norden zu bestimmen. Der Beginn dieser Expedition, die größer werden sollte als seine erste, wurde für 1891 geplant, und Peary erhielt Unterstützung von der *Philadelphia Academy of Natural Sciences* und der *American Geographical Society*. Unter der Schirmherrschaft dieser angesehenen Organisationen fiel es ihm leichter, das Geld für die Reise zusammenzubekommen. Peary kündigte, wie es üblich war, mit Hilfe von Zeitungsanzeigen an, dass er die Nordgrönlandexpedition der Vereinigten Staaten ausrüste und dafür Besatzungsmitglieder suche.

Hier betrat Frederick Cook die Bühne, ein Amerikaner, der 1890 mit Mühe und Not an der Universität New York sein Medizinstudium abgeschlossen hatte. Er war in einer armen Familie in Brooklyn aufgewachsen und hatte unter anderem in einer Molkerei gearbeitet, um sein Studium finanzieren zu können. Als er Pearys Anzeige las, hatte er gerade in Brooklyn eine Praxis eröffnet, doch nun meldete er sich für die unbezahlte Stelle als Schiffsarzt. Peary nahm ihn, und so begann seine Laufbahn als Polarforscher, die ihn schließlich zum Konkurrenten Pearys machen sollte. Nansen gehörte schon jetzt zu den Wissenschaftlern, die darauf hinwiesen, dass Peary übertrieben hatte, als er seine erste Wanderung auf dem grönländischen Eis im Jahre 1886 beschrieb.

Zu Pearys neuer Expedition gehörten Cook als Arzt, ein Norweger namens Eivind Astrup, der wie Cook auf die Zeitungsanzeige geantwortet hatte und ohne Bezahlung mitreiste, Pearys schwarzer Diener Matthew Henson und Pearys Ehefrau Josephine. Das Schiff *Kite* setzte sie in der Nähe des heutigen Luftwaffenstützpunktes Thule ab, an der Spitze der Baffinbucht an der Nordwestküste Grönlands. Dort sollten sie überwintern und sich im nächsten Jahr von der *Kite* wieder abholen lassen. Cooks Dienste wurden schon bald in Anspruch genommen, denn Peary brach sich auf der Reise ein Bein und brauchte ärztliche Hilfe. Bei dieser Gelegenheit entwickelten die beiden Männer großen Respekt füreinander.

Während des Sommers 1892 unternahm Peary, dessen Bein inzwischen geheilt war, zusammen mit Astrup einen Fußmarsch, der 800 Kilometer weit über Eis nach Nordosten führte, bis sie schließlich ein Kap erreichten, das Peary Navy Cliff taufte. Dieser Marsch, zu dem noch der Rückweg von weiteren 800 Kilometern hinzukam, war die längste Fußreise, die je ein Weißer in der Arktis unternommen hatte, und schon an sich eine bemerkenswerte Leistung. Peary berichtete später, vom Navy Cliff aus habe er im Osten ein Gewässer gesehen, das er Independencebucht nannte. Damit hatte er also die Nordostküste Grönlands erreicht. Im Norden sah er eine Landformation, die er Peary-Land taufte. Den Kanal, der dieses Land vom Festland trennte, nannte er Pearykanal und legte damit die nördliche Grenze Grönlands fest. Peary-Land war offenbar eine Insel, vielleicht auch Teil einer Inselgruppe, die sich weiter nach Norden hin erstreckte.

Aus unserem zeitlichen Abstand heraus lässt sich unmöglich entscheiden, was Peary damals eigentlich gesehen oder

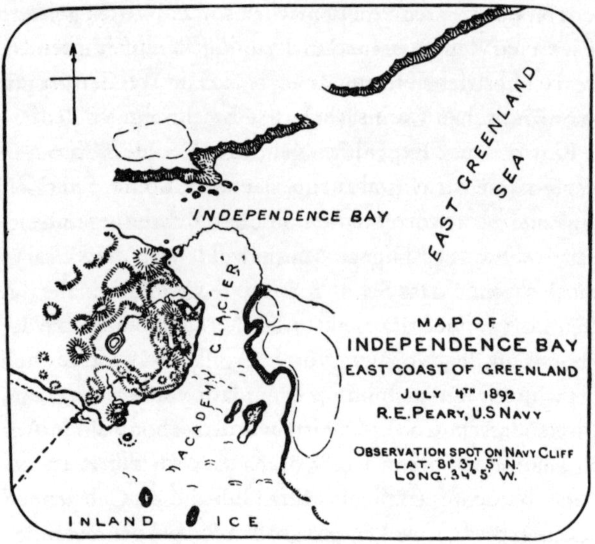

Skizze der »Independencebucht« an der Ostküste Grönlands (aus Peary 1898)

nicht gesehen hat. Die Independencebucht war keine Bucht, also ein eher breiter, ins Land hinein ragender Teil des Meeres, sondern ein Fjord oder eine Förde, also ein langer, schmaler Meeresarm, der über hundert Kilometer weit ins Land hineinragen kann. Daher heißt die Independencebucht heute korrekt Independence-Fjord. Als Peary über diesen Fjord blickte, war er noch etwa 300 Kilometer von Grönlands Nordostküste entfernt.

Außerdem gibt es keinen Pearykanal, und Peary-Land ist Teil des Festlandes; eine Inselgruppe, die sich nach Norden erstreckt, existiert nicht. Astrup erwähnte den Pearykanal in seinem Bericht vor norwegischen Geographen nicht und meinte, man könne nicht mit Gewissheit sagen, welcher Art das Gewässer sei, das sich vom Navy Cliff nach Osten erstrecke. Die Zeitschrift *American Geographical Society Jour-*

nal zitierte später den Kommentar von europäischen Geographen. Einer von ihnen fand es »zumindest überraschend«, dass Astrup die Entdeckung an der Nordküste Grönlands nicht erwähnte, »als wäre sie nur von zweitrangiger Bedeutung«. Ein anderer sagte: »Die Norweger schildern ihre Beobachtungen meistens wahrheitsgetreu. […] Die amerikanischen Polarfahrer, müssen wir leider sagen, erwecken seit den Übertreibungen von [Isaac Israel] Hayes in dieser Hinsicht nicht immer Vertrauen.«

Gleich nach seiner Rückkehr in die Vereinigten Staaten im September 1892 begann Peary, für das folgende Jahr eine weitere Expedition zu planen. Er bot Frederick Cook die Stelle des Arztes an, die dieser auch annahm. Doch dann kam es zum Bruch zwischen den beiden Männern. Nach ihrer Rückkehr hielt Cook in medizinischen Gesellschaften Vorträge über die Lebensweise der Inuit und beschloss, ein Buch darüber zu schreiben. Er fragte Peary, ob er dafür Fotografien verwenden dürfe, die er selbst und andere aufgenommen hatten. Peary erinnerte Cook daran, dass er eingewilligt hatte, nach dem Erscheinen von Pearys Bericht über die Expedition von 1891 mindestens ein Jahr lang nichts zu veröffentlichen, und er verweigerte ihm die Erlaubnis zur Verwendung der Fotos. Schließlich hing die Finanzierung von Pearys nächster Expedition vom Erfolg seiner Vorträge und seines Buches ab, und Peary hielt tatsächlich in den 103 Tagen nach seiner Rückkehr 165 Vorträge. Insofern war seine Weigerung nachvollziehbar, doch Cook sah das anders. Verärgert beschloss er, Peary auf seiner nächsten Expedition nicht mehr zu begleiten.

Doch die Arktis ließ Cook nicht mehr los. Den größten Teil der nächsten beiden Jahre verbrachte er mit eigentlich belanglosen Expeditionen. Im Sommer 1893 heuerte ein Professor der Yale University ihn an, weil er mit seinem Sohn eine Besichtigungsfahrt in die Arktis unternehmen sollte. Cook charterte ein Schiff mit Besatzung, und sie fuhren nach Neufundland, Labrador und an die Westküste Grönlands. 1894 organisierte Cook für etwa fünfzig Jäger eine Expedition nach Nordwestgrönland und charterte dazu ein Schiff namens *Miranda*. Am 17. Juli rammte das Schiff einen Eisberg und musste zur Reparatur nach Labrador zurückkehren. Wieder unterwegs nach Grönland, lief die *Miranda* auf ein von Wasser verdecktes Riff und musste schließlich aufgegeben werden. Die Besatzung und die Passagiere wurden bald von einem Fischerboot gerettet, einem Schoner, der sie nach Neufundland brachte. Die Jäger ließen sich aber nicht entmutigen und beschlossen auf der Rückreise in die Vereinigten Staaten, auf der Grundlage der gemeinsamen Erlebnisse einen Klub zu gründen. Er wurde *Arctic Club* getauft und sollte bei der Entdeckung der Arktis in Zukunft eine wichtige Rolle spielen. (Dieser Verein existiert bis auf den heutigen Tag. Versammlungsort ist New York City.)

Während Cook 1893 und 1894 als Führer durch die Arktis arbeitete, war Peary, wie er hoffte, unterwegs zu einem neuen Triumph. Am 26. Juni 1893 verließ er die Vereinigten Staaten und reiste nach Grönland, zusammen mit einer Gruppe von vierzehn Menschen, darunter wieder Astrup und Henson sowie ein Arzt und eine Krankenschwester für Josephine Peary, die schwanger war. Am 12. September kam in ihrem Basislager etwas nördlich von Thule Pearys erstes Kind Marie zur Welt. Abgesehen von Maries Geburt wurde die Expedition von allen, auch von Peary selbst, als kläglich gescheitert betrachtet. Im Sommer 1884 konnten die Männer nur gut 200 Kilometer nach Nordosten vordringen, bevor sie von schlechtem Wetter zur Umkehr gezwungen wurden. Peary schickte alle zurück ins Basislager und ging nur mit Henson und einem jungen Freiwilligen namens Hugh Lee weiter. 1895 gelangten die drei bis zum Navy Cliff, doch auf dem Rückweg verhungerten sie fast und mussten ihre Hunde schlachten und essen. Weder konnte Peary den Ergebnissen seiner vorigen Expedition etwas hinzufügen, noch hatte er einen Weg zum Nordpol gefunden.

Doch er wollte sich mit diesem Fehlschlag nicht abfinden. Er wusste, dass John Ross vor vielen Jahren von drei Meteoriten aus Nickel und Eisen gesprochen hatte, aus denen die Inuit Eisengeräte herstellten. Peary begab sich südwärts nach Cape York, fand die Meteoriten und brachte die beiden kleineren auf Schlitten mit zurück. Der eine wog 300, der andere 6 000 Pfund.

Trotzdem hatte Peary das Gefühl, an einem Tiefpunkt seiner Karriere angekommen zu sein. Er sah seine Träume zerrinnen und seine Laufbahn als Entdecker zu Ende gehen. Bei seiner Rückkehr sagte er der *New York Times*: »Ich werde den Nordpol nie zu sehen bekommen, es sei denn, jemand bringt ihn her. Ich habe damit abgeschlossen.« Weiter erklärte er, dass man für solche Abenteuer jünger sein müsse als er, »ein trainierter Mann, durch und durch sportlich, und das bin ich nicht«. Peary war damals Mitte Vierzig, »kein alter Mann für hiesige Verhältnisse, aber für diese Art von Arbeit bin ich zu alt«.

Nichtsdestotrotz sollte Peary seinen Elan bald wiedergewinnen, und auch seine Träume stellten sich wieder ein. Vielleicht hatte der Erfolg seines Rivalen Nansen etwas damit zu tun.

1893 brach Nansen mit voller finanzieller Unterstützung des norwegischen Parlaments und des Königs zu einer außergewöhnlichen Reise auf – sozusagen zu einer passiven Erkundung der Arktis. Ausgehend unter anderem von den Berichten, dass die Überreste von DeLongs Expedition auf der »falschen« Seite der Erde entdeckt worden waren, zog Nansen den Schluss, dass auch er mit dem richtigen Schiff im Eis über das Nordpolarmeer treiben könne. Ein derartig gefährliches Unternehmen hatte noch niemand auch nur in Erwägung gezogen, aber Nansen hatte absolutes Vertrauen in seine eigenen Fähigkeiten, in seine sorgfältige Planung und in die wissenschaftliche Genauigkeit, mit der er die Situationen, die ihm begegnen könnten, analysieren würde. Ihm war nicht damit gedient, ein existierendes Schiff neu auszurüsten, sondern er brauchte ein neues Schiff von ganz neuartiger Bauart. Es sollte einen badewannenförmigen Querschnitt haben, so dass es auf das Eis emporgehoben werden und darauf liegen konnte, statt vom Packeis zermalmt zu werden. Ein Schiff mit flachem Boden war jedoch kaum hochseetüchtig. Nansen fand bald einen Mann, der manövrierfähige Lotsenboote für Häfen konstruiert hatte, und die beiden machten einen Entwurf für ein Schiff, das bis zum Rand des Packeises zu fahren vermochte, sich aber auch auf das Eis schieben und weitertreiben lassen konnte. Es wurde ein kompaktes Schiff mit 402 Bruttoregistertonnen, einer Länge an der Wasserlinie von etwa 34 Metern, einer Breite von etwa 11 Metern und einem Tiefgang von gut 5 Metern. Nansen nannte dieses Segelschiff mit Hilfsmotor *Fram*, das heißt »Vorwärts«. Es ist in restauriertem Zustand im Fram-Museum bei Oslo zu besichtigen.

Die *Fram* verließ Oslo am 24. Juni 1893 mit einer Besatzung von dreizehn Personen, darunter Nansen als Expeditionsleiter. Wenn Nansen mit seiner Annahme völlig falsch gelegen hätte, wäre er wohl als eitel und töricht in die Geschichte eingegangen und vielleicht auch jung ums Leben gekommen. Das britische Satiremagazin *Punch* hielt es für angebracht, sich über Nansen lustig zu machen:

Da fährt Dr. Fridtjof Nansen los!
Zyniker lachen und Pessimisten spotten bloß,
Zum Pol will der norwegische Esel treiben –
Um unsere Landkarte neu zu schreiben.

Die *Fram* folgte der gleichen Route zu den Neusibirischen Inseln, die Nordenskiöld mit der *Vega* eingeschlagen hatte, und Ende September fror sie im Packeis ein. Im Zickzack trieb sie mit dem Eis erst nach Nordwesten und dann nach Südwesten, wo sie im Juli 1896 wieder freikam, so dass sie drei Jahre lang im Eis festgesessen hatte. Mit dieser Fahrt wurde nicht nur bewiesen, dass das Eis von den Neusibirischen Inseln nach Spitzbergen treibt, sondern die Männer nahmen unterwegs auch wissenschaftliche Messungen und Beobachtungen vor. Zum Beispiel stellte die Expedition fest, dass die eurasische Seite des Nordpolarmeeres ein tiefes Becken, nicht ein flaches Meer ist. Selbst Nansen hatte angenommen, das Nordpolarmeer sei insgesamt recht flach, und die Leinen, die er zum Ausloten der Tiefe mitgebracht hatte, waren nicht lang genug. Dieses Problem löste er, indem er die einzelnen Leinen auseinander drehen ließ und das so entstandene dünnere Tauwerk wieder aneinander knüpfte. Der sechsbändige wissenschaftliche Bericht, der am Ende der Reise zusammengestellt wurde, enthält Informationen, die heute noch wertvoll sind. Es geht dabei um Meereskunde, Tiefseemessung und Ablagerungen auf dem Grund des Nordpolarmeeres, um die Naturgeschichte der arktischen Vogelwelt, der Krustentiere und des Planktons, um Astronomie, Erdmagnetismus und Schwerkraft und schließlich um Meteorologie.

Unterwegs wurde Nansen klar, dass sie mit der Drift nicht in der Nähe des Nordpols vorbeitreiben würden, daher verließ er das Schiff am 14. März 1895, zusammen mit seinem Kameraden Hjalmar Johansen. Sie nahmen 28 Hunde, drei Schlitten, zwei Kajaks zum Überqueren offener Wasserflächen, ein Zelt, einen Ofen, Skier, Schneeschuhe und Proviant für hundert Tage mit. Sie wollten versuchen, zu Fuß zum Nordpol zu gelangen, doch wie sich herausstellte, sollten die beiden Männer fast fünfzehn Monate auf dem Eis verbringen.

Anfangs kamen sie gut voran, aber am 29. März, nach nur zwei Wochen, kamen sie an »schauderhafte, große, aufgetürmte Eisrücken«, schrieb Nansen später. Am nächsten Tag wurden sie von »einige[n] Rücken schlimmster Art aufgehalten, Berge[n], die aus riesigen Eisblöcken aufgetürmt waren«, und einen Tag später stürzte Johansen ins Wasser, als das Eis unter ihm brach. Die Wasserrinne verbreiterte sich, und auf einer Seite stand ein Mann mit einem Schlitten, auf der anderen ein nasser Mann mit zwei Schlitten. Später fror die Rinne wieder zu, und sie marschierten weiter; nach einem ebenen Gebiet stießen sie wieder auf Packeisgrate, und Nansen wurde klar, dass sich das Eis unter ihnen südwärts bewegte. Am 8. April erkannte er: »Es hat keinen Sinn, noch weiter vorzudringen; wir opfern kostbare Zeit und erreichen nichts.« Sie befanden sich auf 86° 13' nördlicher Breite, am nördlichsten Punkt, den je eine Expedition erreicht hatte. Nun wandten sie sich nach Süden.

Nichts als Eis, Eis bis zum Horizont
7. April 1895

Nansen auf einem Eisgrat nahe seiner höchsten Breite (aus Nansen 1898)

Fast drei Monate lang wanderten sie südwärts über das Packeis, bis sie am 24. Juli Land sahen. Inzwischen waren von ihren 28 Hunden nur noch zwei übrig geblieben, denn die schwächeren hatten sie unterwegs an die anderen verfüttert. Die Schlitten wurden jeweils von einem Mann und einem Hund gezogen. Nun war der Zeitpunkt gekommen, die Schlitten stehen zu lassen und per Kajak nach Franz-Joseph-Land zu fahren. Für die beiden Hunde war in den Kajaks kein Platz, daher wurden sie getötet. Am 24. August schlugen die beiden Männer auf Franz-Joseph-Land ihr Winterquartier auf. Sie lebten wie Inuit in einer Hütte aus Steinen, die sie mit Walrosshaut bedeckten, ernährten sich von Seehunden, Walrossen und Eisbären, die sie erjagten, und verwendeten den Robbenspeck als Brennstoff. Nach neun Monaten brachen sie in ihren Kajaks wieder auf. Es war der 19. Mai 1896. Aber wo sollten sie hinfahren?

Spitzbergen, der nächste bewohnte Ort, war mehr als 160 Kilometer entfernt, für eine Fahrt mit dem Kajak eine unmögliche Strecke. Vielleicht hätte Nansen es sich doch zugetraut, aber glücklicherweise brauchte er diese Fahrt nicht zu wagen. Am 17. Juni, als er und Johansen sich noch auf Franz-Joseph-Land befanden, stießen sie auf eine britische Arktisexpedition, die von Frederick Jackson geleitet wurde. Nansens Glückssträhne hatte angehalten. Jackson schrieb später: »Ich habe nie von einer denkwürdigeren Begegnung gehört. Nansen wusste nicht, dass ich mich auf Franz-Joseph-Land aufhielt, […] und ich ahnte nicht im Geringsten, dass er nur einige hundert Kilometer von mir entfernt war; zudem war Nansen sich gar nicht sicher, in welchem Teil der Welt er sich befand.« Jackson wies darauf hin, dass zwischen Nansen und dem nächsten bekannten Land nun mehr als 250 Kilometer praktisch offene See lagen, nicht das richtige Fahrwasser für »leckende Segeltuchkanus«, und er berichtete, dass »Nansen wiederholt bemerkt, nichts könne ihn dazu bringen, jemals wieder so eine Fahrt zu unternehmen«.

Nansen und die *Fram* wurden bei ihrer Rückkehr beispiellos gefeiert. Er machte eine lukrative Vortragsreise durch Europa und die Vereinigten Staaten. Sein Buch über die Expedition, *In Nacht und Eis*, wurde sofort zum Bestseller. Wissenschaftliche Gesellschaften beiderseits des Atlantiks überschütteten Nansen mit Goldmedaillen und Preisen. Plötzlich war er nicht nur wohlhabend, sondern auch der Liebling Norwegens. Er machte keinen weiteren Versuch, den Pol

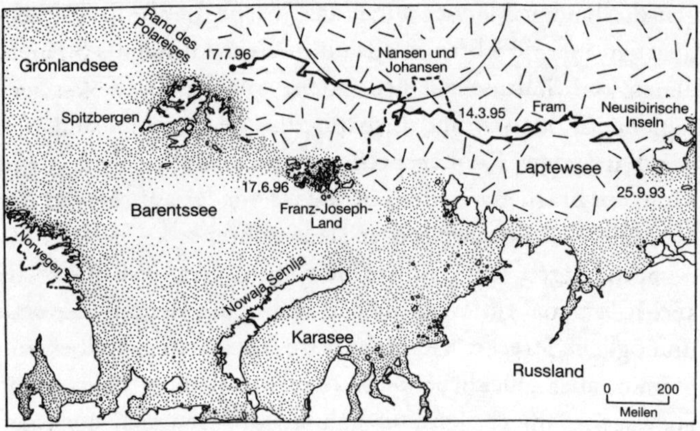

Die Drift der *Fram* im arktischen Eis und der Weg von Nansen und Johansen über das Packeis (aus Nansen 1898)

zu erreichen, und leitete auch keine größere Arktisexpedition mehr. Stattdessen zog Nansen sich in die Welt der Wissenschaft zurück, schrieb einen großen Teil des sechsbändigen Berichts über die Expedition mit der *Fram* und gab ihn heraus.

Hier wollen wir die Geschichte der Arktisforschung unterbrechen und einen Abstecher zu Nansens erstaunlichem Lebenslauf machen, denn er war eindeutig der außergewöhnlichste und vielseitigste von allen Männern, die je in der Arktis Abenteuer und Wissen suchten. Bald nach der Jahrhundertwende fand Nansen sich im Dickicht der Nationalpolitik wieder. Er unterstützte die Bewegung für eine friedliche Trennung Norwegens von Schweden, die von norwegischen Schiffseignern ins Leben gerufen worden war. Im Jahrhundert zuvor waren die beiden Länder insofern getrennt gewesen, als jedes ein eigenes Parlament hatte, aber derselbe König herrschte über beide, und die Außenpolitik wurde von Stockholm bestimmt. Doch Norwegen war eine Seefahrernation, und seine außenpolitischen Interessen unterschieden sich sehr von denen Schwedens.

Man hatte schon einige Zeit Gespräche geführt, als Schweden im Jahre 1905 plötzlich die Verhandlungen abbrach. Nansen schrieb eine Reihe provokativer Zeitungsartikel, und sein Heldenstatus und seine überzeugende Feder konnten den Nationalgeist wieder beleben. 1905 wurde er ins Ausland gesandt, wo er die großen europäischen Nationen und die Vereinigten Staaten dazu bewegen sollte, Schweden aufzufordern, die Verhandlungen wieder aufzunehmen. Dazu kam es schließlich auch, und noch im gleichen Jahr wurde die schwedisch-norwegische Union friedlich getrennt.

Die neue norwegische Regierung schickte Nansen als ersten Gesandten nach London, wo er England überredete, ein Abkommen zu unterschreiben, das Norwegens neu erworbene Unabhängigkeit garantierte. Im Jahre 1908 kehrte Nansen nach Oslo zurück, wo er wieder an die Universität ging, diesmal als Professor für Meereskunde. Bis zum Ersten Weltkrieg machte er zahlreiche meereskundliche Fahrten. Er erfand zum Beispiel die »Nansen-Flasche«, einen Wasserschöpfer, mit dem man aus verschiedenen Meerestiefen Wasserproben entnehmen kann. Ein Draht mit einem Gewicht am Ende wird mit Hilfe einer Winsch vom Schiff aus ins Meer hinuntergelassen. An diesem Draht sind in bestimmten Abständen zylindrische Flaschen befestigt, die an beiden Enden Ventile haben, die anfangs geöffnet sind. Wenn die Flaschen die gewünschte Tiefe erreicht haben, lässt man ein Fallgewicht an dem Draht hinabgleiten, das die oberste Flasche umkippt. Ihre Ventile schließen sich, und die Flasche enthält nun eine Wasserprobe aus dieser Tiefe. Gleichzeitig löst sich von der ersten Flasche ein zweites Fallgewicht, gleitet am Draht hinunter, wiederholt den Vorgang mit der zweiten Flasche und so weiter. Außerdem schrieb Nansen ein Buch, *Nebelheim*, das er auch selbst illustrierte. Diese Geschichte der frühen Erkundungen des Nordens durch Griechen, Wikinger und andere wurde 1911 veröffentlicht

Fridtjof Nansen, Selbstporträt (aus Whitehouse 1930)

und ist zu einem Klassiker geworden.

Nach dem Ersten Weltkrieg wurde Nansen zum norwegischen Delegierten in der Versammlung des Völkerbundes ernannt. Auf Grund seiner Berühmtheit und der Tatsache, dass er aus einem neutralen Land stammte, beauftragte der Völkerbund ihn 1920, über die Rückkehr der deutschen und österreichischen Kriegsgefangenen aus Russland und der russischen Kriegsgefangenen aus Deutschland zu verhandeln. Die junge Sowjetregierung erkannte den Völkerbund nicht an, daher führte Nansen die Unterredungen als Privatmann. Nachdem er mit beiden Regierungen die Freilassung der Gefangenen ausgehandelt hatte, musste er private Geldquellen auftun, um das Geld für die Rückkehr der Männer aufzubringen. Insgesamt konnten unter seiner Schirmherrschaft 500 000 Kriegsgefangene in ihre Heimat zurückkehren.

Nach der Oktoberrevolution 1917 hatten Tausende von Russen ihr Land verlassen. Sie lebten im Ausland ohne Aufenthaltsgenehmigungen und ohne Papiere, die ihnen Bürgerrechte verschafft oder das Reisen gestattet hätten. Im Jahre 1921 ernannte der Völkerbund Nansen zum Hochkommissar für Flüchtlinge und trug ihm auf, sich mit diesem Problem zu beschäftigen. 54 Nationen und der Völkerbund stimmten Nansens Lösung zu, die als Nansen-Pass bekannt wurde. Dieser Ausweis verlieh den Inhabern keine Nationalität, sondern bestätigte einfach ihre Existenz. Damit wurde der Begriff der Staatenlosigkeit in das internationale Recht aufgenommen. Indem es die Wiedereinreise gewährleistete, machte dieses Dokument Grenzüberquerungen möglich, und der Flüchtling stand praktisch unter dem Schutz des Hochkommissars, der eine Art internationaler Konsul war. Nahezu eine Million Nansen-Pässe wurden in jenen Jahren ausgestellt. Unter ihren Inhabern waren Igor Strawinsky, Marc Chagall, Anna Pawlowa und Sergej Rachmaninow.

Im gleichen Jahr kümmerte Nansen sich auch darum, dass genug Geld gesammelt wurde, um für etwa 20 bis 30 Millionen hungernde Russen Getreide zu kaufen. Damit rettete er viele Menschenleben, auch wenn er sich dem Vorwurf aussetzte, er sei dem Kommunismus gegenüber zu nachgiebig, denn viele der Hungernden waren »Rote«, Bolschewiken, im Gegensatz zu den »Weißen«, antikommunistisch gesinnten Russen, die von der Mehrheit Europas unterstützt wurden. In den folgenden beiden Jahren bestand Nansens Hauptaufgabe darin, etwa eine Million Vertriebene, die vor den jahrhundertealten Feindseligkeiten zwischen Griechen und Türken geflohen waren, friedlich in ihre Heimat zurückzubringen. Nansen konnte mit beiden Regierungen Vereinbarungen treffen, mit dem Ergebnis, dass die in Griechenland verbliebenen Muslime sich in der Türkei und die orthodoxen Christen aus der Türkei sich in Griechenland ansiedeln durften. 1922, mitten in diesen Verhandlungen, wurde ihm der Friedensnobelpreis verliehen. In der Festrede hieß es:

> Die Arbeit auf internationaler Ebene, die Herr Nansen während der vergangenen Jahre geleistet hat, hat ihm den Friedenspreis eingebracht. Besonders erwähnen möchte ich seine Arbeit für die Repatriierung von Kriegsgefangenen, seine Arbeit für die russischen Flüchtlinge, seine Arbeit bei der Hilfe für die Millionen Menschen, die in Russland gegen den Hunger kämpfen, und derzeit seine Arbeit für die Flüchtlinge

in Kleinasien und Thrakien. Nansen widmet sich diesen Aktivitäten zwar erst seit wenigen Jahren, aber ihr Ausmaß und ihre Bedeutung sind so groß, dass das Nobel-Komitee sie der großen Auszeichnung des Friedensnobelpreises für würdig erachtet.

Nansen starb 1930. Er hatte auf erstaunlich unterschiedlichen Gebieten Großes vollbracht und zahllose Auszeichnungen erhalten. Zu seinen Leistungen zählt auch, dass er in der Arktisforschung einen Maßstab für Würde und Qualität setzte, der nie wieder erreicht werden sollte.

9 Pro und kontra Amateure

In den Jahren nach Nansens Fahrt mit der *Fram*, nach Pearys zweiter Expedition und nach dem Beginn der Auseinandersetzungen zwischen Peary und Cook – also von 1896 bis 1909 – kam es zu einer nie dagewesenen Flut von Arktis- und Antarktiserkundungen. Einige verliefen erfolgreich, andere tragisch und manche nahezu tragikomisch.

Es hat schließlich fast etwas Komisches, wenn man sich vorstellt, dass jemand mit einem Ballon aufsteigt, um in einer Entfernung von mehreren hundert Kilometern ein bestimmtes Ziel zu erreichen. Wer jemals eine Ballonfahrt mitgemacht hat, weiß, dass Heißluftballons den Launen des Windes ausgesetzt sind. Eine steife Brise kann den Ballon so schnell vor sich her jagen, dass eine sichere Landung nicht möglich ist, und zudem wird er vielleicht in die falsche Richtung getrieben. Wenn gar kein Wind weht, bleibt der Ballon auf der Stelle und kann nur aufsteigen oder absinken. Es gibt wohl keine Fortbewegungsart, die weniger zuverlässig ist. Das konnte den Schweden Salomon August Andrée, der fast mit Sicherheit als Erster auf den Gedanken kam, den Nordpol aus der Luft zu erreichen, jedoch nicht davon abhalten, seine Idee in die Tat umzusetzen.

Andrée war klar, dass die arktischen Winde vom Nordpol fort und um ihn herum wehen, nicht jedoch zum Pol hin. Er plante daher, dem Wind entgegenzuwirken, indem er die Bewegung des Ballons durch auf dem Boden nachschleifende Seile verlangsamte und den Ballon irgendwie gegen die Windrichtung »kreuzen« ließ. Andrée konnte mehrere angesehene Landsleute, darunter auch Alfred Nobel, für die Finanzierung seines Unternehmens gewinnen. Im Sommer 1896 brachte er seinen Ballon auf eine kleine Insel vor der Nordwestküste Spitzbergens, wo er ihn mit Wasserstoff füllen wollte, den er an Ort und Stelle mit einem Generator erzeugte. Andrée wartete mehrere Wochen auf den günstigen Südwind, den er für seine Fahrt brauchte, und als dieser Wind sich nicht einstellte, musste er seinen Versuch für das laufende Jahr abbrechen.

Einer der vielen Zufälle, die Fremde oder Bekannte in der Arktis zusammenführten, wollte es, dass Andrée den norwegischen Entdecker Otto Sverdrup kennen lernte, der gerade auf dem Heimweg war, nachdem er die dreijährige erste Reise der *Fram* mitgemacht hatte (1893 bis 1896). Sverdrup blieb in den folgenden Jahren nahezu unbekannt, obwohl er mehr Zeit in der Arktis verbrachte, als alle seine Landsleute, Nansen eingeschlossen, und dort mehr Land entdeckte, als alle 40 Expeditionen auf ihrer Suche nach Franklin. Sverdrup liefert ein Beispiel dafür, dass gut geplante Expeditionen, die ohne Zwischenfälle ablaufen, nicht zur Legendenbildung beitragen.

Mit unveränderten Plänen kehrte der Ballonfahrer Andrée im folgenden Sommer auf die kleine Insel vor Spitzbergen zurück. Diesmal wehte ein günstiger Wind, und am 11. Juli stieg sein Ballon mit ihm und zwei Begleitern auf. Andrée hielt den Flug in einem Logbuch fest. Zuerst trieben sie nach Nordosten, aber am nächsten Tag drehte der Wind nach Westen, dann nach Osten. Starker Nebel drückte auf den Ballon und verhinderte, dass er Höhe erreichte, und bald sprang der Korb nur noch über das Packeis. Am Ende dieses zweiten Tages »in der Luft« wurde Andrée klar, dass sie keine Chance hatten, den Nordpol zu erreichen. In seinem Logbuch überlegt er, dass sie Ballast hätten abwerfen und nach Grönland fliegen können, stattdessen aber beschloss er zu landen und auszuruhen. Andrée wusste, dass das Abenteuer zu Ende war. »Wie bald, frage ich mich, werden wie Nachahmer haben?«, schrieb er. »Wird man uns für verrückt halten[?] Ich kann nicht leugnen, dass uns alle drei ein Gefühl des Stolzes beherrscht. Wir glauben, dass wir nach dieser Tat durchaus dem Tod ins Auge sehen können. Ist das alles nicht vielleicht Ausdruck eines extrem starken Sinnes für Individualität, der den Gedanken nicht ertragen kann, wie ein gewöhnlicher Mensch zu leben und zu sterben, von kommenden Generationen vergessen? Ist das Ehrgeiz?«

Am 14. Juli gaben die drei Männer den Ballon auf und gingen zu Fuß weiter, in der Hoffnung, Franz-Joseph-Land und von dort aus Spitzbergen zu erreichen. Anfang Oktober enden die Tagebucheinträge in einem Lager auf der Insel White. Erst dreißig Jahre später stieß eine norwegische Expedition auf die Überreste der Männer und fand auch Andrées Logbuch, das unbeschädigt war.

Im Jahr 1898 befand sich der unermüdliche Otto Sverdrup wieder an Bord der *Fram*. Am 24. Juni brach er zu einer Entdeckungs- und Forschungsfahrt auf, die vier Jahre, bis September 1902, dauern sollte. Dreihundert Jahre zuvor hatte William Baffin festgestellt, dass aus der Bucht, die nach ihm benannt werden sollte, drei Wasserstraßen hinausführten: der Lancastersund, den später Parry, Ross, Franklin und andere befuhren, der Smithsund, den Kane, Nares und Hall erkundeten, und der Jonessund, dessen Durchfahrung nun Sverdrup zufiel. Anschließend erforschten und kartierten er und die fünfzehn Besatzungsmitglieder die Süd- und die Westküste der Insel Ellesmere und die Nordküste der Insel Devon. Sverdrup entdeckte und kartierte auch neues Land westlich von Ellesmere, vor allem die Inseln Axel Heiberg und

Amund Ringnes und Ellef Ringnes, die heute zusammen als Sverdrup-Inseln bezeichnet werden. Heiberg und die Brüder Ringnes hatten die Expedition finanziert. Insgesamt entdeckte Sverdrup auf dieser vierjährigen Expedition über 250 000 Quadratkilometer unbekanntes Gebiet. Den größten Teil davon durchquerte er in den Frühjahrs- und Sommermonaten mit von Hunden gezogenen Zweimannschlitten.

Von den drei Entdeckern Nansen, Peary und Cook forschte Ende des 19. Jahrhunderts nur noch Peary zielstrebig in der Arktis weiter. Seine nächsten beiden Expeditionen galten dem dritten Meteoriten am Kap York, der 33 Tonnen wog. Die Expedition von 1896 war ein Fehlschlag, aber im folgenden Jahr gelang es Peary, mit dem großen Klumpen aus Nickeleisen zurückzukehren. Er stellte die drei Meteoriten leihweise dem *American Museum of Natural History* in New York zur Verfügung, und später verkaufte seine Gattin Josephine sie an das Museum. Der Größte der drei liegt seit vielen Jahren als Attraktion gleich am Eingang des *Hayden Planetarium*, wo die Hände von Generationen von Studenten und Touristen ihn auf Hochglanz poliert haben. Im Jahre 1897 bat Peary seinen Arbeitgeber, die Marine der Vereinigten Staaten, erneut um Urlaub, diesmal um insgesamt fünf Jahre, damit er seine Arktiserkundungen fortsetzen konnte. Seinem Gesuch wurde stattgegeben, denn obwohl die Flotte sich gerade auf den Spanisch-Amerikanischen Krieg vorbereitete, befand man, dass Peary der Marine am besten diente, wenn er unter ihrer Flagge den Pol erreichte.

Nansen widmete sich inzwischen, wie bereits erwähnt, der Wissenschaft, und Frederick Cook bereiste von 1897 bis 1899 als Schiffsarzt mit der belgischen Antarktisexpedition die andere Seite der Erdkugel. Das Schiff hieß *Belgica*, und die Leitung hatte ein Belgier namens Adrien de Gerlache übernommen. Er hatte drei Jahre damit verbracht, Gelder für die Expedition zu sammeln, die vor allem aus privaten Quellen, zum Schluss aber auch von der belgischen Regierung stammten. Die Besatzung bestand zur Hälfte aus Belgiern und zur Hälfte aus Norwegern. Einer der angemusterten Norweger war ein Maat namens Roald Amundsen.

Ziel der Reise war es, eine Gruppe von vier Wissenschaftlern auf Victoria-Land abzusetzen, wo sie verschiedene Messungen vornehmen wollten. Das Schiff wurde jedoch fast sofort in der Bellingshausensee, weit entfernt von Victoria Land, vom Eis eingeschlossen und steckte dort neun Monate lang fest.

Der junge Amundsen erinnerte sich, dass das Besondere dieser Fahrt für ihn darin bestand, Cook kennen zu lernen und mit ihm zusammenzuarbeiten. Die Erfahrungen, die Cook 1892 in Grönland bei der Expedition mit Peary gesammelt hatte, machten ihn zum Lehrer Amundsens. Gemeinsam unternahmen die beiden zahlreiche Wanderungen ins Hochland der Antarktis, wobei sie die von Nansen entwickelten Schlitten verwendeten. Die Belgier hatten der Expedition unter anderem Fleisch in Konservendosen als Proviant mitgegeben, doch Cook wusste, dass eine einseitige Ernährung mit diesem Fleisch ihnen Skorbut einbringen würde und bestand trotz der Proteste des kränklichen Leiters de Gerlache darauf, dass die Mannschaft frisches Robben- und Pinguinfleisch zu sich nahm. Amundsen berichtete später, dass Cook auf dieser Reise den Respekt und die Loyalität aller Männer gewann, und dass er beides verdiente: »Von morgens bis abends war er mit seinen vielen Patienten beschäftigt, und als die Sonne wiederkehrte, geschah es nicht selten, dass der Doktor nach einem anstrengenden Tagewerk seinen Nachtschlaf opferte, um Seehunde und Pinguine zu jagen und so das Fleisch herbeizuschaffen, dass wir alle so nötig brauchten.«

Lange Zeit später sollte Amundsens Zuneigung zu dem

genialen, aufopferungsvollen Arzt ihn in eine sehr heikle Lage bringen.

Pearys nächste Expedition sollte 1898 aufbrechen, während Cook in der Antarktis jagte und seine Patienten betreute. Angespornt wurde Peary im Herbst 1897 von Berichten, dass Otto Sverdrup auf der *Fram* versuchen wollte, den Nordpol über die Westküste Grönlands zu erreichen. Tatsächlich jedoch hatte Sverdrup nicht die Absicht, zum Pol vorzustoßen, sondern er plante einfach, die Nordküste Grönlands zu kartieren. Wie wir gesehen haben, tat er nicht einmal das, sondern fuhr weiter nach Westen, zur Insel Ellesmere und darüber hinaus. Doch Peary schrieb Sverdrup im November 1897 einen Brief, in dem er auf Informationen aus der Zeitung Bezug nahm, denen zufolge Sverdrup angeblich versuchen wollte, zum Nordpol zu gelangen. Peary wies darauf hin, dass er der *American Geographical Society* bereits ähnliche Pläne angekündigt habe und dass seine Vorbereitungen weit fortgeschritten seien, und äußerte den Wunsch, Sverdrup möge ihn autorisieren, die Zeitungsinformationen zu berichtigen. Er beendete den Brief mit den Worten: »Mit den besten Grüßen und der größten Hochachtung für die meisterliche Art, in der Sie die *Fram* nach Hause gebracht haben, verbleibe ich« und unterschrieb.

Einen Monat später erhielt Peary einen Brief von Sverdrup, in dem es hieß: »Ich möchte Ihnen mitteilen, dass Sie fehlgehen, wenn Sie annehmen, dass ich beabsichtige, den Pol zu erreichen. Meine Expedition dient ausschließlich einem wissenschaftlichen Zweck und wird in Nordgrönland wissenschaftliche Forschungen vornehmen und das paläokrystische Eis [uralte, aufeinander gehäufte Eisschollen] untersuchen.« Dann gratulierte Sverdrup Peary zu seiner Absicht, den Pol auf diesem Wege zu erreichen, und meinte, er halte das nicht für schwierig.

Einige Zeit später schrieb Peary zurück, er könne nicht glauben, dass Sverdrup beabsichtige, in Nordgrönland wissenschaftliche Forschungen durchzuführen, denn er selbst habe in seinem Vortrag vor der *American Geographical Society* im Jahr zuvor ausgeführt, dass seine Expedition derartige wissenschaftliche Arbeiten enthalten werde. »Bestimmt werden Sie mir verzeihen, wenn ich Sie daran erinnere, dass derartige Tätigkeiten Ihrerseits, bei denen Sie ein Gebiet betreten, auf dem ich seit mehreren Jahren arbeite, und sich mit Gegenständen befassen, die ich in aller Form für meine eigene Arbeit vorgeschlagen habe, in den Annalen der Arktisforschung bisher nicht dagewesen sind.«

Peary hatte seine Laufbahn bisher tatsächlich der Kartierung und Erkundung von Nordgrönland und dem Versuch, einen Weg zum Nordpol zu finden, gewidmet, und man betrachtete es als wenig ehrenhaft, in den Bereich eines anderen Entdeckers oder Wissenschaftlers einzudringen und möglicherweise Früchte zu ernten, die auf der Vorarbeit des anderen beruhten. Auch heute noch gilt diese Anstandsregel, ob es nun um ein Stück Meeresboden, die ostafrikanischen Gebirge oder den Weltraum geht. Wie sich herausstellte, sollten die Wege von Peary und Sverdrup sich kreuzen, aber ihre Ziele und Leistungen überschnitten sich nicht.

Robert Peary in London, 1910 (Rauner Special Collections Library, Dartmouth College)

1898 wurde der später so genannte *Peary Arctic Club* gegründet, nicht zu verwechseln mit jenem Arktisklub, der nach der von Cook geleiteten Reise der Jäger entstanden war. Der neue Verein war relativ klein und exklusiv. Er bestand aus wohlhabenden, einflussreichen Persönlichkeiten, die Pearys Bemühungen unterstützten und als Ergebnis ihren Namen in der Geographie der Arktis verewigt sehen wollten. Ein berühmtes Mitglied war Morris Jesup, der Präsident des Klubs. Er war ein angesehener Philanthrop, hatte das *American Museum of Natural History* mitbegründet und war einer der Vorsitzenden der *American Geographical Society*. Vizepräsident des Klubs war Thomas Hubbard, ein bedeutender New Yorker Rechtsanwalt. Herbert Bridgman, der Schriftführer, war Geschäftsführer der *Brooklyn Standard-Union*, und George Crocker, der Peary ebenfalls großzügig unterstützte, war Direktor der *Southern Pacific Railroad*. Pearys Taten hatten ihm die Freundschaft und Bewunderung der feinsten Kreise eingetragen. Der Klub finanzierte Pearys letzte Expeditionen zum großen Teil. Jesup, Crocker und Hubbard brachten zusammen 120 000 Dollar – das wären heute fast zwei Millionen Dollar – für ein zweckentsprechend gebautes und ausgerüstetes Schiff auf.

Pearys sechste Expedition verließ New York am Unabhängigkeitstag 1898 auf der *Windward*. Man fuhr nordwärts zum Kap D'Urville an der Ostküste der Insel Ellesmere, wo das Schiff einfror. Etwas südlich vom Kap D'Urville lag das Kap Sabine, und hier überwinterte Otto Sverdrup auf der *Fram*. Im Dezember traf eines Tages Peary auf einem Schlitten mit einem Inuk als Schlittenführer in Sverdrups Lager ein. Nach einer schroffen Begrüßung fuhr er sogleich wieder ab. Er war nun überzeugt, dass Sverdrup plante, ihn beim Wettrennen um den Nordpol zu überholen, daher unternahm er einen Gewaltmarsch nordwärts nach Fort Conger, um dort ein Lager aufzubauen, bevor Sverdrup ihm zuvorkommen konnte. Fort Conger lag mehr als 300 Kilometer nördlich von

Pearys derzeitigem Standpunkt, der Jahreszeit entsprechend war es fast vollkommen dunkel, und die Temperaturen unterwegs betrugen weniger als –45 °C.

Trotzdem verließ Peary am 20. Dezember zusammen mit Matthew Henson, einem Arzt namens Thomas Dedrick und vier Inuit das Lager am Kap D'Urville und erreichte am 6. Januar 1899 Fort Conger. Unterwegs stürzte er, und durch die Wucht des Aufpralls wurden sein rechter Arm und seine rechte Hand teilweise gelähmt. Außerdem hatten seine Beine bis zu den Knien Erfrierungen erlitten. Nach der Rückkehr auf die *Windward* musste Dr. Dedrick Peary sieben Zehen abnehmen, weil sie erfroren waren; schließlich musste auch noch ein achter Zeh amputiert werden, so dass Peary nur seine beiden kleinen Zehen behielt.

Der Schmerz, den die Erfrierungen und die Operationen verursachten, war extrem. Peary konnte sich nur noch mit großen Schwierigkeiten auf Skiern oder Schneeschuhen fortbewegen, und dann auch nur über kleine Strecken. Doch mit fast übermenschlicher Willenskraft und Ausdauer schaffte er es, die drei verbleibenden Expeditionsjahre durchzuhalten und später noch zwei weitere Expeditionen zu unternehmen. Die Geschichte der Arktisforschung kennt zahlreiche Beispiele großer innerer Stärke, und Pearys Fall gehört sicherlich mit an die Spitze der Liste.

Aus verständlichen Gründen wurde 1899 nicht viel Erkundungsarbeit geleistet. Peary kehrte nach Fort Conger zurück, versuchte erfolglos, den Robesonkanal zu überqueren, begab sich zurück auf die *Windward* und führte die Vermessung der Princess-Marie-Bucht zu Ende. Im Sommer fuhr er mit der *Windward* nach Etah, wo das Versorgungsschiff *Diana* ankam. Im August machten beide Schiffe sich auf den Heimweg und ließen Peary und seine Leute zum Überwintern in Etah. Im nächsten Jahr, 1900, waren die Forschungen erfolgreicher. Peary unternahm eine längere Schlittenreise an der

Nordküste Grönlands entlang bis zur nördlichsten Spitze, die er Kap Morris Jesup nannte, und von dort aus über das arktische Eis weiter nach Norden bis auf 83° 50' nördlicher Breite. Im Juni traf er wieder in Fort Conger ein und überwinterte dort.

Im Sommer zuvor hatte Peary der *Diana* einen Brief an seine Frau mitgegeben, in dem er seine körperliche Verfassung und den Verlust seiner Zehen schilderte. Josephine Peary entschied sich, in den Norden zu reisen und ihren Mann nach Hause zu holen. Im Sommer 1900 brach sie mit der *Windward* auf. Das Schiff wurde am Kap Sabine im Packeis eingeschlossen, und Josephine verbrachte dort den Winter 1900 bis 1901, während ihr Mann sich weiterhin in Fort Conger im Norden aufhielt. Sie war darauf vorbereitet, den Winter in der Arktis zu verbringen, doch auf die Begegnung, die sie dort erwartete, war sie wohl kaum gefasst.

Eines Tages kam eine einheimische Frau namens Allaksingwah an Bord der *Windward*. Josephine Peary erkannte in ihr sogleich die Frau, die auf einem Foto in Pearys 1898 erschienenen Buch *Northward over the Great Ice* nackt auf einem Felsen lag. Das Foto trug den merkwürdigen Untertitel »Mutter der Seehunde«.

Allaksingwah war nicht nur die »Mutter der Seehunde«, sondern sie gab an, Pearys Ehefrau zu sein, und hatte auch ein Baby mitgebracht, um das zu beweisen. Dabei hatte sie nichts Böses im Sinn, denn die Unterschiede zwischen der eskimoischen und der amerikanischen Kultur waren ihr vollkommen unbekannt. Josephine andererseits hatte ihr zweites Kind im Alter von sieben Monaten verloren und empfand die Begegnung als harten Schlag. Am 28. August 1900 schrieb sie ihrem Mann mit einer Zurückhaltung, die heute unvorstellbar wäre: »Du hast mir drei Jahre der wunderbarsten Freude geschenkt, die man erleben kann; danach waren Freude und Leid etwa gleich verteilt, bis jetzt alles Leid ist, außer der Erinnerung an das, was gewesen ist.« Peary und seine Frau trafen sich kurz im August 1901, und die Ehe blieb bestehen. Doch sowohl Peary als auch Henson zeugten in Etah Kinder, und ihre Nachkommen leben immer noch dort.

1901 beschloss der *Peary Arctic Club*, dass er handeln müsse. Man hatte von beiden Pearys nichts gehört, und so wurde ein zweites Schiff ausgeschickt, die *Erik*. An Bord befanden sich Herbert Bridgman und Frederick Cook, der inzwischen Erfahrungen in der Arktis und in der Antarktis gesammelt hatte. Ende August machten beide Schiffe sich auf den Weg nach Hause, und Peary, Henson und Dedrick blieben am Kap Sabine zurück, um dort zu überwintern. Im nächsten Frühjahr zogen Peary und Henson nordwärts zum Kap Hecla an der Nordküste der Insel Ellesmere. Eisfreie Stellen und die Unebenheit des Packeises erschwerten ihnen das Vorwärtskommen, bis sie schließlich vor einem Hindernis standen, das Peary auch bei seinen nächsten beiden Expeditionen Probleme bereiten sollte. Er nannte es die »Große Rinne«. Die Große Rinne ist eine eisfreie Zone zwischen dem kontinentalen Schelfeis im Süden und dem Eis des Nordpolarmeeres im Norden. Einen großen Teil des Sommers und auch zu anderen Zeiten ist diese Rinne ein Kanal mit grauschwarzem Wasser, ansonsten ist sie zugefroren wie das Meer auch. Man muss sie im frühen Frühjahr überqueren, wenn sie noch vereist ist, und auch zurückkehren, bevor sie sich öffnet, denn sonst sitzt man auf dem Eis des Nordpolarmeeres fest.

Am 12. April 1902 gelangte Peary an den nördlichsten Punkt, den er je erreicht hatte: 84° 17' nördlicher Breite. Dort kehrte er um. Er verfehlte damit Nansens persönlichen Rekord um fast zwei Breitengrade und, wie Peary später erfahren sollte, einen neuen Rekord, den der italienische Entdecker Umberto Cagni angeblich im Jahre 1900 aufgestellt hatte, um mehr als zwei Breitengrade.

Nach seinen vier Jahren in der Arktis hatte Peary also außer heldenhafter Standhaftigkeit wenig vorzuweisen. Er war dem Nordpol nicht nahe gekommen. Bei seiner Vermessung der Princess-Marie-Bucht 1899 hatte er allerdings den Gipfel des angrenzenden Ellesmeregletschers bestiegen. Von dieser Höhe aus sah er den Greely Fjord, der kürzlich entdeckt worden war, und einen weiteren Fjord, den er nach Henry Cannon, einem Gründungsmitglied des *Peary Arctic Club* und Präsidenten der *Chase National Bank* Cannonbucht nannte. Eine Skizze Pearys zeigt, dass er außerdem nordwestlich von seinem Standort eine Landmasse erblickte, die er Jesup-Land taufte. In einem Bericht, den er im August jenes Jahres für den Klub schrieb, erwähnte er Jesup-Land jedoch nicht. Ende 1902 und Anfang 1903 wurden dann Otto Sverdrups Entdeckungen bekannt, und auf Pearys Skizze von 1903 wurde Jesup-Land im *Westen* des Gletschergipfels eingezeichnet, das heißt, dass sich Jesup-Land nun dort befand, wo die Insel Axel Heiberg liegt. Damit konnte Peary behaupten, die Insel als Erster entdeckt zu haben.

War es Selbsttäuschung oder ein Trick? Jedenfalls nahmen die Geographen Pearys Behauptung nicht ernst. Jesup Land verschwand wieder, und die Insel wurde unter dem Namen bekannt, den Sverdrup ihr gegeben hatte. Peary kehrte 1902 nach Amerika zurück und begann sofort mit der Planung seiner nächsten Expedition. Er entschied, dass er bei seinem nächsten Versuch, den Nordpol zu erreichen, vom Kap Hecla aufbrechen würde, mit neuen Leuten und frischen Vorräten. Er wollte die ermüdenden Schlittenfahrten vom Kap Sabine an der Nordostküste von Ellesmere bis zum Nordpolarmeer vermeiden. Außerdem erbat er sich ein Spezialschiff, mit dem er durch den Kennedy- und den Robesonkanal zum Kap Hecla fahren konnte. Der *Peary Arctic Club* stellte das Geld für die Expedition und das Schiff gern zur Verfügung, und man taufte das Schiff *Roosevelt*, nach dem großen Abenteurer, Naturburschen und Präsidenten der Vereinigten Staaten, Teddy Roosevelt. Abgesehen von der *Fram* war es das einzige Schiff, das extra für die Arbeit in der Arktis gebaut worden war, und wie bei Nansens Schiff war der Querschnitt des Rumpfes U-förmig, so dass es auf dem Eis liegen konnte.

Die Expedition verließ New York am 16. Juli 1905 mit einer Besatzung von zwölf Leuten. In Etah unterbrach man die Fahrt kurz, um mehrere Inuitfamilien mit ihren Hunden an Bord zu nehmen, dann ging es weiter durch den Kennedy- und den Robesonkanal, und überwintert wurde am Kap Sheridan, der nordöstlichsten Spitze der Insel Ellesmere. Im nächsten Jahr, am 6. März 1906, brachen mehrere Schlitten zum Pol auf, doch die vielen Eispressungen verlangsamten das Tempo und erforderten weite Umwege. Am 26. März erreichten die Schlitten auf 84° 38' nördlicher Breite die Große Rinne, nachdem sie 124 englische Meilen, also fast 200 Kilometer, gewandert waren und im Durchschnitt täglich fast zehn Kilometer zurückgelegt hatten. Peary hatte unterwegs keine Längenmessungen vorgenommen, sondern war einfach nach Norden gezogen. Als er am 26. März seine Messgeräte auspackte, entdeckte er, dass sie fast 130 Kilometer weit nach Westen abgetrieben worden waren. Die Eisdrift nach Westen war fast so groß gewesen wie die Strecke, die sie nach Norden zurückgelegt hatten. Warum Peary glaubte, er könne seine Standortbestimmungen ohne Instrumente, nur durch Koppelnavigation vornehmen, kann man nur vermuten.

An der Großen Rinne wurde die Gruppe über eine Woche lang aufgehalten. Sie warteten, bis die Temperatur so weit gefallen war, dass sie das junge Eis überqueren konnten. Bei 85° 12' nördlicher Breite, an einer Stelle, die Peary passenderweise Camp Storm taufte, hielt ein Schneesturm die Männer für eine weitere Woche fest. Oberhalb der Großen Rinne driftete das Eis in die Gegenrichtung, und während der Sturmwoche wurden die Männer etwa 100 Kilometer weit nach Osten getrieben. Endlich, am 13. April, nachdem sie siebzehn wertvolle Tage verloren hatten, konnten sie sich wieder auf den Weg nach Norden machen. Peary hatte gehofft, im Voraus Proviantdepots anlegen zu können, doch diese Pläne wurden zunichte gemacht. Zudem hatte er nicht genügend Zeit, um zum Pol und zurück zu gelangen, bevor die Große Rinne sich für die Sommermonate öffnete. Es sah so aus, als könnte er nur versuchen, wieder einen möglichst weit im Norden gelegenen Punkt zu erreichen.

Peary schickte seine Begleiter zurück und behielt nur Henson, sechs Inuit und zwei Schlitten mit Hunden bei sich.

Am 9. Mai, vier Wochen nachdem er mit seiner kleinen, beweglichen Gruppe weitergezogen war, sah man Peary am Kap Neumeyer auf Grönland wieder. Er berichtete, am 21. April habe er mit 87°06' nördlicher Breite den nördlichsten Punkt erreicht und sei von da aus geradewegs zum Camp Storm zurückgekehrt und dann zum Kap Neumeyer weitergezogen. Einmal wurden er und seine Leute von einer 800 Meter breiten Rinne aufgehalten. Schließlich mussten sie ihre Hunde essen und die Schlitten verbrennen. Als die Rinne drei Kilometer breit war, begann sie zuzufrieren, und die Gruppe konnte nicht länger warten, obwohl das Eis so dünn war, dass man es, wenn überhaupt, nur mit Schneeschuhen überqueren konnte. Zwei Mal brach Peary ein, und er hatte schon mit dem Leben abgeschlossen, doch schließlich gelangten alle sicher hinüber.

Insgesamt hatte Peary diesen Weg von etwa 650 Kilometern in 26 Tagen zurückgelegt, abzüglich der beiden Tage, die die Gruppe aufgehalten worden war, so dass sie im Schnitt pro Tag fast 30 Kilometer hinter sich gebracht hatten, in einer Gegend, die mit Packeisgraten übersät war, über die man hinüberklettern oder die man umgehen musste, und in der auch offene Rinnen zu umgehen waren. 30 Kilometer pro Tag ist drei Mal so viel wie Pearys normaler Durchschnitt von zehn Kilometern pro Tag und weit mehr als alles, was andere Arktisforscher in jener Zeit zurücklegten. Das allein schon lässt es zweifelhaft erscheinen, dass Peary tatsächlich einen Punkt sehr weit nördlich von Camp Storm erreichte oder dass er weiter nach Norden gelangte als bei früheren Versuchen. Auch die Tatsache, dass Peary während der gesamten 26 Tage, die er von Camp Storm bis zum Kap Neumeyer brauchte, nur einmal den Längengrad festhielt, macht seine Behauptung nicht gerade glaubhafter. Er nahm an dem nördlichsten Punkt, den er angeblich erreichte, keine weiteren genauen Standortbestimmungen vor und machte auch während des ganzen restlichen Weges weder Längen- noch Breitenmessungen. Für die Entdecker der damaligen Zeit war dieses Verhalten ungewöhnlich.

Inzwischen befanden sich noch weitere Entdecker in der Arktis, die andere Ziele hatten. Frederick Cook wollte der Erste sein, der den Mount McKinley bestieg, der mit 6 194 Metern der höchste Gipfel Nordamerikas ist. Und Roald Amundsen, der Norweger, den er in der Antarktis kennen gelernt hatte und der sein Freund geworden war, hatte sich zum Ziel gesetzt, als Erster die Nordwestpassage zu durchfahren.

Nach seiner Rückkehr aus der Antarktis hatte Amundsen sich darum bemüht, für seine Expedition Unterstützung von einigen norwegischen Reedern zu erhalten. An einem regnerischen Tag im Juni 1903 verließ er Oslo auf einer Slup von 21 Metern Länge, die mit einem Hilfsmotor ausgerüstet war. An Bord befanden sich sechs Mann Besatzung und Vorräte für fünf Jahre. Amundsen lief heimlich aus, um einem Kaufmann zu entgehen, der gedroht hatte, die Expedition aufzuhalten, weil die Bezahlung für Vorräte, die er geliefert hatte, noch ausstand. Amundsen wurde sein Leben lang von finanziellen Problemen geplagt, denn sein Ehrgeiz war immer größer als sein Vermögen. Darin besaß er große Ähnlichkeit mit seinem amerikanischen Freund Frederick Cook.

Doch Amundsen hatte sich sorgfältig auf seine Aufgabe vorbereitet. Schon mit 17 Jahren hatte er gewusst, dass er die Nordwestpassage durchfahren wollte, und als er 1903 aufbrach, war er 29 Jahre alt. Er war in bester körperlicher Verfassung, machte regelmäßig Skilanglauf und hatte alle Bücher und Zeitschriften über die Arktis gelesen. Dabei war ihm aufgefallen, dass es bei der Erforschung der Arktis zwei Probleme gab, die häufig zu Zwietracht und Scheitern führten. Erstens hatte der Expeditionsleiter oft keine Erfahrung im Navigieren, daher ging Amundsen zur See und erwarb sein Kapitänspatent. Und weil es an Bord häufig Unstimmigkeiten zwischen den Wissenschaftlern und der Besatzung gab, ging Amundsen nach Hamburg und studierte die Theorie und Praxis magnetischer Messungen.

Er wusste, dass eine kleine Expedition sich, im Gegensatz zu einer großen, von dem ernähren konnte, was die Arktis bot. Dass Seehundfleisch Skorbut verhinderte und dass die locker sitzende Kleidung nach Art der Inuit vor Kälte schützte, war ihm ebenfalls klar. Er überwinterte zwei Mal an der Südküste der Insel King William und wurde dabei dick und rund – genau dort, wo Franklins Leute umgekommen waren. Auf seiner Expedition gab es kaum Zwischenfälle. Im September 1903 erreichte Amundsen die Südostküste von King William und baute dort eine Schutzhütte für seine magnetischen und meteorologischen Messgeräte auf. Zwei Jahre lebte er dort bei den einheimischen Inuit und führte Messungen durch. Im Jahr darauf, 1906, fuhr er durch die Nordwestpassage und gelangte zur Mündung des Mackenzie, wo er wieder überwinterte. Im folgenden Jahr umrundete er die Halbinsel Alaska und erreichte im Oktober San Francisco.

Zu Hause wurde er erwartungsgemäß wie ein Held empfangen – und ein Berg Schulden wartete auf ihn. Sofort wandte er sich an Nansen und bat ihn, die *Fram* benutzen zu dürfen. Amundsen wollte mit der von Nansen angewandten Technik, sich mit dem Eis treiben zu lassen, versuchen, den Nordpol zu erreichen. Er hatte die Idee, um Südamerika herum und nach Norden in die Beringsee hineinzufahren, das Schiff vor Point Barrow, Alaska, im Eis einfrieren zu lassen und dann, wenn die *Fram* nahe genug an den Nordpol herangetrieben war, mit Hundeschlitten weiter zu wandern. Nansen hatte ursprünglich andere Pläne für die *Fram* gehabt. Er glaubte, mit seinen Fähigkeiten im nordischen Skilanglauf müsse der Südpol ein leichtes Ziel sein. Wegen seiner Verpflichtungen als norwegischer Gesandter in England gab er seine Pläne jedoch auf und überließ das Schiff Amundsen.

1903, im gleichen Jahr, in dem Amundsen mit seiner kleinen Slup zur Fahrt durch die Nordwestpassage aufgebrochen war, hatte Frederick Cook eine Erkundungsreise zum Fuß des Mount McKinley unternommen. Er bestieg den Berg jedoch erst 1906, denn Henry Disston, Erbe einer Sägenfabrik in Philadelphia, hatte ihm 10 000 Dollar versprochen (heute über 160 000 Dollar), wenn Cook ihn im Herbst, nach der Gipfelbesteigung, in der Nähe des Berges auf die Jagd begleiten würde. Zu Cooks Expedition gehörten Belmore Browne und Herschel Parker, die hervorragende Bergsteiger werden sollten, und der Schmied und Pferdehändler Edward Barrill. Sie brachen im Frühsommer nach Alaska auf und verbrachten zwei Monate auf dem Berg, ohne einen gangbaren Weg auf den Gipfel zu finden. Im August begaben sie sich nach Seldovia in Alaska, um Disston abzuholen.

Doch Disston war nicht da, und nachdem sie zwei Wochen auf ihn gewartet hatten, erhielten sie am 25. August eine Botschaft von ihm, in der er mitteilte, er käme nicht. Nun war Cook in der Klemme. Er hatte Ausrüstung gekauft, Verträge für Leihpferde abgeschlossen und einigen in der Gruppe Löhne versprochen, alles im Vertrauen darauf, dass er von

Disston Geld bekommen würde. Aber nun stand er vor dem Bankrott.

Am 27. August erklärte Cook, er und der Schmied Barrill würden zum Berg zurückkehren, nicht, um den Berg zu besteigen, sondern um für das nächste Jahr die Vorgebirge zu erkunden. Am 22. September kamen die beiden Männer wieder im Lager an, und Barrill sagte: »Gehen Sie zurück und gratulieren Sie dem Doktor. Er war oben.« Später zeigte Cook ein Foto von Barrill auf dem Gipfel. Trotz dieses Triumphs stand Cook das Wasser noch bis zum Hals. In Seldovia lief ein Prozess gegen ihn, weil er einen Vertrag über gemietete Pferde gebrochen hatte, so dass er einen weiteren Monat dort bleiben musste. Er wurde schuldig gesprochen und zur Zahlung von 600 Dollar (heute etwa 10 000 Dollar) verurteilt. Diese Summe musste er sich leihen, was seine Schulden noch vergrößerte.

Doch als er in die Vereinigten Staaten zurückkam, wurde er weithin begeistert gefeiert. Er hielt einen Vortrag im *Explorers Club* und wurde zu dessen nächstem Präsidenten gewählt. Er war Ehrengast im *American Alpine Club* und hielt beim Festessen des *Arctic Club* eine Rede. Am 15. Dezember 1906 veranstaltete die *National Geographic Society* zu Ehren von Robert Peary, der 87° 06' nördlicher Breite erreicht hatte, und von Cook, der den Mount McKinley bestiegen hatte, ein Galadiner mit vierhundert Gästen, darunter auch Präsident Roosevelt und die Elite Washingtons.

1907 veröffentlichte Peary einen Artikel in der Zeitschrift *Harper's Magazine* und sein Buch *Dem Nordpol am nächsten*. Darin erinnerte er sich an den Tag während seiner letzten Expedition, an dem er oben auf dem Kap Colgate stand (so benannt nach einem Mitglied des *Peary Arctic Club*), 600 Meter über dem Meeresspiegel. Von dort aus sah er das Land im Westen, das er Jesup-Land genannt hatte: »Sverdrup hat ihm später den Namen Heiberg-Land gegeben.« Als Peary nach Nordwesten blickte, entdeckte er, wie er schrieb, »durchs Fernglas mit einem Freudenschauer undeutlich die weißen Gipfel eines fernen Landes«.

Als er nach Axel-Heiberg-Land (seinem Jesup-Land) übersetzte, sah er die schneebedeckten Gipfel deutlicher. »Mein Herz überhüpfte die dazwischenliegenden Meilen der Eisfläche«, schrieb er, »als ich sehnend dieses Land betrachtete, und in der Fantasie betrat ich seine Ufer und erklomm seine Gipfel, obgleich ich sehr wohl wußte, daß dies Vergnügen einem anderen in einem späteren Jahr vorbehalten sein würde.«

Peary taufte dieses neue, ferne Land Crocker-Land. Auf seiner Karte findet es sich auf 83° 40' nördlicher Breite und 103° westlicher Länge und ist etwa 100 Kilometer breit. Peary hielt diese Entdeckung für das zweitwichtigste Ergebnis seiner Expedition von 1905 bis 1906. Merkwürdigerweise erwähnte er dieses geheimnisvolle Land aber weder in seinem Tagebuch noch in einem der Telegramme, die er an den *Peary Arctic Club* schickte. Auch in den Steinhaufen, die er an den beiden Stellen hinterließ, von denen aus er Crocker-Land angeblich gesehen hatte, fand sich kein Hinweis auf das Land. Und tatsächlich gibt es auch kein Crocker-Land.

Im gleichen Jahr noch, 1907, wollte Peary seine nächste Reise beginnen. Seine bisherigen Leistungen genügten ihm nicht, er wollte den Pol erreichen. Doch die Geldbeschaffung wurde zum Problem. Sein wichtigster Geldgeber, Morris Jesup, war gestorben (ohne dass er eine Insel sein eigen nennen konnte). Das Buch *Dem Nordpol am nächsten* war ein Flop – nur 2 230 Exemplare wurden verkauft und Peary konnte bei weitem nicht die üppigen Tantiemen einstreichen, die er erwartet hatte. Die Vortragsreise, die er mit Robert Bartlett, dem Kapitän der *Roosevelt*, unternahm, brachte nur wenig Geld ein, und Bartlett ging nach Neufundland zurück, um Robben zu jagen. Pearys Pläne mussten warten.

1908 erhielt er schließlich Zusicherungen, dass er Geldmittel erhalten würde, um seine Schulden zu bezahlen, *falls* er den Pol erreichte. Falls nicht, würde er Bankrott machen. Peary war 52 Jahre alt, durch den Verlust seiner Zehen behindert und durch seine finanziellen Belastungen geknebelt, aber sein Entschluss stand fest.

Peary und Amundsen, zwei der berühmtesten Nordpolsucher, standen also beide vor dem Ruin, falls ihnen der große Wurf nicht gelingen sollte.

Im Jahr 1907, während Peary seine an Bedingungen geknüpfte Geldzusage erhielt, wurde Frederick Cook von John R. Bradley eingeladen, ihn auf einer Jagdreise nach Nordwestgrönland zu begleiten. Bradley war Berufsspieler und Mitbesitzer eines Kasinos, hatte mit dem Glücksspiel Millionen gemacht und war gerade von der Jagd in der nördlichen Mongolei zurückgekehrt. Er kaufte ein Schiff, dem er seinen Namen gab, musterte eine Besatzung an und übergab seinem Gast Cook die Verantwortung für die Ausrüstung. Cook hatte natürlich mehr als einen Jagdausflug im Sinn. Er dachte an den Nordpol und trug Bradley seine Idee vor. Bradley erklärte sich bereit, die zusätzliche Ausrüstung zu finanzieren, und mahnte Cook, niemandem etwas davon zu sagen.

Am 3. Juni 1907 brachen sie in die Arktis auf. Im September, nach der Jagd, fuhren Bradley und die Besatzung nach Hause, während Cook in Etah in Nordwestgrönland blieb. Am 19. Februar 1908 machte er sich mit zwei Inuit, zwei Schlitten und 26 Hunden auf den Weg. Sie überquerten die Insel Ellesmere, wanderten nach Nordwesten zur Insel Axel Heiberg und von dort aus zum Pol. Cook berichtete, er habe den Nordpol am 21. April erreicht. Über die Inseln Ringnes gelangte er an die Nordküste der Insel Devon, wo er überwinterte, und am 10. Mai 1909 traf er wieder in Etah ein. Er hatte den Nordpol erobert!

Während Cook am letzten Februartag 1909 in Richtung Süden nach Etah unterwegs war, begannen im Norden der Insel Ellesmere Robert Peary und seine Leute gerade ihren Marsch über das Eis. Die Große Rinne hielt sie vom 5. bis zum 11. März auf, und zwanzig Tage später erreichten sie mit 87° 47' Nord einen neuen nördlichsten Punkt, den sie Camp Bartlett nannten. Am 1. April zog Peary mit Henson und vier Inuit weiter und erreichte 87° 57' nördlicher Breite, was im Grunde der Nordpol ist. Er hatte den Pol erobert! Am 9. April war er wieder in Camp Bartlett.

Einen Monat später kam Cook, wie berichtet, in Etah an, wo er auf einen Mann namens Harry Whitney stieß, der als Gast Robert Pearys mit in den Norden gereist und in Etah geblieben war, um zu jagen. Cook erzählte Whitney, dass er den Pol erreicht habe, und ließ einen Kasten mit Geräten und, wie er sagte, schriftlichen Aufzeichnungen bei ihm. Dann fuhr er triumphierend per Boot und Schlitten nach Upernavik in Grönland und von da aus mit dem Schiff nach Kopenhagen, wo er am 4. September 1909 eintraf. Die Nachrichten von seiner Heldentat waren ihm vorausgeeilt, und man hieß ihn begeistert willkommen. Die Königliche Geographische Gesellschaft verlieh ihm am 7. September eine Goldmedaille, und die Dänische Universität ernannte ihn zwei Tage später zum Ehrendoktor. Cook speiste mit dem König und bestieg dann ein Schiff in die Vereinigten Staaten, wo er am 21. September ankam. Hunderttausend Menschen jubelten ihm zu, als er in einem Festzug, den man in seiner Heimat Brooklyn für ihn organisiert hatte, durch die Stadt zog. Anschließend folgte ein Empfang, den fünftausend Bewunderer besuchten, und zwei Tage später gab der *Arctic Club* Cook zu Ehren ein großartiges Essen für über tausend Gäste.

Inzwischen hatte Peary von Cooks Anspruch auf den Nordpol erfahren. Er war am 17. August auf der *Roosevelt* in Etah eingetroffen, wo man ihm die Neuigkeiten mitteilte.

Das Bankett des *Arctic Club of America* zu Ehren von Dr. Cook am 23. September 1909 im Waldorf-Astoria (Library of Congress, Washington, D. C.)

Doch Peary war überzeugt, dass Cook den Nordpol mit seinen begrenzten Mitteln nicht erreicht haben konnte. Er wusste aber auch, dass Cook weithin Anerkennung finden und dass man ihn selbst unter »ferner liefen« einordnen würde. Daher musste er selbst den Anspruch anmelden, als Erster am Nordpol gewesen zu sein. Am 6. September schickte er ein Telegramm ab, in dem er ebendies behauptete.

Der Kampf hatte begonnen. Beide Männer hatten ihre Anhänger. Gegen Ende September führte die Zeitung *Pittsburgh Press* bei mehr als 76 000 Lesern eine Umfrage durch. Nur etwa 2 800 glaubten, dass Peary 1909 den Pol entdeckt hatte und dass Cook nicht schon im Vorjahr dort gewesen war. Mehr als 73 000 hielten Cooks Aussage, dass er 1908 den Nordpol entdeckt hatte, für wahrheitsgemäß, und von diesen glaubten etwa 58 000, dass Peary den Pol nie erreicht hatte. Keiner der Befragten hielt die Aussagen beider Kontrahenten für unrichtig.

Umfragen liefern natürlich bloß Meinungsbilder – und in diesem Fall beruhten die Meinungen nicht auf Informationen. Doch Zweifel an Cooks Aufrichtigkeit stiegen wie Gewitterwolken am Horizont auf. Von Pearys Geldgebern ermutigt, sagte der Schmied Edward Barrill, der Cook bei der Besteigung des Mount McKinley begleitet hatte, unter Eid aus, er und Cook hätten den Gipfel nicht erreicht. Weiter schwor er, dass die Tagebuchseiten für den 9. bis 18. September auf Cooks Geheiß hin leer geblieben seien und dass Cook ihm die Eintragungen nachträglich diktiert habe.

Doch welchen Aussagen Barrills sollte man Glauben schenken – der früheren oder der späteren Version? Da schalteten die beiden anderen Bergsteiger, Browne und Parker, sich ein. Beide hatten von Anfang an ihre Zweifel gehabt und geschwankt, ob sie Cook unterstützen oder ihn kritisieren sollten. Sie trugen ihre Zweifel im *Explorers Club* vor und begründeten sie mit der sehr kurzen Zeit, die Cook vom Basislager abwesend gewesen war, und mit der Art der Fotos, die er auf dem Gipfel gemacht hatte. Der Klub beraumte für den 17. Oktober 1909 eine Gegenüberstellung an. Cook erschien zu diesem Termin, verweigerte aber die Aussage und bat um Aufschub. Einen Monat später verschwand er aus New York und wurde zehn Monate lang nicht gesehen, bis er in München wieder auftauchte.

Die Frage nach der Besteigung des Mount McKinley ließ sich leicht lösen: Browne und Parker kehrten unter der Schirmherrschaft des *Explorers Club* zum Mount McKinley zurück, mit Abzügen von Cooks am Gipfel aufgenommenen Fotografien im Gepäck. Sie gelangten nicht zum Gipfel, erreichten aber am 28. Juni 1910 die Stelle, wo Cook Barrill »auf dem Gipfel« fotografiert hatte. Es war ein Felsvorsprung in weniger als 1 800 Meter Höhe. Sie nannten den Felsen Fake Peak, den »falschen Gipfel«.

Die Besteigung des McKinley war also eindeutig erfunden, und Cook hatte in Abwesenheit nichts dagegen vorzubringen. Nun geriet auch seine Behauptung, den Nordpol erreicht zu haben, unter Beschuss, denn einigen Kritikern war aufgefallen, dass Cook angab, mit einer Geschwindigkeit von mehr als 27 Kilometern pro Tag über das Eis marschiert zu sein, während das normale Tempo eher im Bereich von 10 Kilometern pro Tag lag. Pearys Fürsprecher legten darauf sehr viel Wert, bis sie ihrerseits darauf hingewiesen wurden, dass Peary für seinen Weg zum Pol noch größere Tagesstrecken angegeben hatte. Es gab allerdings noch weitere Gründe für die Zweifel an Cooks Behauptungen. Seinem Bericht zufolge hatte er auf dem Weg nach Norden Pearys Crocker Land gesehen – doch Crocker Land existiert gar nicht. Jenseits von Crocker Land entdeckte Cook eine neue Landformation, die er Bradley Land taufte, doch auch ein Bradley Land gibt es nicht. Nahe am Nordpol sah Cook, wie er meinte, eine untergetauchte Insel, aber in der Nähe des Pols gibt es weder Land noch eine Eisinsel, auch keine untergetauchte. Cook jedoch hatte diese Orte alle in seine Landkartenskizze eingezeichnet.

Noch eine weitere Insel fehlte. 1916 wurde eine kleine Insel westlich der Insel Axel Heiberg entdeckt und Meighen Island getauft. Bis dahin hatte niemand diese Insel gesehen, und sie erscheint auch nicht auf der Karte, die Cook 1908 von seinem Marsch anfertigte. Doch wenn wir Cooks Karte für bare Münze nehmen und glauben, dass sie seinen Rückweg zeigt, dann hätte er nah genug an der Insel Meighen vorbeikommen müssen, um sie zu sehen. Davon aber erwähnt Cook nichts.

Vor allem wurde Cooks Behauptung durch die Tatsache widerlegt, dass er keine Angaben vorlegen konnte, die bewiesen, dass er die Wanderung von der Insel Axel Heiberg zum Nordpol und zurück tatsächlich unternommen hatte. Für 88 Tage finden sich keine Aufzeichnungen, die auf Astronavi-

Frederick A. Cook (aus Cook 1913)

gation hinweisen. Sowohl in Kopenhagen als auch in New York fragte man Cook danach, aber ohne Ergebnis. Als er nach New York zurückgekehrt war, behauptete er in den Zeitungen, er habe seine Navigationsinstrumente und seine »Beweise« (also die Messdaten) bei Whitney in Etah zurückgelassen. Ein Jahr später wurden die Instrumente in dem Kasten in Etah gefunden, aber man entdeckte weder Papiere noch Messungen noch andere Beweise. Im November 1909 trat George Dunkel, ein Versicherungsvertreter, mit dem Vorschlag an Cook heran, ein norwegischer Kapitän namens Loose würde ihm für 4000 Dollar (entsprach im Jahr 1990 64000 Dollar) einen gefälschten Satz astronomischer Beobachtungen liefern. Loose gab die Berechnungen vereinbarungsgemäß ab, und Dunkel fuhr nach Bronxville, New York, wo Cook sich aufhielt, um die 4000 Dollar abzuholen. Doch Cook bezahlte ihn nicht und verschwand zwei Tage später, bis er schließlich in München wieder gesehen wurde. Im Dezember 1910 kam Cook in die Vereinigten Staaten zurück und erklärte einem Reporter: »Ich bin immer noch überzeugt, dass ich den Pol erreicht habe, auch wenn ich dessen nicht ganz sicher bin.« Später kehrte er wieder zu seinem früheren Standpunkt zurück und beharrte darauf, dass er am Nordpol gewesen sei. Doch nur sehr wenige seiner früheren Anhänger traten weiter für Cook ein, und die meisten Entdecker gingen auf möglichst große Distanz zu ihm. Er war Gründer und Präsident des *Arctic Club* gewesen, Mitglied und Präsident des *Explorers Club* und Gründungsmitglied des *American Alpine Club*. Ende 1910 hatten ihn alle drei Organisationen ausgeschlossen, weil sie seine Behauptungen, dass er den Pol und den Gipfel des Mount McKinley erreicht hatte, als Betrug werteten.

Im Jahre 1908, dem Jahr vor Pearys Marsch zum Nordpol, war es zu einem tragischen Ereignis gekommen. Grund dafür waren falsche Informationen über Nordgrönland gewesen, die aus Pearys Bericht über seine Expedition im Jahre 1887 stammten. Eine dänische Grönland-Expedition wollte an der Ostküste Grönlands entlang nordwärts ziehen und dann an der Südküste der Gewässer, die Peary als Independencebucht und Peary-Kanal gesehen hatte, zur Nordküste Grönlands gelangen. Als die Männer die Stelle erreichten, an der Peary die Gewässer gesehen hatte, stellten sie zu ihrer Bestürzung fest, dass das Land nach Osten weiterging, nicht nach Westen, wie Peary es dargestellt hatte. Sie zogen an der Küste des heutigen Kronprinz-Christian-Land weiter, bis sie schließlich nach Westen abbog, aber es zeigte sich kein deutlicher Weg. Stattdessen stießen sie auf zwei bisher nicht kartierte Fjorde. Auf dem Rückweg kamen alle drei Männer ums Leben. Im folgenden Frühjahr fand eine Gruppe, die ihnen Hilfe bringen wollte, die Leiche eines der Dänen, eine detaillierte Karte von ihrer Reise und die Bemerkung, dass die beiden anderen in den Fjorden umgekommen seien.

In einem Bericht über diese Tragödie schrieb Adolphus Greely, der inzwischen Generalmajor in der Armee der Vereinigten Staaten war, die Erkundungen der Dänen zeigten, »dass Peary sich irrte und dass sein Standpunkt auf dem Navy Cliff sich an einer mehrere Kilometer breiten Wasserstraße befand, nicht am Meer, das an dieser Stelle fast 200 Kilometer weit entfernt war, während Grönland sich 22 Längengrade oder etwa 300 Kilometer weit nach Osten erstreckte.«

Eins von Pearys Schlittenteams überquert einen Packeisgrat (aus Peary 1910).

Bis heute wird darüber gestritten, welcher der beiden Amerikaner tatsächlich den Nordpol erreichte, und normalerweise trägt Peary den Sieg davon. Er hatte sowohl zu Lebzeiten als auch nach seinem Tode viele angesehene, wohlhabende und sehr einflussreiche Anhänger, und im öffentlichen Bewusstsein ist er der Mann, der den Nordpol entdeckt hat. (Einer der wenigen, die selbst in der zweiten Hälfte des 20. Jahrhunderts noch Cooks Behauptungen Glauben schenken, ist der kanadische Abenteurer Farley Mowat, der durch sein Buch *Never Cry Wolf* bekannt wurde.)

Heute gibt es keinen Grund anzunehmen, Peary habe den Pol erreicht. Einmal gab es in dem Zeitraum vom 1. bis zum 9. April, als er mit Henson und den Inuit die letzte Wegstrecke zurücklegte, überhaupt keine navigatorischen Angaben – weder Längen- noch Breitenangaben –, abgesehen von der Notiz über die Breite am Pol selbst. Niemand kann jedoch allein auf Grund der Breite zum Pol finden. Außerdem beträgt die Entfernung von Camp Bartlett auf 89° 57' nördlicher Breite 240 Kilometer, so dass Peary im Durchschnitt 60 Kilometer pro Tag hätte zurücklegen müssen. Diese Geschwindigkeit wurde auf dem Eis weder vorher noch nachher jemals erreicht. Am schnellsten war 1968 ein Schneemobil, das mit durchschnittlich etwa 18 Kilometern pro Tag den Nordpol erreichte.

Auch Pearys Tagebuchaufzeichnungen lassen ernsthafte Zweifel aufkommen. Am 6. April ist von der Ankunft am Pol nicht die Rede, und für die nächsten beiden Tage gibt es keine Einträge. Stattdessen wurde eine lose Seite in das Tagebuch eingelegt, auf der auf sauberem Papier eine eindeutig nicht zu jener Zeit geschriebene Eingangsbemerkung steht: »Der Pol, endlich!!! Der Preis von 3 Jahrhunderten, meine Träume & mein Ziel 23 Jahre lang. Endlich ist er *mein*.«

Hier handelt es sich weder um eine Illusion noch um Selbstbetrug, sondern um einen Trick. Peary beharrte darauf, dass er das Ziel seines Lebens, seiner Träume und seiner Wünsche erreicht hatte, sagte aber bis zum September, als er erfuhr, dass ein anderer das Gleiche behauptete, nichts davon. Am 6. April teilte er Henson keine einzige Breitenangabe mit, was er sonst normalerweise tat. Henson schrieb diese Positionen dann in sein eigenes Tagebuch, aber am 6. April findet sich nichts dergleichen. Bei der Rückkehr auf die *Roosevelt* gab es kein großes Hurra, und auch der *Peary Arctic Club* erhielt kein triumphierendes Telegramm.

Pearys Ehrgeiz scheint seinen Leistungen immer einen Schritt voraus gewesen zu sein, wobei seine Leistungen allerdings mit der Zeit aufholten. 1886 behauptete er, die längste Wanderung über Grönland gemacht zu haben, was nicht der Fall war. Doch bei seiner nächsten Reise gelang ihm dieser Rekord. Auf dieser Expedition, die von 1891 bis 1892 dauerte, behauptete er, Peary-Land und die nördlichste Spitze Grönlands erreicht zu haben, doch wieder fand er Grönlands Nordspitze erst bei der nächsten Expedition. Auf der Expedition von 1898 bis 1903 entdeckte er Jesup-Land, das aber kein neues Land war, sondern nur ein Teil der Insel Ellesmere, und auf der folgenden Expedition kartierte er dann die Nordwestküste von Ellesmere. Auf der Expedition von 1905 bis 1906 behauptete Peary, mit 87° 06' nördlicher Breite einen Rekord aufgestellt zu haben, was schwer zu akzeptieren ist; auf der nächsten Expedition jedoch erreichte er mit 87° 47' Nord bei Camp Bartlett die höchste Breite, die je ein Mensch betreten hatte.

Nach seiner letzten Expedition behauptete Peary dann, den Pol erreicht zu haben, doch wir haben keinen Grund, das zu glauben. Weitere Expeditionen unternahm er nicht. Er starb 1930, nachdem er seit neun Jahren aus der Marine ausgeschieden war, ein Mann, den viele verehrten, den aber eine besondere Einsamkeit quälte und dem in den letzten dreißig Jahren seines Lebens acht Zehen fehlten, so dass sein Gang zu einem eigenartigen, gleitenden Schlurfen wurde. Offenbar wurde er des Bildes von sich selbst müde, das in seinen Vorträgen entstand. Er begann, mit dem Leben abzuschließen, und wurde mürrisch und tyrannisch.

Pearys tatsächliche Leistungen in der Arktis, wie immer er sie auch erbracht haben mochte, waren größer als die aller anderen amerikanischen Entdecker. »Die Entschiedenheit, mit der er den Erfolg suchte«, schrieb der Schriftsteller und Arktisreisende Barry Lopez 1986, »die Tiefe und Kraft der Besessenheit dieses Mannes, bringt die Vorstellungskraft eines jeden zum Schweigen, der die Landschaft gesehen hat, die er durchquerte.« Was trieb Peary dazu, sich auf der Suche nach dem Pol verkrüppelte Füße zu holen? Wie ein anderer Polarreisender, der Physiker und Dramatiker David Fisher, in seinem Buch über eine Arktisreise auf einem russischen Eisbrecher schrieb, war es nicht so sehr naiver Patriotismus, nicht das Verlangen, das Sternenbanner als erste Flagge am Pol zu hissen, auch wenn Peary davon sprach. Auch war es nicht Pearys Entschlossenheit, sich nicht von Cook besiegen zu lassen. Es war vielmehr, wie Fisher schreibt, »die Leidenschaft, mit der Jeanne d'Arc für Gott kämpfte, die Leidenschaft, mit der Paris und Menelaus um Helena stritten, die Leidenschaft, mit der Faust um Wissen und Macht rang, [...] einfach *Leidenschaft*: blind und unvernünftig, unermüdlich und letztlich unwiderstehlich«.

Doch sich beständig zu fragen, wann die eigene Unaufrichtigkeit entdeckt wird, hat, wie andere schon ausgeführt haben, etwas besonders Quälendes und Einsames, und Peary und Cook kannten dieses Gefühl wohl beide. Cook versuchte sich später als Geschäftsmann, scheiterte zwei Mal und gründete dann 1920 mit einigen Partnern eine Aktiengesellschaft namens *Texas Eagle Oil and Refining Company*. Sein berühmter Name verhalf der Gesellschaft zur Bekanntheit, und der erste Aufruf erbrachte 800 000 Dollar. Doch auch dieser Versuch schlug fehl, und Cook gründete die *Petroleum Producers Association*, die andere scheiternde oder bankrotte Ölgesellschaften retten sollte. 1922 leitete die Post eine Untersuchung ein, bei der festgestellt wurde, dass die Gesellschaft gefälschte Aktien herausgegeben hatte. 1923 wurden Cook und seine Partner angeklagt und noch im gleichen Jahr fand der Prozess statt. Cook wurde zu vierzehn Jahren Gefängnis verurteilt. Der vorsitzende Richter spottete über Cooks »überzeugende, hypnotisierende Persönlichkeit«, verglich ihn mit Ananias und Machiavelli und sagte: »Ich weiß, dass Ihre Anwälte Sie mit einem Taschentuch vor der Nase verteidigt haben. Es stinkt zum Himmel.«

1930, nachdem Cook sieben Jahre in Fort Leavenworth eingesessen hatte, wurde seine Strafe bedingt ausgesetzt, und 1940 begnadigte Präsident Franklin Roosevelt den Fünfundsiebzigjährigen auf Bitten seiner Familie und anderer Entdecker. Doch inzwischen war Cook ein kranker Mann. Er starb im August des gleichen Jahres.

10 Vergnügungspark und Wetterlampe

Wenn es bei der Erforschung der Polargebiete nur vier Leistungen gäbe, die höchsten Ruhm einbringen, so wären das die Entdeckung der beiden Pole, des Nordpols und des Südpols, und die Durchfahrung der beiden Passagen, der Nordost- und der Nordwestpassage. Im Jahre 1910 hatte man beide Passagen durchfahren, aber noch keinen der beiden Pole erreicht. Keinem der beiden großen amerikanischen Entdecker Peary und Cook gebührt diese Ehre, die beide mit solcher Vehemenz für sich beanspruchten. Ihre Beweise waren dürftig und ihre Behauptungen, Tagesstrecken auf dem Eis zurückgelegt zu haben, die vor oder nach ihnen niemand auch nur annäherungsweise erreichte, wenig glaubhaft. Die beiden Seewege waren von Skandinaviern befahren worden, und einer der beiden, Amundsen, konnte später auch mit Recht behaupten, den Südpol erreicht zu haben, während der Nordpol noch jahrzehntelang nicht betreten wurde.

Im Jahre 1909 war Roald Amundsen mit Nansens Unterstützung damit beschäftigt, Geld zu sammeln und seine Pläne für einen eigenen Versuch, den Nordpol zu erreichen, auszuarbeiten. Er hoffte, sein Ziel zu erreichen, indem er sich mit der im Eis eingefrorenen *Fram* in die Nähe des Pols treiben ließ. Doch am 1. September 1909, als sein Abfahrtstermin im Januar 1910 nur noch vier Monate entfernt war, berichteten die Tageszeitungen, Frederick Cook, Amundsens alter

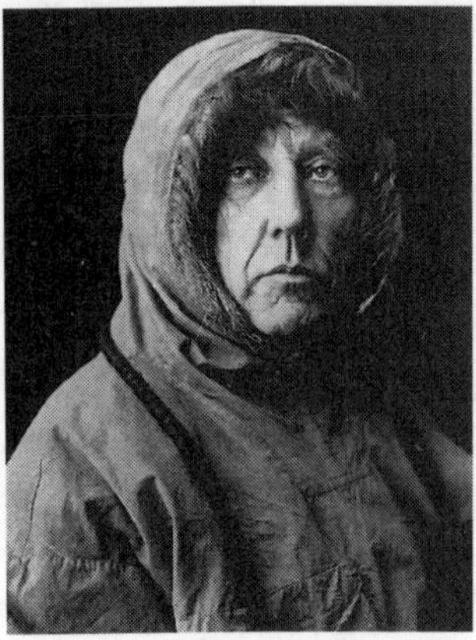

Roald Amundsen bei der Ankunft der *Norge* in Alaska (aus Amundsen und Ellsworth 1927)

Freund aus der Antarktis, habe den Nordpol bereits im Jahr zuvor erreicht. Eine Woche später berichteten die gleichen Zeitungen, Robert Peary habe ebenfalls kürzlich den Pol erreicht. Sein eigener Versuch war damit vollkommen überflüssig. Was sollte er tun?

Im Juli 1910 fuhr Amundsen wie geplant nach Süden, denn ursprünglich hatte er vorgehabt, über die Zufahrt durch die Beringstraße in die Arktis hineinzufahren. Doch nun hatte er ein ganz anderes Ziel vor Augen, über das er aber mit niemandem sprach, weder mit seinem Mentor Nansen noch mit der norwegischen Regierung, mit seinen Geldgebern oder mit seiner Besatzung. Die Besatzung erfuhr erst von dem neuen Bestimmungsort, als die *Fram* am 9. September auf Madeira anlegte, vor der Küste Marokkos. Von dort schickte Amundsen auch ein Telegramm an den englischen Entdecker Robert Falcon Scott, der schon vor langer Zeit verkündet hatte, er plane eine wissenschaftliche Expedition in die Antarktis und wolle versuchen, den Südpol zu erreichen.

Amundsen hatte seinen Geldgebern ursprünglich nur mitgeteilt, er plane eine rein wissenschaftliche Expedition in die Arktis, und seine Absicht, einen Abstecher zum Nordpol zu machen, hatte er für sich behalten. Doch inzwischen hatte er sich entschieden, eine reine Entdeckungsfahrt zum Südpol zu machen. Später rechtfertigte er sein Vordringen auf Scotts erklärtes Terrain damit, dass Scott selbst seinen Geldgebern nur erklärt hatte, er wolle in der Antarktis wissenschaftlich arbeiten. Jedenfalls sollte Amundsen in der Polarforschung mehr Ziele erreichen als jeder andere, denn auf einer Reise, die fast ohne Zwischenfälle verlief, erreichte er den Südpol und erbrachte damit seine zweite große Leistung, und auch eine dritte Tat sollte er noch vollbringen, allerdings ist dazu ein Kommentar nötig.

Die *Fram* erreichte am 14. Januar 1911 die Walfischbucht. Nachdem die Besatzung unterwegs Depots angelegt hatte, brach Amundsen am 19. Oktober mit vier Männern auf Skiern und Hundeschlitten zum Südpol auf. Am 14. Dezember erreichten sie den Pol, und nachdem sie drei Tage dort verbracht hatten, kehrten sie zum Schiff zurück. Die einzige Schwierigkeit, die die Skifahrer zu bewältigen hatten, war der Aufstieg auf den Axel-Heiberg-Gletscher zu der Hochebene, auf der sich der geographische Südpol befindet. Vor seiner Rückkehr hinterließ Amundsen ein Zelt mit einer vier Meter hohen Mittelstange, an der die norwegische Fahne flatterte, und einen Brief an Scott.

Scott traf einen Monat später mit vier Männern ein. Sie waren ohne Skier und zogen ihre Schlitten selbst, und auf dem Rückweg kamen alle fünf ums Leben.

Die Briten warfen Amundsen vor, er sei unfair gewesen. Nach seinen Berichten zu urteilen, habe er sich keineswegs wie ein Gentleman verhalten, denn er habe Scott das Recht geraubt, den ersten Versuch zur Eroberung des Südpols zu unternehmen. Er sei in die Antarktis gefahren, und das sei, so warfen einige ihm vor, ein feiger Betrug gewesen, der Scott gezwungen habe, seine Planungen übereilt abzuschließen, was wiederum der Grund für tödliche Irrtümer gewesen sei. Scotts Heldentod und seine Tagebücher, die einige Monate später entdeckt wurden, bewegten ganz England. Amundsens Leistungen und seine sorgfältige Planung zählten nicht: Schließlich hatte Scott den Pol ebenfalls erreicht.

Dazu kam die Sache mit den Hunden. Wenn Scott seine

Schlitten von Hunden und nicht von Menschen hätte ziehen lassen, hätten er und seine Leute wahrscheinlich überlebt. Amundsen hatte sich, als er Schlittenhunde verwendete und sie bei der Rückkehr auch noch aufaß, wieder nicht wie ein Gentleman verhalten. Scott dagegen hatte die britische Haltung im großen Spiel der Entdeckungen selbst formuliert: »Meiner Ansicht nach«, schrieb er, »kann eine Reise mit Hunden nie an das schöne Ideal« von Männern, die ohne Hilfe Gefahren bestehen, heranreichen. »In diesem Fall ist der Sieg sicherlich edler und glänzender errungen.«

Die Engländer übersahen dabei geflissentlich, dass Scott auf seinem Weg zum Pol Ponys benutzt und sie am Fuß des Beardmoregletschers getötet und verzehrt hatte. Jedenfalls gaben weder die Engländer noch die Amerikaner gern zu, dass Amundsen der Erste am Pol gewesen war. Im Jahre 1926 hatte das geographische Establishment in den Vereinigten Staaten entschieden, dass Robert Pearys Anspruch auf die Eroberung des Nordpols rechtmäßig sei, Frederick Cooks dagegen nicht. Cook saß inzwischen wegen Postbetrugs in einem amerikanischen Gefängnis. In diesem Jahr unternahm Amundsen, der für eine besondere Idee Geld brauchte, eine Vortragsreise durch die Vereinigten Staaten.

Nach seinem Erfolg, der von den Skandinaviern bejubelt worden war, während Briten und Amerikaner schmollten, stand Amundsen genügend Geld zur Verfügung, um eine erfolgreiche Reederei aufzubauen, und er war ausnahmsweise einmal nicht in finanziellen Schwierigkeiten. Er begeisterte sich für die Idee, zum Nordpol zu fliegen, die damals noch niemand verwirklicht hatte, und 1925 bestellte er bei Dornier in Deutschland zwei Flugboote und reiste in die Vereinigten Staaten, um dafür Geld zu sammeln. Amundsen hatte das Glück, Lincoln Ellsworth kennen zu lernen, einen Entdecker, der aus einer reichen Familie stammte. Er bekam die finanziellen Mittel für die Flugboote und für die Expedition und brach am 21. Mai 1925 von Spitzbergen auf. Die Expedition flog acht Stunden lang nach Norden und landete dann auf einer Wasserrinne, die groß genug für beide Flugboote war. Erst hielten sie die Rinne für den Nordpol, aber dann stellten sie fest, dass dieser noch etwa 200 Kilometer weit entfernt war. Doch bevor die Expedition die Rinne wieder verlassen konnte, fror sie zu, so dass die Männer drei Wochen damit verbringen mussten, auf dem Eis eine Startbahn zu bauen. Dann erst konnten sie weiterfliegen, ließen aber ein Flugboot zurück.

Im nächsten Jahr stellte Ellsworth Geld für den Bau eines lenkbaren Luftschiffes zur Verfügung, das von Spitzbergen aus über die Arktis nach Alaska fliegen sollte. Die *Norge* wurde in Italien gebaut, und als Pilot suchte man Umberto Nobile aus. Die Leitung der Expedition hatte Amundsen. Am 11. Mai 1926 verließ das Luftschiff Spitzbergen, und drei Tage später kam es, nachdem es den Pol mehrmals umkreist hatte, in Alaska an.

Es war keineswegs ein befriedigender Sieg, und das aus zwei Gründen. Der eine war Richard Byrd, der einer der gefeiertsten Entdecker in der amerikanischen Geschichte werden sollte, der andere Amundsens Pilot Umberto Nobile.

Am 9. Mai 1926, zwei Tage bevor Ellsworth und Nobile in der *Norge* zum Nordpol starteten, war Richard Byrd mit seinem Piloten Floyd Bennett um 12.37 Uhr in King's Bay, Spitzbergen, in einer dreimotorigen Fokker aufgestiegen. Sie rechneten damit, dass sie 24 Stunden in der Luft bleiben und als Erste den Nordpol überfliegen würden.

Byrd stammte aus einer angesehenen Familie in Virginia, die für einen Großteil des 20. Jahrhunderts praktisch die Politik dieses Bundesstaates bestimmte. Richards Bruder Harry war jahrzehntelang US-Senator für Virginia gewesen. Richard Byrd hatte mit Auszeichnung als Pilot im Ersten Weltkrieg gedient und war bereits über der Arktis geflogen, als er sich entschloss, als Erster den Nordpol zu überfliegen. Der Flug, auf dem er als Beobachter und Navigator fungierte, dauerte weniger als sechzehn Stunden, denn die Maschine musste um 16.07 Uhr nach King's Bay zurückkehren, weil der rechte Motor Öl verlor. Byrd und sein Pilot Bennett behaupteten, als Erste über den Pol geflogen zu sein. Byrd wurde in New York City mit einer Konfettiparade empfangen und erhielt für seine Leistungen die Ehrenmedaille des amerikanischen Kongresses. Später sollte er als Erster über den Südpol fliegen, und er tat wohl mehr als jeder andere, um die Erforschung der Antarktis anzuregen und zu fördern. Als er 1957 im Alter von 96 Jahren verstarb, bekleidete er die Position eines für die Antarktisprogramme der Vereinigten Staaten verantwortlichen Offiziers. Er war ein internationaler Held und wurde mit militärischen Ehren auf dem Friedhof von Arlington beigesetzt.

Doch den Nordpol hatte er nie erreicht.

King's Bay, wo Byrd zu seinem Versuch gestartet war, ist 660 Seemeilen vom Nordpol entfernt, so dass der Hin- und Rückweg etwa 2400 Kilometer betragen hätte, die Byrd angeblich in fünfzehn Stunden und dreißig Minuten zurücklegte – also mit einer Durchschnittsgeschwindigkeit von fast 160 Kilometern pro Stunde. Die dreimotorige Fokker, die zum Landen statt der Räder Skier bekommen hatte, flog als Höchstgeschwindigkeit knapp 130 Kilometer pro Stunde. Das hieß, dass sie auf dem Weg zum Pol einen Rückenwind von 30 Stundenkilometern aus dem Süden und auf dem Rückweg nach King's Bay entsprechend einen Rückenwind von 30 Stundenkilometern aus dem Norden hätten haben müssen, oder dass auf dem Hinweg ein Rückenwind von 60 Stundenkilometern und auf dem Rückweg gar kein Wind hätte wehen müssen oder eine andere Kombination wechselnder Winde – doch inzwischen hat man den Aufzeichnungen über die damaligen Wetterbedingungen entnommen, dass in jenen Tagen keines dieser Windverhältnisse gegeben war.

Später gestand Floyd Bennett seinem Pilotenkollegen Bernt Balchen, dass sie den Pol nicht erreicht hatten. Und in dem 1979 erschienenen Buch *Antarctica, My Destiny* deckte der Autor Finn Ronne, der Kapitän in der US-Marine und nach dem Zweiten Weltkrieg ein bekannter Antarktisforscher gewesen war, auf, dass auch Byrd selbst seinen Betrug zugegeben hatte. Offenbar hatte Isaiah Bowman, der damals Präsident der *American Geographical Society* war, nach Byrds Rückkehr 1926 Zweifel daran gehabt, dass dieser tatsächlich über den Pol geflogen war. Er fragte nach Byrds Aufzeichnungen und navigatorischen Hilfsmitteln, aber Byrd antwortete »ausweichend« und meinte, niemand dürfe seine Aufrichtigkeit in Frage stellen. Bowman erzählte Kapitän Ronne, dass er 1930, nach Byrds erfolgreicher Rückkehr aus der Antarktis und vom Südpol, eine Antwort erhielt. »Es regnete«, sagte Bowman, »und nach dem Mittagessen gingen wir spazieren, [...] fast vier Stunden lang um die Blocks am Broadway und an der 156. Straße herum. In dieser Zeit gelang es mir, Dicky-Byrd zu überführen, und es war die Zeit, die es dauerte, wert. Byrd beichtete, [...] dass er den Nordpol nicht erreicht, sondern ihn um etwa 250 Kilometer verfehlt hatte.«

Bowman, der später Präsident der Johns Hopkins University wurde, erklärte Kapitän Ronne, falls er dieses Eingeständnis veröffentlichen sollte, würde ihm niemand glauben, so gefestigt sei Byrds Ruf als Nationalheld mittlerweile. Aber die Rechnung war aufgegangen, und das heißt, dass ein weiterer amerikanischer Entdecker Anspruch auf eine Tat erhob, die er nicht vollbracht hatte und sich damit als Lügner entpuppte. Es ist bedrückend, den Bericht über die heldenhafte Phase der Arktiserkundung auf diese Weise beenden zu müssen – insbesondere die Amerikaner Peary, Cook und Byrd waren Schwindler. David Roberts, der solche falschen Behauptungen kürzlich untersucht hat, schreibt: »Eins wurde mir in Bezug auf diese Männer klar: Die Entscheidung, eine entdeckerische Leistung vorzutäuschen, bestimmte fast ihr gesamtes restliches Leben. [...] Die Welt wurde auf Verbündete und Verräter reduziert; [...] diese Männer sind um ihren Lebensabend nicht zu beneiden. Sie verbrachten ihre letzten Jahre in Bitterkeit und stolzer Isolation, auch wenn sie von der Bewunderung einer gutgläubigen Öffentlichkeit umgeben waren, auch wenn sie mit Orden geehrt wurden. Die Bloßstellung, so vermutet man, lauerte wie ein Wolf vor der Tür.«

Leider sind die Enthüllungen damit noch nicht beendet, denn auch im Leben des erfolgreichsten Arktisforschers gibt es etwas aufzudecken. Heute weiß man, dass Amundsen mit seinen Gefährten als Erster den Nordpol überflog, doch es war ein bitterer Sieg, denn selbst als es noch so schien, als sei Byrd ihm zuvorgekommen, war Amundsen der Meinung, Umberto Nobile würde mehr als den ihm zustehenden Teil des Lobes für die Tat einheimsen. Amundsen schrieb ein Buch mit geharnischten Angriffen auf Nobile und andere tatsächliche oder vermeintliche Feinde. Er war wieder verschuldet, hatte nur wenige Freunde und keine Familie. Als verbitterter und einsamer Mann zog er sich von der Entdeckung der Polargebiete zurück, doch vorher unternahm er noch eine letzte Vortragsreise durch die Vereinigten Staaten, auf der er einen Abstecher machte, um seinen alten Freund Frederick Cook in Leavenworth im Gefängnis zu besuchen. Anschließend versuchte er, das Leben und die Bemühungen dieses nun vollkommen in Verruf geratenen Mannes zu rechtfertigen, und vergrößerte dadurch nur die Abneigung, die die amerikanische Öffentlichkeit gegen ihn hegte.

1928 unternahm Nobile mit einem neuen Luftschiff, der *Italia*, eine weitere Arktisexpedition, zum Teil, um sich nach Amundsens Verunglimpfungen zu rehabilitieren. Das Luftschiff verschwand. Die Suchaktion begann damit, dass die italienische Regierung die norwegische Regierung um Hilfe bat, aber mit der ausdrücklichen Bitte, man möge Amundsen nicht daran beteiligen.

Amundsen entschied sich, diese Beleidigung zu ignorieren, und nahm die Hilfe eines norwegischen Geschäftsmanns an, der sich erbot, in Frankreich ein Flugboot für ihn zu kaufen. Als Amundsen damit in Tromsø in Norwegen eintraf, entdeckte er, dass sich schon drei andere Wasserflugzeuge startbereit machten, eins aus Schweden, eins aus Finnland und eins aus Italien. Man wusste inzwischen, wo Nobile sich befand, und es ging nur noch darum, den Rettungstrupp loszuschicken. Doch das Wetter verschlechterte sich, und die anderen drei Suchtrupps beschlossen, den Rettungsversuch aufzuschieben. Sie rieten Amundsen, ihrem Beispiel zu folgen, aber er schlug ihre Warnung in den Wind und startete – eine untypische Handlung für einen Mann, der für seine sorgfältigen Planungen bekannt war. Es war Amundsens letzte Tat – und selbstlos dazu.

Nobile wurde schließlich zusammen mit sieben der ursprünglich 25 Besatzungsmitglieder gerettet, aber eine Kommission, die sich mit dem Unglück befasste, stellte den italienischen Piloten öffentlich bloß. Amundsens Wasserflugzeug wurde nie wieder gesehen. Damit erhält diese romantische Phase der Arktisentdeckung, eine Phase voller heroischer Versprechungen, die schließlich so unschön zu Ende ging, eine tragische Coda.

Anfang 1930 herrschte allgemein die Annahme, dass der Nordpol erobert worden war – von Peary zu Fuß und von Byrd im Flugzeug sowie von Amundsen, Ellsworth und Nobile im Luftschiff. Ein weiterer Marsch über das Packeis zum Pol und zurück war nun nicht mehr der Mühe wert. Es galt, andere Taten zu vollbringen: Der Mount McKinley war noch nicht bestiegen worden, und auch den Gipfel des höchsten Berges der Welt, des Mount Everest an der tibetisch-chinesischen Grenze zu Nepal, und des K2 (Mount Godwin Austen) an der chinesisch-pakistanischen Grenze hatte noch nie ein Mensch betreten. Darüber hinaus hatte noch kein menschliches Auge die Ozeantiefen erblickt, und der Mond hing verlockend am Himmel, nur 384 403 Kilometer von der Erde entfernt. Und schon in den dreißiger Jahren des letzten Jahrhunderts, die uns heute so weit in der Vergangenheit zu liegen scheinen, begann die Technik, sich in der Welt der Entdecker einen ersten Platz zu erobern. Man setzte Flugzeuge mit größerer Reichweite ein, die mehr Ladung aufnehmen konnten; Unterseeboote liefen vom Stapel. Der erste Mensch, der versuchte, den Nordpol auf dem Wasserweg unter dem Eis hindurch zu erreichen, war ein Australier namens Hubert Wilkins. Heutzutage erinnert man sich kaum noch an ihn, aber er war einer der interessantesten und fähigsten Abenteurer des 20. Jahrhunderts.

Als Wilkins die weiterführende Schule abgeschlossen hatte, hatte er sich recht gute Grundlagen der Elektrotechnik und der Kinematographie angeeignet, und er setzte sich in den Kopf, die Welt zu sehen. Zu diesem Zweck schlich er sich als blinder Passagier auf ein Schiff, das mit ihm unbekanntem Ziel von Australien aus in See stach. Man entdeckte ihn, er arbeitete, um seine Passage zu bezahlen, und in Algier, dem ersten Hafen unterwegs, schickte man ihn von Bord. Es gelang Wilkins, sich von einem italienischen Agenten anstellen zu lassen, der in Sachen Waffenschmuggel ermittelte. Als die beiden sich einmal zu einem Treffen mit einigen Schmugglern begaben, wurden sie getäuscht, mit Rauschgift betäubt und als Gefangene mit einer Karawane nach Tunis geschafft, wo sie als Sklaven verkauft werden sollten. Wilkins aber wurde, wie ein Held in einem Liebesroman, von einer jungen Araberin gerettet, die ihm zur Flucht verhalf.

Wilkins reiste nach England, lernte fliegen und fand 1912 ein Anstellung als Fotograf und Kriegskorrespondent. Er berichtete über den Ersten Balkankrieg, von dem man außerhalb des Kriegsgebietes nur wenig wusste. Einmal wurde er von den Türken gefangen genommen, denn man hielt ihn für einen Spion. Drei Mal stand er vor einem türkischen Erschießungskommando, aber jedes Mal wurden alle anderen erschossen, nur er nicht, weil er sich weigerte, irgendwelche Spionagetätigkeiten zu gestehen. Als schließlich das Waffenstillstandsabkommen unterzeichnet wurde, ließ man ihn frei.

1913 schloss er sich Vilhjalmur Stefansson an, der mit einer Expedition die Nordwestküste Kanadas und die kanadischen Inseln erforschen und kartieren wollte. Bis 1916 blieb Wilkins mit Stefansson in der Arktis. Als er mitten im Ersten Weltkrieg zurückkehrte, wurde er Soldat in der britischen Armee. Er wurde neun Mal verwundet und erhielt das militärische Verdienstkreuz für Tapferkeit. Nach dem Krieg wollte er eine große Tat für Australien vollbringen, indem er versuchte, von England nach Australien zu fliegen, aber er scheiterte. Er musste in der Nähe einer türkischen Anstalt für Geisteskranke notlanden, und einige Freunde meinten, dort gehöre er auch hin. Als Nächstes fotografierte Wilkins für die *Society of Friends* die Zustände während der Hungersnot in Russland, wobei er Nansen kennen lernte, und dann leitete er eine biologische Expedition nach Nordaustralien.

1926 brach das Arktisfieber wieder aus, und Wilkins kehrte in die Polarregion zurück, diesmal mit dem Flugzeug. Mit Carl Ben Eielson, der damals der berühmteste Buschpilot Alaskas war, machte er einen Erkundungsflug über die Beaufortsee, ohne aber neues Land zu entdecken. Im folgenden Jahr flogen die beiden etwa 900 Kilometer weiter nach Nordwesten und mussten dabei drei Mal notlanden, das letzte Mal, weil sie keinen Sprit mehr hatten. Doch dank der Erfahrungen, die Wilkins mit Stefansson hatte machen können, überlebten sie in der eisigen Kälte einen Marsch von knapp 120 Kilometern, der über Packeisgrate und Eishöcker führte. Die beiden ließen sich nicht einschüchtern, sondern überquerten 1928 zum ersten Mal die Arktis von Alaska nach Spitzbergen. Für diese Leistung wurde Wilkins geadelt, und noch im gleichen Jahr überflogen die beiden Männer auch die Antarktis.

Inzwischen hatte man begonnen, sich zu überlegen, ob man nicht unter dem Eis hindurch zum Nordpol gelangen könnte. Wilkins und seine Kollegen Sloan Danenhower, Simon Lake und Lincoln Ellsworth waren die Ersten, die in dieser Hinsicht etwas unternahmen. Für eine nominelle Leihgebühr von einem Dollar pro Jahr mieteten sie von der amerikanischen Marine für fünf Jahre ein Unterseeboot. Es war die *O-12*, Baujahr 1918, die nach dem Beschluss der Londoner Flottenkonferenz verschrottet werden sollte. Das Schiff wurde in *Nautilus* umgetauft, nach Kapitän Nemos Unterseeboot in Jules Vernes Roman *Zwanzigtausend Meilen unterm Meer*. Diese *Nautilus* war, wie alle anderen U-Boote ihrer Zeit, kein echtes Unterwasserfahrzeug, sondern ein Schiff, das einige Stunden untertauchen konnte und während dieser Zeit mit von Batterien erzeugtem Strom fuhr. Aufladen konnte man die Batterien nur, wenn man über Wasser die Schiffsdiesel laufen ließ.

Nachdem die *Nautilus* überholt und neu ausgerüstet worden war, hatte sie eine Tauchtiefe von 60 Metern, die für Wilkins' Zwecke ausreichte. Mit einer Geschwindigkeit von fünf Kilometern pro Stunde hatte sie unter Wasser eine Reichweite von etwa 200 Kilometern. An Bord gab es genügend Sauerstoff in Form von komprimierter Luft in Flaschen, um drei Tage unter Wasser bleiben zu können. Aus eigener Erfahrung und nach den Mitteilungen anderer schätzte Wilkins, dass sie etwa alle 40 Kilometer auf offenes Wasser, entweder auf eisfreie Flächen oder auf Rinnen, stoßen würden, die groß genug zum Auftauchen waren. Außerdem wurde das Schiff mit einem Beobachtungsstand im Kommandoturm ausgerüstet, damit man die eisfreien Stellen leichter finden konnte. Auch erhielt es einen speziellen Bohrer, um sich durch das Eis nach oben zu bohren.

Natürlich waren hier viele Spekulationen im Spiel. Die Entfernung von Spitzbergen nach Alaska über den Pol betrug über 3 200 Kilometer, und zu jener Zeit wusste man wenig über die unterschiedlichen Stärken des Eises im Nordpolarmeer. Wenn das Schiff die eisfreien Wasserflächen nicht fand und der Bohrer versagte, würde die Besatzung umkommen.

Im Herbst 1931 tauchten sie von Spitzbergen aus unter das Eis, fanden keine eisfreien Stellen und mussten erkennen, dass der Bohrer nicht funktionierte, so dass sie nicht auftauchen konnten. Nach mehreren erfolglosen Versuchen brach Wilkins das Projekt klugerweise ab. Die Idee war zwar gut gewesen, doch sie war ihrer Zeit um etwa drei Jahrzehnte voraus. Danach wandte Wilkins sich hauptsächlich der Antarktis zu. Während des Zweiten Weltkrieges diente er in ziviler Funktion beim *United States War Department*. Er starb 1958, erlebte aber noch den Stapellauf des ersten mit Atomenergie angetriebenen U-Bootes. Es war wieder eine *Nautilus* – und dieses Mal ein echtes Unterwasserfahrzeug, wie das von Kapitän Nemo. Nun existierte die Technik, mit der Menschen unter dem Packeis hindurch zum Pol fahren konnten.

In einem atomgetriebenen U-Boot ist der Atomreaktor eine unabhängige Einheit, der man von außen weder Brennstoff noch Sauerstoff zuführen muss. Das Schiff ist mit verschiedenen lebenserhaltenden Systemen ausgerüstet und kann einen Monat oder länger unter Wasser bleiben und während dieser Zeit mehrere tausend Kilometer zurücklegen. Doch woher weiß man, wenn man unter dem Nordpolarmeer hindurchtaucht, wo man sich gerade befindet? Einfach aufzutauchen, um anhand der Sterne, mit Hilfe von Satelliten oder elektromagnetisch eine Standortbestimmung vorzunehmen, ist nicht möglich. Man braucht ein in sich geschlossenes Navigationssystem. Die ersten mit der Trägheit arbeitenden Navigationssysteme erfüllten diese Bedingung, und zwei der frühesten wurden 1958 auf der *Nautilus* und auf ihrem Begleitschiff, der *Skate,* installiert.

Trägheitsnavigationssysteme werden für Schiffe, Flugzeuge und als Leitsysteme für Raketen verwendet. Sie arbeiten mit der Geschwindigkeit, also dem Verhältnis von zurückgelegtem Weg zu aufgewendeter Zeit – beim Autofahren sprechen wir von Stundenkilometern. Wenn wir einen Wagen in immer gleicher Geschwindigkeit auf einer geraden Linie durch eine ebene Wüste fahren würden, könnten wir leicht unseren Ankunftsort berechnen, indem wir die Geschwindigkeit mit der gefahrenen Zeit multiplizieren. Wenn sich aber die Geschwindigkeit während der Fahrt verändern würde, müssten wir einfach die Zeitspannen, die wir mit verschiedenen Geschwindigkeiten gefahren sind, addieren, also die Geschwindigkeit über die Zeit integrieren.

Geschwindigkeit hat eine Größe (das Tempo) und eine Richtung. Wenn wir ein Gerät hätten, das sowohl das Tempo als auch die Richtung messen könnte, könnten wir jede Komponente über die Zeit integrieren und unseren Ankunftsort bestimmen – also wo wir uns befinden, nachdem wir kreuz und quer durch die Gegend gefahren sind.

Ein weiteres Problem ist die Beschleunigung, also die Veränderung der Geschwindigkeit. Wir brauchen ein Gerät, um die Nord-Süd- und die Ost-West-Komponenten der Beschleunigung zu messen, und dann können wir mit Hilfe einer zweifachen Integration unsere Position zu jedem gegebenen Zeitpunkt bestimmen. Ein Computer kann diese Rechnung mühelos durchführen. Die Beschleunigung selbst ist recht leicht zu messen, denn sie ist das Äquivalent zu einer ausgeübten Kraft; im System werden empfindliche Beschleunigungsmesser angebracht, damit es seine Ausrichtung beibehält. So kann man über Entfernungen von einigen tausend Kilometern eine Genauigkeit von etwa einem Kilometer erreichen.

Der erste Versuch der *Nautilus*, den Pol zu erreichen, fand 1957 unter dem Kommando von William Anderson statt. Auf dieser Fahrt besaß das Schiff noch kein Trägheitsnavigationssystem. Es war aber mit einem umgekehrten Echolot ausgestattet, das mit Hilfe von Schallwellen anzeigen konnte, wie groß der Abstand zwischen dem U-Boot und dem unteren Rand des Eises war. Anderson war auf Besteckrechnung und Kreisel- und Magnetkompasse angewiesen, und als sie 87° nördlicher Breite erreicht hatten, versagte der Kreiselkompass, und sie mussten umkehren.

1958 versuchte die *Nautilus*, die inzwischen ein Trägheitsnavigationssystem an Bord hatte, das Nordpolarmeer von der Tschuktschensee bis zur Grönlandsee zu durchqueren. Sofort stand man vor einem großen Problem: Die einzige Tiefwasserpassage in das Nordpolarmeer hinein ist die Framstraße zwischen Grönland und Spitzbergen. Überall sonst ist das Nordpolarmeer von einem Kontinentalschelf mit flachem Wasser umgeben. Zudem reicht das Eis unter einigen Packeisgraten etwa 30 Meter in die Tiefe und bildet so ein beträchtliches Hindernis für ein U-Boot, vergleichbar mit den Eispressungen über dem Wasserspiegel, die die Entdecker bei ihren Märschen über das Eis aufhielten. Ein Atom-U-Boot war damals vom Kiel bis zum Turm insgesamt 15 Meter hoch.

Im Juni 1958 machte die *Nautilus* zwei Versuche, aber das dicke Schelfeis hielt sie auf. Im Juli, nachdem das Packeis sich vom Schelf zurückgezogen hatte, versuchte das U-Boot es erneut und fand eine Durchfahrt in ein tiefes Tal zum Tiefbecken des Nordpolarmeeres. Nachdem sie am 1. August vor der Küste Alaskas untergetaucht war, erreichte sie am 3. August den Nordpol und tauchte am 5. August zwischen Grönland und Spitzbergen wieder auf. Es war eine erstaunliche Reise, die ohne Zwischenfälle verlief, ein Signal für den Anbruch eines neuen Zeitalters: Was sonst nur in monate- oder jahrelangem Kampf gegen Kälte, Eis, Wetter und die Schwächen des menschlichen Körpers und Geistes zu erreichen gewesen war, gelang nun in wenigen Tagen.

Noch im gleichen Monat, im August 1958, erhielt das Unterseeboot *Skate* unter dem Kommando von James Calvert die Aufgabe, Techniken zu entwickeln, um in von Packeis bedeckten Gebieten aufzutauchen. In der Arktis war Sommer, und man konnte die eisfreien Wasserflächen mit Hilfe des umgekehrten Echolots feststellen. Das U-Boot fuhr durch die Framstraße in das arktische Becken hinein, gelangte zum Nordpol und fuhr weiter zum westlichen Rand des Beckens, bevor es umkehrte und das Becken durch die Framstraße wieder verließ. Auf dieser Fahrt tauchte es neun Mal auf, ein Mal in der Nähe des Pols. In gewissem Sinne hatte Calvert genau die Fahrt gemacht, die Wilkins sich im Jahre 1931 vorgestellt hatte.

Anschließend nahm Calvert sich die Zeit, Wilkins und Stefansson zu besuchen, die inzwischen beide über siebzig waren, um sie über den neuesten Stand der Forschung zu informieren und sie um Rat zu bitten. Und sie hatten tatsächlich einen Ratschlag für ihn: Die *Skate* solle das Gleiche noch einmal im Winter versuchen. Dann würde es keine eisfreien Wasserflächen geben, stattdessen aber Gebiete mit Rinnen, die erst kürzlich zugefroren waren, so dass das Eis kaum mehr als einen halben Meter dick war. (Im Dezember, kurz nach dem Treffen mit Calvert, starb Wilkins. Zweifelsohne war er froh, dass er bis zum Ende beteiligt gewesen war.)

Mit verstärktem Turm kehrte die *Skate* im März 1959 in die Arktis zurück, lokalisierte Gebiete mit dünnem Eis, brach an mehreren Stellen hindurch und tauchte auf. Eine dieser

Stellen war der Nordpol. Dort verstreute Calvert auf Wilkins' Bitte hin dessen Asche, ein Tribut an einen der größten Abenteurer und Entdecker des 20. Jahrhunderts. Ja, man kann sagen, dass auch die Polarforschung wieder zu Ehren gekommen war.

Gleichzeitig ist darauf hinzuweisen, dass diese U-Boot-Fahrten nicht aus wissenschaftlichem Interesse oder zum Ruhme einzelner Abenteurer unternommen wurden, sondern zu militärischen Zwecken. Das Nördliche Eismeer ist das Meer, das einer Reihe von Zielen in der früheren Sowjetunion am nächsten liegt, und zu jener Zeit, als der Kalte Krieg tobte und das Gleichgewicht der Welt von der Diplomatie und dem Aufbau der bedrohlichsten Waffenarsenale in der Geschichte abhing, betrachteten sowohl das Militär als auch der Kongress der Vereinigten Staaten es als unbedingte Notwendigkeit, diese Ziele erreichen zu können. Zudem bot das arktische Eis einen sicheren Schutz, unter dem ein U-Boot längere Zeit lauern konnte, ohne von normalen Schiffen oder Flugzeugen entdeckt zu werden. Und mit der Fähigkeit, an einer bestimmten Stelle in der Arktis aufzutauchen, so wie die *Skate* es getan hatte, wurde das U-Boot eine nützliche Basis für den Abschuss von ballistischen Raketen. Für den größten Teil der zweiten Hälfte des 20. Jahrhunderts war die Arktis – die fünfzig Jahre zuvor noch so wenig bekannt gewesen war – somit eine wesentliche Komponente des Kalten Krieges, ein Gebiet von höchster strategischer Bedeutung.

Trotzdem jedoch hatte noch niemand geschafft, was Robert Peary und Frederick Cook sich damals vorgenommen hatten: zu Fuß und mit Schlitten das Eis zu überqueren und den Nordpol zu erreichen. Warum sollte man sich schließlich auch die Mühe machen? Es gab Flugzeuge, Unterseeboote und kraftvolle Eisbrecher sowie alle möglichen technischen Geräte, um die Arbeit in der Arktis zu erleichtern. Und die Arktis war nicht mehr ein Gebiet, das man aus reiner Abenteuerlust aufsuchte. Hier ging es jetzt um ernsthafte Dinge, und schon um 1930 war das keinem Land stärker bewusst als der Sowjetunion. Sie grenzte im Norden an die Arktis, und die Nordostpassage blieb weiterhin für die wirtschaftlichen Interessen in Sibirien wichtig, wo Wetterberichte und -vorhersagen immer unverzichtbar waren.

Schon 1937 hatten die Russen in der Arktis eine Station errichtet, um das Wetter und andere physikalische Gegebenheiten zu beobachten. Die erste treibende Station der Sowjets wurde im Mai des Jahres zum Nordpol geflogen. Sie hieß *SP 1*, eine Abkürzung für *Sewernij Poljus 1* oder *Nordpol 1*. Ihre Besatzung bestand aus vier Mann – dem Leiter Iwan Papanin, den beiden Wissenschaftlern Eugen Fedorow und Pjotr Schirschow und dem Funker Ernest Krenkel. Sie waren die ersten Menschen, die den Fuß auf den Nordpol setzten. Doch wichtiger war ihnen anscheinend, ihre Energie und ihr Können ganz ihrer wissenschaftlichen Aufgabe zu widmen und so den Weg für weitere derartige Expeditionen zu ebnen.

Neun Monate lang, bis zum Februar 1938, lebten sie in Hütten auf dem Eis. In dieser Zeit trieb die transpolare Drift sie über die Arktis an die grönländische Küste, wo ein sowjetischer Eisbrecher sie an Bord nahm. Zum Zeitpunkt ihrer Rettung bewohnten sie eine Eisscholle von 30 Metern Länge und zehn Metern Breite – das erinnert an George Tyson. Unterwegs hatten sie täglich atmosphärische und meereskundliche Beobachtungen sowie geophysikalische Messungen von Schwerkraft und Magnetismus durchgeführt. Bei ihrer Rückkehr wurden sie in Moskau als Helden willkommen geheißen – und das zu Recht, denn sie waren nicht nur die ersten Menschen auf dem Nordpol, sondern auch die Ersten, die so lange Zeit, 274 Tage, um genau zu sein, auf einer treibenden Station in der Arktis verbracht hatten.

Der Leiter Papanin, der ein treues Parteimitglied war, schickte Stalin eine Nachricht, in der er ihm mitteilte, wie schön die Vorstellung sei, dass »wir, vier normale sowjetische Bürger, den Hoffnungen gerecht geworden sind, die unsere Partei, unsere Regierung und unser geliebter Stalin in uns gesetzt haben, die uns groß gemacht haben, und durch deren Initiative unser Mutterland einen neuen Wasserweg erhalten hat, der den Osten und den Westen der Union der Sozialistischen Sowjetrepubliken miteinander verbindet«.

Einige Jahre nachdem die *Nautilus* und die *Skate* unter der Eiskappe des Nordpols hindurchgetaucht waren, wurde einigen Leuten klar, dass man das Ziel, auf dem Weg über das Packeis zum Nordpol zu gelangen, noch nicht erreicht hatte. Der nächste Versuch, eben das zu tun, nahm seinen Anfang in einem Restaurant in Duluth, Minnesota, im Jahre 1966. Ralph Plaistead, ein Versicherungsvertreter, trank dort ein paar Bierchen mit dem befreundeten Arzt Arthur Aufderheide. Sie entschlossen sich, den Pol mit Schneemobilen anzusteuern. Als unermüdlicher Veranstalter und Planer begann Plaistead, bei Unternehmen, Institutionen und Privatleuten Geld und Ausrüstung zu sammeln, darunter auch die Schneemobile. Unbeeindruckt davon, dass zum Beispiel die *Campbell Soup Company* ihn abwies, ging er weiter zu *Knorr* und überredete die Firma, ihn mit reichlichen Vorräten zu versorgen. Außerdem gewann er ein Team von fünf Fernsehleuten, darunter auch Charles Kuralt, für die Teilnahme an der Expedition.

Insgesamt starteten Ende März 1967 sechzehn Menschen mit Schneemobilen von der Insel Ellesmere aus in Richtung Nordpol. Nie hat es eine laienhaftere Expedition gegeben. Keiner der Männer hatte jemals auch nur eine Stunde auf arktischem Eis verbracht. Einer war Lehrer an einer Schule der Kanadischen Luftwaffe, die Überlebenstraining im Winter unterrichtete, ein anderer war eine Weile auf dem Luftwaffenstützpunkt der US-Luftwaffe in Thule, Grönland, stationiert gewesen. Im Übrigen waren sie, so wie Plaistead, vollkommen unbedarft.

Sie stießen auf die üblichen Eispressungen und offenen Rinnen, unter anderem auch auf die Große Rinne, die Peary so frustriert hatte, und auf die Große Eispressung, die sie so nannten, weil sie eine unbestimmte Länge und eine Höhe von etwa zwölf Metern hatte. Die Expedition hackte sich einen Weg hindurch. Obwohl sie aus der Luft mit Lebensmitteln versorgt wurden und auch Männer ins Basislager und wieder zurück geflogen wurden, mussten sie ihr Vorhaben schließlich aufgeben, weil ein sechstägiger Sturm ihre Pläne durchkreuzte. Als sie eine nördliche Breite von 84° erreicht hatten, wurden sie ausgeflogen.

Doch Plaistead war nicht bereit, das Handtuch werfen. Er hatte bei diesem Versuch viel über die Arktis gelernt, und im folgenden Jahr kehrte er mit einer kleineren Gruppe und stärkeren Schneemobilen – Ski-Doos, hergestellt von *Bombadier Limited* in Quebec – wieder zurück. Sie starteten auf der Insel Ward Hunt in Nordkanada, schlängelten sich in den letzten Wochen des arktischen Winters durch zerklüftete Eisgrate und legten über 1 300 Kilometer zurück. Die *Pillsbury Company* hatte speziellen Proviant zur Verfügung gestellt, so dass die Reisenden pro Tag 5 000 Kalorien zu sich nahmen. Auch an Vitamintabletten hatten sie gedacht. Am 20. April 1968, etwas mehr als ein Jahr bevor Amerikaner den Mond betraten, waren Plaistead und drei Begleiter die Ersten, die über das Eis zum Nordpol gelangt waren.

Wieder kehrten sie auf dem Luftweg zurück, doch zu Hause war ihnen nur wenig Aufmerksamkeit beschieden. Diesmal hatte kein Fernsehteam sie begleitet, und die Medien betrachteten Plaisteads Fahrt eher als Werbegag denn als die echte Leistung, die sie war. Die *New York Times* berichtete in ihrer Ausgabe vom 20. April 1968 nur kurz auf Seite 68 darüber. Nichtsdestotrotz, es war Plaistead, der Amateur-Entdecker und Versicherungsvertreter aus Duluth – und nicht Robert Peary –, der als Erster über das Packeis den Nordpol erreichte.

Im folgenden Jahr vollbrachte ein Brite die gleiche Leistung, allerdings mit Schlitten und zu Fuß. Wally Herbert hatte schon seit langem einen, wie er es nannte, »obsessiven Ehrgeiz« gehegt, das Nordpolarmeer zu überqueren und dabei den Pol zu berühren. Bis 1969 war er in der Arktis, in Kanada, Grönland und in der Antarktis Tausende von Kilometern gewandert, und er hatte seine Überquerung des Nordpolarmeeres vier Jahre lang vorbereitet. Er plante, von der Pazifikseite der Arktis zur Atlantikseite zu wandern und sich mit dem Eis treiben zu lassen, so wie Nansen es getan hatte. Am 21. Februar 1968 verließ Herbert mit drei Begleitern und Hundeschlitten Point Barrow in Alaska. Im ersten Jahr gelangten sie bis auf 85° nördliche Breite und 162° westliche Länge und schlugen dort ihr Winterquartier auf. Am 24. Februar 1969, fast genau ein Jahr nachdem sie Point Barrow verlassen hatten, brachen sie wieder auf. Am 5. April erreichten sie den Nordpol und am 29. Mai Spitzbergen. Sie waren länger unterwegs gewesen als Plaistead, und ihre Expedition war ebenfalls aus der Luft versorgt worden.

Fast zwei Jahrzehnte später beschloss ein amerikanischer Abenteurer namens Will Steger, der wie Herbert sein ganzes Leben lang in der Arktis und der Antarktis gewandert war, den Nordpol unter den gleichen Bedingungen zu erreichen, unter denen Peary seinen Versuch unternommen hatte, also ohne Hilfe aus der Luft. Mit sechs weiteren Männern und einer Frau, der Sportlehrerin Ann Bancroft, sowie Hundeschlitten brach er am 8. März 1986 von der Insel Ellesmere auf. 55 Tage später erreichten sechs von ihnen den Pol, darunter auch Ann Bancroft als erste Frau. Dann allerdings ließen sie sich samt ihrer Ausrüstung und ihren Hunden ausfliegen.

Als Roger Bannister einmal eine Meile in unter vier Minuten gelaufen hatte, schafften das auch Hunderte von anderen Läufern. Seit der Neuseeländer Edmund Hillary den Mount Everest bestieg und der Amerikaner Jim Whittaker es ihm gleichtat, ist der höchste Gipfel der Welt fast zur Routinesache geworden; inzwischen haben Hunderte ihn bestiegen. Und seit Plaistead, Herbert und Steger den Nordpol erreicht haben, ist diese Leistung nichts Ungewöhnliches mehr – auch wenn noch niemandem das gelungen ist, was Peary und andere vorhatten: den Pol über das Packeis zu erreichen und anschließend auch über das Packeis zurückzukehren und dabei ausschließlich Menschen- und Hundestärken einzusetzen. Stattdessen fliegt man heute zum Pol oder fährt mit Eisbrechern. Der Nordpol ist sozusagen etwas wie ein »Extremziel« für Touristen geworden. 1991 zum Beispiel legte der amerikanische Physiker David Fisher 30000 Dollar auf den Tisch, um zusammen mit etwa hundert anderen auf einem atomgetriebenen sowjetischen Eisbrecher, der *Sowjetskij Sojus*, zum Nordpol und zurück zu fahren. Unterwegs fanden sie auf der öden Insel die Hütte, in der Fridtjof Nansen den Winter verbracht hatte, und sie sahen die letzte Insel, die George Washington DeLong auf seiner unglückseligen Expedition betreten hatte. Wie andere Polarreisende vor ihm schrieb Fisher ein Buch über diese Fahrt, *Across the Top of the World* (1992), das mit erheiternden Episoden und Anmerkungen zur Geschichte der Polarforschung gespickt ist. Als die Touristen ihr Ziel erreicht hatten, tanzten viele von ihnen in einem großen Kreis um den Nordpol herum und verkündeten, nun gehörten sie zu der kleinen Gruppe von Menschen, die den Globus umkreist und auf einer einzigen Reise alle Zeitzonen passiert hätten – sehr zum Verdruss eines kratzbürstigen Mitreisenden, der wiederholt damit geprahlt hatte, dass er den Erdball in niedrigeren Breiten umkreist hatte.

Doch der Physiker mahnt auch zur Vorsicht. Als die Touristen die Inseln besuchten, die von den früheren Entdeckern als von Eis eingeschlossen beschrieben worden waren, fanden sie die Gewässer ringsherum relativ eisfrei vor. War das einfach eine Klimaschwankung, wie sie in der Arktis normal ist – in einem Jahr dehnt sich das Packeis stark aus, im nächsten weniger –, oder war es der unheilvolle Beweis für eine globale Erwärmung?

Inzwischen kostet die Reise zum Pol an Bord eines russischen Eisbrechers übrigens nur noch die Hälfte von dem, was Fisher bezahlte.

Heute interessiert man sich vor allem für die Arktis, weil sie ein wichtiges Gebiet für die Umweltforschung ist. Nirgends etwa sind die klimatischen Veränderungen der Vergangenheit besser abzulesen als an Bohrkernen, die aus der Eisplatte Grönlands herausgebohrt werden. Das Eis enthält ein Protokoll über die Mengen von atmosphärischen Gasen, Pollen und anderen Substanzen, die seit Tausenden von Jahren praktisch Jahr für Jahr in die Eisschichten eingefroren werden. Aus solchen Bohrkernen kann man ersehen, welche Mengen an Gasen und Partikeln in der Atmosphäre vorhanden waren, und man kann, wie bei Baumringen, auch den Zeitpunkt dieser Erscheinungen bestimmen und daraus klimatologische Daten ableiten. Und die klimatischen Verhältnisse vergangener Zeiten bilden die Ausgangsbedingungen für das große Experiment, das die Menschheit zurzeit mit der Erde durchführt – das heißt, dass wir mit großer Wahrscheinlichkeit einen Treibhauseffekt erzeugen, indem wir die in der Atmosphäre enthaltene Menge von Substanzen wie Kohlendioxid durch die Verbrennung einer beispiellosen Menge fossiler Brennstoffe stark erhöhen. Solche Gase lassen, wie Treibhausglas, die Sonnenwärme ein, sorgen aber dafür, dass ein großer Teil dieser Wärme nicht in den Weltraum zurückreflektiert wird, mit dem Ergebnis, dass es auf der Erde wärmer wird. Doch wie warm es wird, wo die Erde sich stark erwärmen wird und wo weniger stark und welche Wirkung diese ungleichmäßige Veränderung des Klimas und der Wetterbedingungen etwa auf das Wachstum des Waldes, die Meeresströmungen oder die Höhe des Meeresspiegels haben wird, ist unbekannt. Verschiedene Schätzungen, die von komplizierten Computermodellen abgeleitet wurden, haben ergeben, dass die durchschnittliche Temperatur auf der Erde von 1 ° bis zu 6 °C steigen könnte. Viele Wissenschaftler, die sich mit diesem Problem befassen, sind überzeugt, dass der Temperaturanstieg in der Arktis aus vielerlei Gründen dreimal so hoch sein wird wie im Erddurchschnitt – und dass man die Wirkung der globalen Erwärmung höchstwahrscheinlich in der Arktis zuerst zu spüren bekommen wird.

Der weiße Schnee und das Eis in der Arktis sind gute Reflektoren für das Sonnenlicht und helfen so, die arktische Kälte aufrechtzuerhalten. Wenn ein Teil davon im Sommer schmilzt, entstehen Stellen mit dunklem Meerwasser, die das Sonnenlicht absorbieren und bewirken können, dass noch mehr Eis schmilzt. Diesen Vorgang bezeichnet man als positive Rückkopplung. (Eine negative Rückkopplung macht man sich etwa bei der Wärmeregulierung durch einen Heizungsthermostat in einem Wohnhaus zu Nutze: Wenn eine bestimmte Temperatur erreicht wird, schaltet der Thermostat die Heizung ab, das Haus kühlt sich bis auf eine vorher festgelegte Temperatur ab, und die Heizung bekommt den Befehl, wieder anzuspringen.)

Wenn die Temperatur in der Arktis deutlich stiege, könnte das zu einer Reihe von positiven Rückkopplungen führen, die zum Teil nicht vorhersagbar sind. Würde das Süßwasser, das im Eis gebunden ist, abtauen und den Salzgehalt und die Temperatur des Meerwassers senken? Würde dieser Vorgang Meeresströmungen wie den Golfstrom beeinflussen, die eine wichtige Rolle für das Klima spielen? Heute gibt es tatsächlich unwiderlegbare Beweise dafür, dass das arktische Eis alarmierend schnell abtaut. Kürzlich fanden Wissenschaftler auf einer Reise zum Nordpol sogar den Pol selbst eisfrei vor. Falls mehr dunkles Meerwasser weitere Sonnenwärme aufsaugt, so dass noch mehr Eis schmilzt, wie lange wird es dann dauern, bis der Meeresspiegel um einen halben Meter steigt? Oder um mehr? Wie viel Geld wird man brauchen, um in Inselstaaten wie den Malediven Deiche wie in den Niederlanden zu ziehen oder um New Orleans, New York und einen großen Teil von Los Angeles einzudeichen, damit die Städte nicht überflutet werden? Wie lange würden die Everglades und die Halbinsel Florida bestehen können? Würden Strände übrig bleiben?

Was wäre, wenn die Tundra in Nordkanada und Sibirien, wo bisher Dauerfrost herrscht, allmählich auftaute und das Kohlendioxid im Torf in großen Mengen freigesetzt werden würde? Würde das zu einer weiteren Beschleunigung der Erderwärmung führen? Oder könnte es letztlich bewirken, dass die Wolkendecke über großen Teilen der Erde ausgedehnter und dichter werden und so die Sonnenwärme abhalten würde?

Nachdem die Sowjets im Jahre 1937 die erste treibende Station ausbrachten, hat man noch dreißig solcher Stationen mit dem Eis treiben lassen, zuletzt die *SP 31*, die von 1988 bis 1991 im Uhrzeigersinn der Drift des Beaufortwirbels vor der Küste von Alaska folgte. Zusätzlich flogen die Sowjets im Laufe der Jahre Hunderte von kurzlebigen Wetterstationen in die Arktis. Außerdem hat es mehrere internationale, interdisziplinäre Forschungsprogramme gegeben, die zum Beispiel herauszufinden suchten, welche Faktoren die Bewegung und die Deformation des Packeises beeinflussen oder was die Ursache dafür ist, dass die oberste Meeresschicht heute weniger salzhaltig und wärmer ist als im Jahre 1975. In jenem Jahr kam es in der Zeit der Schneeschmelze zu einem Anstieg des Süßwassers um 0,8 Meter; 1997 stieg das Süßwasser um 2,00 Meter an. Ist das eine natürliche Schwankung oder ist sie vom Menschen erzeugt? Die Daten, die zur Beantwortung solcher Fragen nötig wären, stehen uns noch nicht zur Verfügung, aber die Wissenschaftler werden die Arktis weiterhin peinlich genau, und, wie wir hoffen, nicht zu langsam, erforschen, um diese notwendige Datenbank aufzubauen. Sehr zu Hilfe kommen wird ihnen dabei die Tatsache, dass 1997 die russische und die amerikanische Regierung einwilligten, ihre bis dahin angesammelten Forschungsdaten auszutauschen.

Wenn es um die globale Erwärmung geht, ist es gut möglich, dass sie die Rolle der Wetterlampe im Bergwerk spielt, und wir können zumindest dankbar dafür sein, dass diese Wetterlampe sehr genau beobachtet wird.

Während der vergangenen anderthalb Jahrhunderte hat eine weitere Wissenschaft in der Arktis Fortschritte gemacht – die sanftere Sozialwissenschaft namens Anthropologie und das damit verwandte Gebiet der Archäologie (wobei die archäologischen Forschungen in der Arktis allerdings erst weit im 20. Jahrhundert begannen). Gegenstand dieser Forschungen waren natürlich die Menschen, die man damals Eskimos nannte und die jetzt meistens unter dem Namen bekannt sind, mit dem sie sich selbst bezeichnen: Inuit. Sie waren die ersten Nordamerikaner, die die Europäer zu sehen bekamen – die Normannen waren im Laufe von über tausend Jahren hin und wieder in ihrem Land gewesen, und Arktisforscher aus England und aus anderen Nationen waren auf Inuit getroffen, bevor sie zum Beispiel Neuengland erreichten. Die frühen Beobachtungen der Entdecker, wie genau sie auch sein mögen, gehören im Grunde in das Genre der Reisebeschreibung, denn diese Männer waren für die Beobachtung anderer Kulturen überhaupt nicht ausgebildet.

Die eigentlichen anthropologischen Studien begannen um

1880 mit Franz Boas, einem der Begründer der modernen Ethnographie, der die Inuit am Cumberlandsund und im Osten der Insel Baffin besuchte. Dabei legte Boas zu Fuß, mit dem Schiff und per Hundeschlitten fast 4000 Kilometer zurück. Er zeichnete die ersten Landkarten vom Cumberlandsund und beschrieb die Kultur der östlichen kanadischen Arktis bemerkenswert detailliert. Dabei nahm er auch Reiseberichte zu Hilfe, die bis in die Zeit Parrys zurückreichten. Später folgten weitere Studien im gesamten von Inuit bewohnten Gebiet, das sich über 10000 Kilometer von Ostgrönland durch die Beringstraße bis zur Nordostküste Sibiriens erstreckt. Keine andere Völkergruppe der Welt verteilt sich über eine so lange, zusammenhängende Fläche.

Während des Zweiten Weltkrieges und in den Jahren danach drang die Außenwelt in das Leben der Inuit ein. Militärische Stützpunkte schossen wie Pilze aus dem Boden. Öl suchenden Geologen folgten in einigen Fällen Bohrgeräte und Pipelines. Für viele Inuit veränderte sich das Leben schnell und radikal. Jahrhundertelang hatten sie sich, vom Rest der Welt isoliert, mit großer Kunstfertigkeit an ihre extrem schwierigen Lebensbedingungen angepasst. Einige Gruppen lebten so abgeschieden wie die Inuit in Westgrönland. Noch im Jahre 1818, als Sir John Ross ihnen begegnete, der sie als Polareskimos bezeichnete, hielten sie sich für die einzigen Menschen auf der Erde. Sie hatten so lange in Isolation gelebt, dass sie die Verwendung von Pfeil und Bogen, Fellbooten und Lachsspeeren aufgegeben und daher vergessen hatten.

Die Stille der Arktis wurde plötzlich vom Lärm von Verbrennungsmotoren und Düsenflugzeugen, von Radio und Fernsehen gestört. Neue Menschen hatten neue Wünsche und neue Bedürfnisse mitgebracht. Schon 1957 schrieb die Ethnographin Margaret Lantis: »Die Situation sieht im Grunde so aus, dass die Eskimos sich heutzutage genauso sehr um Anpassung bemühen wie vor 500 oder 900 Jahren; die Schwierigkeit ist, dass sie sich nicht an die Arktis anpassen, sondern an einen Lebensstil, der den gemäßigten Breiten entspricht.« Heute gibt es tatsächlich nur noch eine Gemeinde in der kanadischen Arktis – sie heißt Umingmaktok –, in der ausschließlich Inuit leben.

Doch natürlich sind die Inuit in einem Buch über die Entdeckung der Arktis die unbesungenen Helden. Sie hatten bereits den größten Teil der Arktis erforscht und gelernt, darin zu leben, hatten sich sogar physiologisch an das Klima angepasst, von den kulturellen Anpassungsschritten ganz zu schweigen. Und wäre nicht ihre normalerweise wohlwollende Aufmerksamkeit gewesen, dann wären noch mehr europäische Entdecker ums Leben gekommen, als sie dieses seltsame, Ehrfurcht gebietende neue Land erforschten. Einige Inuit erhielten, wie berichtet, die Anerkennung der Europäer, und manche Namen bekamen sogar einen Platz in der Geschichte. Im Großen und Ganzen aber sind die verschiedenen Gruppen der Inuit anonym geblieben.

Es ist ein Schritt in Richtung Gerechtigkeit für diese Völker, dass die kanadische Regierung 1982 einen Volksentscheid organisierte, bei dem 53 Prozent der Menschen in den *Northwest Territories* dafür stimmten, eine neue kanadische Provinz zu bilden. 1993 wurde das Nunavut-Gesetz verabschiedet, auf Grund dessen 1999 Nunavut (der Name bedeutet »unser Land«) entstand, eine Provinz von mehr als zwei Millionen Quadratmeilen im nordöstlichen und östlichen Teil Kanadas, zu der auch der größte Teil der kanadischen Arktisinseln gehört. In diesem großen Gebiet leben etwa 22 000 Menschen, von denen 17 500 Inuit sind. Selbstverständlich werden sie im Nationalparlament in Fragen, die ihre Provinz betreffen, die Entscheidungsgewalt haben. Das Wort *Eskimo* wird in dieser Provinz nicht viel länger zu hören sein: Es ist ein Wort aus der Sprache der Cree-Indianer, das »Rohfleischesser« bedeutet und als abwertend betrachtet wird. Der Name des Volkes und der Sprache wird Inuit lauten.

Etwa 60 Prozent der Menschen in dieser neuen Provinz ernähren sich nach wie vor von der Jagd und vom Fischen; im gesamten Gebiet gibt es nur 20 Kilometer Highway. Genauso wie man das Wort *Eskimo* nicht mehr verwenden wird, wird man auch die Landkarte verändern. Die Cambridge Bucht heißt jetzt Ikaluktutiak. Die Namen mancher alten Entdecker werden dann, wie auch die Namen ihrer Geldgeber, der Vergangenheit angehören.

Literaturhinweise

1. Kapitel

Ahrens, C. D., *Meteorology Today*, St. Paul 1988.

Central Intelligence Agency, *Polar regions atlas*, Washington, D. C., 1978.

Colony, R., and A. S. Thorndike, »An estimate of the mean field of Arctic sea ice motion«, *Journal of Geophysical Research*, 89, 10, 623-10, 629, 1984.

Dumas, D., Hg., *Arctic: Handbook of North American Indians*, Band 5, Washington, D. C., 1984.

Herbert, M., *The snow people*, New York 1973.

Hibler, W. D., III, S. J. Mock und W. B. Jackson III, »Classification and variation of sea ice ridging in the western Arctic Basin«, *Journal of Geophysical Research*, 79, 2735–2743, 1974.

Jackson, L., »Ice island an ideal platform«, *Canadian Geographic*, 108, 6, 38–49, 1988.

Lopez, Barry H., *Arktische Träume*, Dt. Wiederveröff., 1. Aufl., München 2000.

Maloney, E. S., *Dutton's navigation and piloting*, Annapolis 1978.

Parkinson, C. L., J. C. Comiso, H. J. Zwally, D. J. Cavalieri, P. Gloerson und W. J. Campbell, *Arctic sea ice, 1973–1976: Satellite passive-microwave observations*, Washington, D. C., 1987.

Rodahl, K., *North: The nature and drama of the polar world*, New York 1953.

Vowinckel, E. S. und S. Orvig, »The climate of the North Polar Basin«, in: Orvig, E., Hg., *Climates of the polar regions*, Amsterdam 1970.

2. Kapitel

Central Intelligence Agency, *Polar regions atlas*, Washington, D. C., 1978.

Clark, K., *Civilization*, New York 1969.

Gad, F., *The history of Greenland, I, earliest times to 1700*, London 1970.

Harrisse, H., *John Cabot the discoverer of North-America and Sebastian his son*, London 1896.

Holland, C., *Arctic exploration and development c. 500 B. C. to 1915, an encyclopedia*, New York 1994.

Jones, G., *The Norse Atlantic saga*, Oxford 1986.

Lamb, Hubert H., *Klima und Kulturgeschichte: Der Einfluss des Wetters auf den Gang der Geschichte*, Reinbek bei Hamburg 1994.

Lucas, F. W., *The annals of the voyages of the brothers Nicolò and Antonio Zeno*, London 1898.

Magnusson, M. und H. Pálsson, *The Vinland sagas: The Norse discovery of America*, Harmondsworth 1965.

Mercator, Gerhard, *Weltkarte: aus dem »Atlas, das ist Abbildung der gantzen Welt mit allen darin begriffenen Ländern und Provintzen« des Gerhard Kremer, gen. Mercator und Jodocus Hondius.* Entworfen (1630) und hrsg. von Henricus Hondius, Amsterdam 1633, [Neuaufl.] Leipzig 1978.

Mercatorius, Gerardus, *Atlas Minor. Das ist: Eine kurze jedoch gründliche Beschreibung der ganzen Welt. In zwey Theile abgetheilt. Mit vielen schönen newen Kupfferstücken vnd Land-Beschreibungen vermehret vnd verbessert.* Amstelodami 1668.

Mirsky, Jeannette, *Die Erforschung der Arktis*, Zürich 1953.

Morison, S. E., *The European discovery of America: the northern voyages, A. D. 500–1600*, New York 1971.

Nansen, Fridtjof, *Nebelheim. Entdeckung und Erforschung der nördlichen Länder und Meere*, Leipzig 1911.

Oleson, T. J., *Early voyages and northern approaches: 1000–1632*, Toronto 1963.

Plinius der Ältere, *Die Naturgeschichte des Cajus Plinius Secundus*, ins Deutsche übersetzt und mit Anmerkungen versehen von G. C. Wittgenstein in München, Leipzig 1881.

Roberts, D., *Great exploration hoaxes*, San Francisco 1982.

Selmer, C., Hg., *Navigatio Sancti Brendanis Abbatis*, South Bend 1959.

Severin, Timothy, *Tausend Jahre vor Kolumbus: Auf den Spuren der irischen Seefahrermönche*, Frankfurt am Main 1982.

Skeats, W. W., *The complete works of Geoffrey Chaucer*, Band III: *The house of fame, the legend of the good woman, and the treatise on the astrolabe*, Oxford 1894.

Stefansson, V., *Ultima Thule: Further mysteries of the Arctic*, New York 1940.

Sykes, E., *Nicholas of Lynn: The explorer of the Arctic, 1330 to 1390*, London 1969.

Whitaker, I., »The problem of Pytheas' Thule«, *Classical Journal*, 77, 2, 148–164, 1982.

Williamson, J. A., *The Cabot voyages and Bristol discovery under Henry VII*, Cambridge 1962.

3. Kapitel

Anonymous, »An old story of Arctic exploration«, *Scottish Geographical Magazine*, 20, 415–423, 1904.

Barrow, J., *A chronological history of voyages into Arctic regions; undertaken chiefly for the purpose of discovering a north-east, north-west, or polar passage between the Atlantic and Pacific*, London 1818.

Gordon, E. C., »The fate of Sir Hugh Willoughby and his companions: A new conjecture«, *The Geographical Journal*, 152, 243–247, 1986.

Holland, C., *Arctic exploration and development c. 500 B. C. to 1915, an encyclopedia*, New York 1994.

Kirwan, L. P., *A history of polar exploration*, New York 1959.

Mirsky, J., *To the Arctic: the story of northern exploration from earliest times to the present*, New York 1948.

Willan, T. S., *The early history of the Russia Company, 1553–1603*, Manchester 1956.

4. Kapitel

Asher, G. M., Hg., *Henry Hudson, the navigator*, London 1860.

Best, G., *A true discourse of the late voyages of discoverie, for the finding of a passage to Cathia*, Reprint von 1867 für die Hakluyt Society, 1578.

Bruemmer, F., »Kodlunar Island's gold rush«, *Canadian Geographical Journal*, 72, 2, 48–51, 1966.

Golder, F. A., *Russian expansion on the Pacific, 1641–1850. An account of the earliest and later expeditions made by the Russians along the Pacific coast of Asia and North America; including some related expeditions to the Arctic regions*, Cleveland 1914.

Hogarth, D. D. und J. Loop, »Precious metals in Martin Frobisher's ›black ores‹ from Frobisher Bay, Northwest Territories«, *Canadian Mineralogist*, 24, 259–263, 1986.

Holland, C., *Arctic exploration and development c. 500 B. C. to 1915, an encyclopedia*, New York 1994.

Jackson, D. D., »Hot on the cold trail left by Sir Martin Frobisher«, *Smithsonian*, 23, 10, 119–130, 1993.

Kenyon, W. A., *Tokens of possession: The northern voyages of Martin Frobisher*, Toronto 1975.

Markham, A. H., Hg., *The voyages and works of John Davis*, London 1880.

Markham, C. R., Hg., *The voyages of William Baffin*, London 1881.

McFee, W., *The life of Sir Martin Frobisher*, New York 1928.

Morison, S. E., *The European discovery of America: The northern voyages, A. D. 500–1600*, New York 1971.

Oleson, T. J., *Early voyages and northern approaches, 1000–1632*, Toronto 1964.

Powys, L., *Henry Hudson*, New York 1928.

Shammas, C., »The ›invisible merchant‹ and property rights: The misadvantures of an Elizabethan joint stock company«, *Business History (Great Britain)*, 17, 2, 95–108, 1975.

Stefansson, V., *The three voyages of Martin Frobisher in search of a passage to Cathay and India by the north-west, A. D. 1576–8*, London 1938.

5. Kapitel

Beechey, F. W., *A voyage of discovery toward the North Pole*, London 1843.

Berton, P., *The Arctic grail: The quest for the North West Passage and the North Pole, 1818–1909*, New York 1988.

Delgado, J. P., *Across the Top of the World*, New York, 1999.

Hartwig, G., *The Polar and Tropical Worlds: A Description of Man and Nature in the Polar and Equatorial Regions of the Globe*, Springfield, Mass., 1874.

Holland, C., *Arctic exploration and development c. 500 B. C. to 1915, an encyclopedia*, New York 1994.

Lyon, G. F., *The private journal of Captain G. E. Lyon of H. M. S. Hecla*, London 1824.

M'Clintock, F. L., *The voyage of the Fox in the Arctic seas: A narrative of the fate of Sir John Franklin and his companions*, London 1859.

Mirsky, Jeannette, *Die Erforschung der Arktis*, Zürich 1953.

Parry, Willam E., *Zweite Reise zur Entdeckung einer nordwestlichen Durchfahrt aus dem atlantischen in das stille Meer in den Jahren 1819 und 1820 in den königlichen Schiffen Hekla und Griper unter den Befehlen von J. E. Parry*, Hamburg 1822.

6. Kapitel

Bent, S., »Communication from Captain Silas Bent upon the routes to be pursued by expeditions to the North Pole«, *American Geographical and Statistical Society Journal*, 2, 31–40, 1870.

Berton, P., *The Arctic grail: The quest for the North West Passage and the North Pole, 1818–1909*, NewYork 1988.

Caswell, J. E., *Arctic frontiers: United States explorations in the far north*, Norman 1956.

Childs und Peterson, *Dr. Kane's great work*, Philadelphia 1856.

Corner, C. W., *Doctor Kane of the Arctic seas*, Philadelphia 1972.

Daly, G. P., »Annual address: Review of the events of the year and recent explorations and theories for reaching the North Pole«, *American Geographical and Statistical Society Journal*, 2, LXXXIII–CXXVI, 1870.

Hartwig, G., *The Polar and Tropical Worlds: A Description of Man and Nature in the Polar and Equatorial Regions of the Globe*, Springfield, Mass.; Chicago, Ill., 1874.

Hayes, Isaac Israel, *Das offene Polar-Meer. Eine Entdeckungsreise nach dem Nordpol*, Jena 1868.

Kane, Elisha Kent, »Access to an open polar sea along a North American meridian«, *American Geographical and Statistical Society Bulletin*, 1, 85–101, 1853.

Kane, Elisha Kent, *Kane, der Nordpolfahrer. Arktische Fahrten und Entdeckungen der zweiten Grinnell-Expedition zur*

Aufsuchung Sir John Franklin's in den Jahren 1853, 1854 und 1855 unter Dr. Elisha Kent Kane. Beschrieben von ihm selbst. Vierte durchgesehene Auflage. Mit 125 in den Text gedruckten Abbildungen, sechs Tondrucktafeln und zwei Kärtchen, Leipzig 1867.

Loomis, C. C., *Weird and tragic shores: The story of Charles Francis Hall, explorer*, New York 1971.

Maury, Matthew Fontaine, *Die physische Geographie des Meeres*, Leipzig 1911.

Mirsky, J., *Elisha Kent Kane and the seafaring frontier*, Boston 1954.

Petermann, A., *The search for Franklin: A suggestion submitted to the British public*, London 1852.

Petermann, A., *Petermann's Mittheilungen Ergänzungsheft*, Nr. 26, 118 Seiten, 1869.

Wright, J. K., »The open polar sea«, *Geographical Review*, 43, 338–365, 1953.

7. Kapitel

Berton, P., *The Arctic grail: The quest for the North West Passage and the North Pole, 1818–1909*, New York 1988.

Caswell, J. E., *Arctic frontiers: United States explorations in the far north*, Norman 1956.

Deacon, M. und A. Savours, »Sir George Strong Nares (1831–1915)«, *Polar Record*, 18, 113, 127–141, 1976.

DeLong, E., Hg., *The voyage of the Jeanette: The ship and ice journals of George W. DeLong*, New York 1884.

Ellsberg, E., »The drift of the Jeannette in the Arctic Sea«, *American Philosophical Society*, 82, 889–896, 1940.

Guttridge, L. F., *Icebound: The Jeannette expedition's quest for the North Pole*, Annapolis 1986.

Holland, C., *Arctic exploration and development c. 500 B. C. to 1915, an encyclopedia*, New York 1994.

Jackman, D. D., »A ship's gallant attempt to solve the ›Northern mystery‹«, *Smithsonian*, 27, 12, 86–98, o. J.

Kish, G., *North-east passage: Adolf Erik Nordenskiöld, his life and times*, Amsterdam 1973.

Leslie, Alexander, *Die Nordpolarreisen Adolf Erik Nordenskjöld's, 1858 bis 1879*, Leipzig 1880.

Loomis, C. C., *Weird and tragic shores: The story of Charles Francis Hall, explorer*, New York 1971.

Markham, A. H., *The great frozen sea: A personal narrative of the voyage of the »Alert« during the Arctic expedition of 1875–6*, London 1878.

Mirsky, Jeannette, *Die Erforschung der Arktis*, Zürich 1953.

Mowat, Farley, *Im Banne der Arktis: Das Ringen um den Pol*, Zürich 1975.

Nordenskiöld, Adolf Erik, *Nordostwärts. Die erste Umsegelung Asiens und Europas 1878–1880*, Berlin 1987.

8. Kapitel

Anonymous, »Will never see the Pole«, *The New York Times*, 2 October, Seite 9, 1895.

Astrup, E., *With Peary near the Pole*, London 1898.

Berton, P., *The Arctic grail: The quest for the North West Passage and the North Pole, 1818–1909*, New York 1988.

Bryce, R. M., *Cook and Peary: The polar controversy, resolved*, Mechanicsburg 1997.

Haberman, F. W., Hg., *Peace, Nobel lectures*, Band I, Amsterdam 1972.

Herbert, W., *The noose of laurels: The discovery of the North Pole*, London 1989.

Hulburt, G. C., »The North Greenland expedition of 1891–1892«, *American Geographical Society Journal*, 26, 74–77, 1894.

Huntford, R., *Nansen: The explorer as hero*, London 1997.

Mirsky, Jeannette, *Die Erforschung der Arktis*, Zürich 1953.

Nansen, Fridtjof, *Auf Skiern durch Grönland.* Beigefügt: Eskimoleben, Berlin 1991.
Nansen, Fridtjof, *In Nacht und Eis. Die norwegische Polarexpedition 1893–1896*, Stuttgart 2000.
Peary, R. E., *Northward over the great ice: A narrative of life and work along the shores and upon the interior ice-cap of northern Greenland in the years 1886 and 1891–1897*, Bände I und II, New York 1898.
Rawlins, D., *Peary at the North Pole: Fact or fiction*, Washington, D. C., 1973.
Roberts, D., *Great exploration hoaxes*, San Francisco 1982.
Schlee, Susan, *Die Erforschung der Weltmeere: Eine Geschichte ozeanographischer Unternehmungen*, Oldenburg 1974.
Soerensen, Jon, *Fridtjof Nansens Saga*, Hamburg 1942.
Whitehouse, J. H., Hg., *Nansen: A book of homage*, London 1930.

9. Kapitel

Andrée, S. A., »A plan to reach the North Pole by balloon«, *Proceedings Sixth International Geographical Congress*, 1896.
Anonymous, »Will never see the Pole«, *The New York Times*, Seite 9, 2.10.1895.
Anonymous, »The Sverdrup expedition«, *American Geographical Society Bulletin*, 31, 91–93, 1899.
Anonymous, »Peary lands; refuses honors«, *The New York Times*, Seiten 1–2, 22.9.1909.
Anonymous, »Dr. Cook home; no proofs yet«, *The New York Times*, Seiten 1–2, 22.9.1909.
Anonymous, »Fraudulent observations made for Dr. Cook before his records sent to Copenhagen; sworn testimony of the men who made them«, *The New York Times*, Seiten 1–3, 9.12.1909.
Anonymous, »Cook's claim to discovery of the North Pole rejected; outraged Denmark calls him a deliberate swindler;

having no original observations, he used Loose's ›fakes‹«, *The New York Times*, Seiten 1–3, 22.12.909.

Berton, P., *The Arctic grail: The quest for the North West Passage and the North Pole, 1818–1909*, New York 1988.

Browne, B., *The conquest of Mount McKinley*, New York 1913.

Bryce, R. M., *Cook and Peary: The polar controvery, resolved*, Mechanicsburg, 1997.

Cook, F. A., *To the top of the continent*, New York 1908.

Davies, T. D., »New evidence places Peary at the Pole«, *National Geographic Magazine*, 177, 1, 44–61, 1990.

Greely, A. W., »Polar exploration during the year 1908«, *Independent*, 66, 685–689, 1909.

Hall, T. F., *Has the North Pole been discovered*, Boston 1917.

Henson, M. A., *A negro explorer at the North Pole*, New York 1912.

Herbert, W., »Did Peary reach the pole«, *National Geographic Magazine*, 174, 3, 414–429, 1988.

Herbert, W., *The noose of laurels: Robert E. Peary and the race to the North Pole*, New York 1989.

Hulburt, G. C., »The North Greenland expedition of 1891–1892«, *American Geographical Society Journal*, 26, 74–77, 1894.

Mirsky, Jeannette, *Die Erforschung der Arktis*, Zürich 1953.

Peary, Robert E., *Dem Nordpol am nächsten*, Mit 96 Abb. nach photographischen Aufnahmen des Verfassers und einer farb. Kt. des Polargebietes zu Pearys Reisen 1892–1906, Leipzig 1907.

Peary, Robert E., *Die Entdeckung des Nordpols*, Tübingen 1981.

Rawlins, D., *Peary at the North Pole: Fact or fiction*, Washington, D. C., 1973.

Roberts, D., *Great exploration hoaxes*, San Francisco 1982.

Stafford, E. P., »Descendants of the expeditions«, *National Geographic Magazine*, 174, 3, 414–429, 1988.

Sverdrup, O. N., »The Norwegian polar expedition in the Fram, 1898–1902«, *Geographical Journal*, 22, 38–56, 1903.

Andreé, S. A., Schwedische Gesellschaft für Anthropologie und Geographie, Hg., *Dem Pol entgegen: auf Grund der während Andrées Polarexpedition 1897 geführten und 1930 auf Vitö gefundenen Tagebücher S. A. Andrées, N. Strindbergs und K. Fränkels*, Leipzig 1930.

Washburn, B., »Doctor Cook and Mount McKinley«, *American Alpine Journal*, 11, 1–30, 1958.

10. Kapitel

Aagaard, K. u. a., »U.S. Canadian researchers explore Arctic Ocean«, *Eos*, 77, 209, 213, 1996.

Ackley, S. F., W. D. Hibbler III, A. Kovacs, W. F. Weeks, A. Hartwell und W. J. Campbell, *Investigations performed on the Arctic Ice Dynamics Joint Experiment, March 1971*, Hanover, 1973.

Amundsen Roald, *Die Eroberung des Südpols*, Stuttgart/Wien 1993.

Amundsen, Roald, *Mein Leben als Entdecker*, Leipzig [u. a.] 1929.

Amundsen, Roald, *Der erste Flug über das Polarmeer*, Mit Beitr. von Gustav S. Amundsen, Leipzig [u. a.] 1927.

Anderson, William Robert, *Die abenteuerliche Fahrt der Nautilus*, Einsiedeln/Zürich/Köln 1962.

Anonymous, »Amundsen in role of Cook's defender«, *The New York Times*, Seite 2, 24.1.1926.

Anonymous, »Amundsen back from lecture tour«, *The New York Times*, Seite 18, 4.3.1926.

Anonymous, »4 men, in a 44-day trek, reach the North Pole in snowmobiles«, *The New York Times*, Seite 68, 20.4.1978.

Balchen, B., *Come north with me*, New York 1958.

Belt, D., »An Arctic breakthrough«, *National Geographic*, 191, 2, 36–57, 1997.

Bryce, R. M., *Cook and Peary: The polar controversy, resolved*, Mechanicsburg, 1997.

Calvert, James, *Aufgetaucht am Pol. Das größte U-Boot-Abenteuer unserer Zeit; berichtet vom Kommandanten des Atom-Unterseebootes »Skate«*, Oldenburg 1961.

Dumas, D., Hg., *Arctic: Handbook of North American Indians*, Band 5, Washington, D. C., 1984.

Ellsworth, L., »At the North Pole«, *Yale Review*, 16, 738–748, 1927.

Fisher, D. E., *Across the top of the world*, New York 1992.

Grierson. J., *Sir Hubert Wilkins: Enigma of exploration*, London 1960.

Herbert, M., *The snow people*, New York 1973.

Herbert, W., *Across the top of the world: The British Trans-Arctic expedition*, London 1969.

Huntford, Roland, *Scott & Amundson. Dramatischer Kampf um den Südpol*, München 2000.

Jackson, D. D., »The quiet heroism of Lincoln Ellsworth«, *Smithsonian*, 21, 7, 171–188, 1990.

Kirwan, L. P., *A history of polar exploration*, New York 1959.

Kuralt, C., *To the top of the world: The adventures and misadventures of the Plaistead polar expedition, March 28–May 4, 1967*, NewYork 1968.

Levi, B. G., »Search and discovery«, *Physics Today*, 51, 11, 17–19, 1998.

Liljequist, G. H., »Did the Josephine Ford reach the North Pole«, *Interavia*, 15, 589–591, o. J.

Lopez, Barry H., *Arktische Träume*, Dt. Wiederveröff., 1. Aufl., München 2000.

Maloney, E. S., *Dutton's navigation and piloting*, Annapolis 1978.

McPhee, M. G., T. P. Stanton, J. H. Morison und D. C. Martinson, »Freshening of the upper ocean in the Arctic: Is perennial sea ice disappearing«, *Geophysical Research Letters*, 25, 1729–1732, 1998.

Mill, H. R., *An autobiography*, London 1951.

Momatiuk, Y. und J. Eastcott, »Nanavut: Our land«, *Native People*, spring issue, 1999.

Montague, R., *Oceans, poles and airmen*, New York 1971.

Paulson, C. A. und D. L. Bell, »Meteorological observations during the AIDJEX main experiment«, *AIDJEX Bulletin*, 28, 1–9, 1975.

Payne, B., »The crunch to the Pole: Cruising to the North Pole on a nuclear-powered Russian icebreaker«, *Conde Nast Traveler*, Januar, 86–93, 173–175, 1995.

Plaistead, R., »How I reached the North Pole on a snowmobile«, *Popular Science*, September, 55–59, 200, 204–206, 1968.

Roberts, D., *Great exploration hoaxes*, San Francisco 1982.

Ronne, F., *Antarctica, my destiny*, New York 1979.

Schneider, D., »Attached to the Pole«, *Scientific American*, 273, 5, 14, 1995.

Smith, D. C., *By the seat of my pants*, Boston 1961.

Steger, W., *North to the Pole*, New York 1987.

Thomas, L., *Sir Hubert Wilkins: His world of adventure*, New York 1961.

Thomson, K. S., »Anatomy of the extinction debate«, *American Scientist*, 76, 59–61, 1988.

Tierney, J., »Explornography: The vicarious thrill of exploring when there's nothing left to explore«, *The New York Times Magazine*, 18–23, 33–34, 46–49, 26.7.1998.

Tucker, W., und D. Cate, *The 1994 Arctic Ocean Section: The first major scientific crossing of the Arctic Ocean*, Hanover 1996.

Victor, P.-E., *Man and the conquest of the Poles*, New York 1963.

Walker, G., »On thin ice«, *New Scientist*, 159, 2153, 33–37, 1998.

Wilkins, George Hubert: *Eismeerflug*, Leipzig 1930.

Wilkins, G. H., *Under the North Pole: The Wilkins-Ellsworth submarine expedition*, New York 1931.

Personenregister

Ragnar Kvam jr.
Im Schatten
Die Geschichte des Hjalmar Johansen, des »dritten« Mannes zwischen Fridtjof Nansen und Roald Amundsen
Roman · Aus dem Norwegischen von Knut Krüger

Hjalmar Johansen hat als Einziger die beiden großen Polarforscher Fridtjof Nansen und Roald Amundsen ins Eis begleitet. Er ertrug Entbehrungen und Gefahren. Mit Nansen überwinterte er neun Monate in einer Hütte am Nordpol, auf einer Südpolexpedition rettete er einen Kameraden vor dem Tod.
Ragnar Kvam jr. hat eine fesselnde Biographie geschrieben, die zugleich am ungebrochenen Mythos der berühmten Polarforscher rüttelt und Johansen den Platz einräumt, der ihm in der Polargeschichte gebührt.

»Es gibt Helden, die keiner beachtet. Männer, die immer im Schatten eines Berühmteren stehen. Hjalmar Johansen war so ein Held.« Stern

»Eine faszinierende Innenansicht der Polarexpeditionen um die Jahrhundertwende.« Die Zeit

Berliner Taschenbuch Verlag

Valerian I. Albanow

Im Reich des weißen Todes

Roman · Aus dem Russischen von W. Berger, überarbeitet von Matthias Weichelt

Im Jahr 1912 sticht V. I. Albanow mit der »St. Anna« in See, um auf dem nördlichen Seeweg nach Wladiwostok zu gelangen. Das Unterfangen scheitert, Schiff und Besatzung werden im Eis eingeschlossen. Nach zwei Überwinterungen im Packeis versuchen Albanow und dreizehn Männer von der Besatzung, die Eiswüste zu Fuß zu durchqueren. Nur zwei von ihnen werden überleben.
Die Aufzeichnungen des V. I. Albanow, die ebenso spannend wie authentisch sind, waren lange in Vergessenheit geraten und werden hier erstmals in einer modernen Ausgabe vorgelegt.

»Albanow hat ein seltenes, erstaunliches, höchst spannendes Buch geschrieben, das – unglückliche Zufälle und die Launen der Geschichte wollten es so – zunächst in den Wirren des zwanzigsten Jahrhunderts verschwand.« Jon Krakauer

»Die Tagebuchaufzeichnungen von V. I. Albanow sind eines der seltenen Meisterwerke der Arktisliteratur, die es in jeder Hinsicht mit den Klassikern von Fridtjof Nansen, Robert Falcon Scott und Sir Ernest Shackleton aufnehmen können.« David Roberts

Berliner Taschenbuch Verlag

David Remnick

King of the World

Roman · Aus dem Amarikanischen

von Eike Schönfeld

Eine meisterhafte Biographie über den Boxer Cassius Clay, der zu einem der größten Sportler des 20. Jahrhunderts und zum Rebellen und Idol Muhammad Ali wurde.

»Remnick hat ein Buch geschaffen, das in seinem Charakter Muhammad Ali selbst ähnelt: scharfsinnig, durchtrieben, unwiderstehlich. Er ist ein solcher Meister seines Handwerks, daß daraus Kunst wird.«
Toni Morrison

»Remnicks großartiges Buch ist eine Mondlandung der Sportpublizistik.« Die Zeit

»Von einem erregenden erzählerischen Elan, und zugleich eine bedeutende Darstellung einer der wichtigsten Epochen der amerikanischen Sozialgeschichte.« Chicago Tribune

Frederick Busch

Der Nachtinspektor

Roman · Aus dem Amerikanischen von Barbara Schaden

New York, 1867. William Bartholomew, ein desillusionierter Veteran des Bürgerkrieges, trifft den einst berühmten, nun aber vergessenen Schriftsteller Herman Melville, der seine Familie mit der Stellung als Zollinspektor über Wasser hält. Die beiden so verschiedenen Männer stoßen auf die Spur eines Verbrechens und werden immer tiefer in die grelle und gewalttätige Welt des nächtlichen New York hineingezogen.
Die Darstellung der Nachtseite einer Großstadt im 19. Jahrhundert ist eines der Glanzstücke dieses Romans, dessen Farbigkeit und Authentizität bestätigt, daß Frederick Busch zu Recht als einer der großen Realisten der amerikanischen Literatur gilt.

»Frederick Busch ist ein amerikanischer Erzähler der ersten Ordnung.« The New York Times Book Review

»Eine kraftvolle Meditation über Geschichte, das Gewissen und das Wesen der Literatur.«
Publishers Weekly

Berliner Taschenbuch Verlag